RAJASTHAN
DELHI • AGRA

Vordere Umschlagklappe: Übersichtskarte Rajasthan

Hintere Umschlagklappe: Stadtplan Delhi

Hans-Joachim Aubert

RAJASTHAN
DELHI • AGRA

DUMONT

Umschlagvorderseite: Stadttor in Jaipur
Umschlaginnenklappe vorn: Tänzerinnen in Kota
Umschlaginnenklappe hinten: Jaisalmer, Teliator am Stausee Garisar
Umschlagrückseite: Tänzer in Kota (oben); Safdar Jang-Mausoleum in Delhi (Mitte); Straßenmarkt in Alwar (unten)
Vignette: Gott Shiva
Abb. S. 2/3: Stadtpalast von Udaipur

Über den Autor: Hans-Joachim Aubert, geb. 1942, studierte Wirtschaftswissenschaften und promovierte mit einer wirtschaftsgeografischen Arbeit über Sri Lanka. Zahlreiche ausgedehnte Reisen haben ihn vornehmlich nach Asien, Nordafrika, Latein- und Nordamerika geführt, vor allem aber nach Indien, das er seit 1970 regelmäßig bereist. Im DuMont Buchverlag sind von ihm erschienen: »Richtig Reisen Nepal«, »Richtig Reisen Nord-Indien«, »Richtig Reisen Tunesien«, der Kunst-Reiseführer »Rajasthan und Gujarat«, außerdem die Reise-Taschenbücher »Djerba und Südtunesien«, »Mallorca«, »Mexiko: Yucatan und Chiapas« und das »DuMont EXTRA Nord-Tunesien«.

Die Deutsche Bibliothek – CIP-Einheitsaufnahme

Aubert, Hans-Joachim:
Rajasthan : mit Delhi und Agra / Hans-Joachim Aubert. – Köln : DuMont, 2001
  DuMont-Reise-Taschenbuch ; 2194
  ISBN 3-7701-5221-2

© 2001 DuMont Buchverlag, Köln
Alle Rechte vorbehalten
Umschlaggestaltung: Groschwitz, Hamburg
Satz und Druck: Rasch, Bramsche
Buchbinderische Verarbeitung: Bramscher Buchbinder Betriebe

Printed in Germany   ISBN 3-7701-5221-2

INHALT

LAND & LEUTE

Natur, Umwelt, Wirtschaft

Geografie	12
»Steckbrief« Rajasthan	13
Klima	13
Thema: Der Monsun – Indiens Lebensmotor	14
Flora und Fauna	15
Thema: Die heiligen Kühe	16
Umwelt	18
Wirtschaft	19
Thema: Bajra – Die Speise der Götter	21

Geschichte, Gesellschaft und Kultur

Daten zur Geschichte	24
Thema: Die islamische Invasion	25
Bevölkerung- und Sozialstruktur	29
Thema: Rajputen – Söhne von Sonne, Mond und Feuer	30
Thema: Sati – Treu bis in den Tod	34
Religion	35
Architektur und Plastik	42
Thema: Moschee und Mausoleum	46
Volkskunst und Kunsthandwerk	48
Thema: Bandhani und Laharia –	
Die Kunst der kleinen Knoten	54
Musik und Tanz	55
Feste und Brauchtum	56
Thema: Die wichtigsten Feste	57
Curries und andere Köstlichkeiten	59

UNTERWEGS
IN DELHI, AGRA UND RAJASTHAN

Metropole Delhi

Connaught Circus und Jantar Mantar	67
Rajpat und Nationalmuseum	71
Qutb Minar-Komplex und Tughluqabad	72
Thema: Museen in Delhi (Auswahl)	75
Baha'i-Tempel, Lodi-Gärten und Safdar Jang-Mausoleum	76
Humayuns Grab und Purana Qila	77
Lal Qila (Das Rote Fort)	79
Thema: Ein Tag am Hof des Mogulherrschers	82
Jami Masjid (Freitagsmoschee)	83
Chandni Chowk	83
Raj Ghat	84

Agra und Umgebung

Taj Mahal	90
Thema: Mumtaz – Die Auserwählte des Palastes	94
Das Rote Fort	97
Das Mausoleum des Itimad-ud-Daulah	100
Chini-ka-Rauza und Sikandra	101
Abstecher nach Fatehpur Sikri	104

Das Nordöstliche Rajasthan

Keoladeo-Nationalpark und Bharatpur	113
Deeg	116
Alwar	118
Sariska-Nationalpark	120
Jaipur	121
Amber	130
Ajmer	133
Pushkar	136
Ranthambore-Nationalpark	140

Shekhavati

Thema: Havelis – Handelshäuser des Shekhavati 146
Sikar 147
Lakshmangarh 148
Fatehpur 149
Ramgarh 150
Churu 151
Thema: Dhola und Maru – Späte Erfüllung in der Wüste 152
Bissau 152
Jhunjhunu 153
Mandawa 154
Nawalgarh 156

Das südliche Rajasthan

Kota 160
Baroli 162
Bundi 163
Menal und Bijolia 166
Chittaurgarh 167
Thema: Jauhar – Der gemeinsame Tod im Feuer 170
Udaipur 171
Eklingji und Nagda 180
Kumbhalgarh 181
Ranakpur 182
Mount Abu 183
Thema: Die ›Weißgekleideten‹ und die Nackten 186

Städte in der Wüste

Jodhpur 190
Osian 197
Bikaner 199
Deshnoke und Nagaur 204
Jaisalmer 206
Thema: Kamelsafari – Schaukelnd durch die Dünen 212
Die Umgebung von Jaisalmer 212

TIPPS & ADRESSEN

Reisevorbereitung & Anreise   217
Unterwegs in Delhi, Agra und Rajasthan   220
Unterkunft & Restaurants   222
Reiseinformationen von A bis Z   223

Glossar   233
Abbildungsnachweis   235
Register   235

Verzeichnis der Karten und Pläne

Übersichtskarte Rajasthan   (Umschlagklappe vorne)
Stadtplan Neu-Delhi (Ausschnitt)   68/69
Stadtplan Agra   92/93
Nordöstliches Rajasthan   112
Stadtplan Jaipur   121
Stadtplan Ajmer   133
Shekhavati   145
Südliches Rajasthan   162/163
Festungsanlage Chittaurgarh   167
Stadtplan Udaipur   172
Die Wüste Thar   191
Stadtplan Jodhpur   192
Stadtplan Bikaner   201
Stadtplan Jaisalmer   207
Stadtplan Delhi   (Umschlagklappe hinten)

LAND & LEUTE

»Alle Menschen möchten dieses Land sehen. Und wenn sie es einmal gesehen haben, dann würden sie diesen flüchtigen Augenblick nicht gegen sämtliche Darbietungen der ganzen übrigen Welt eintauschen.«

Mark Twain

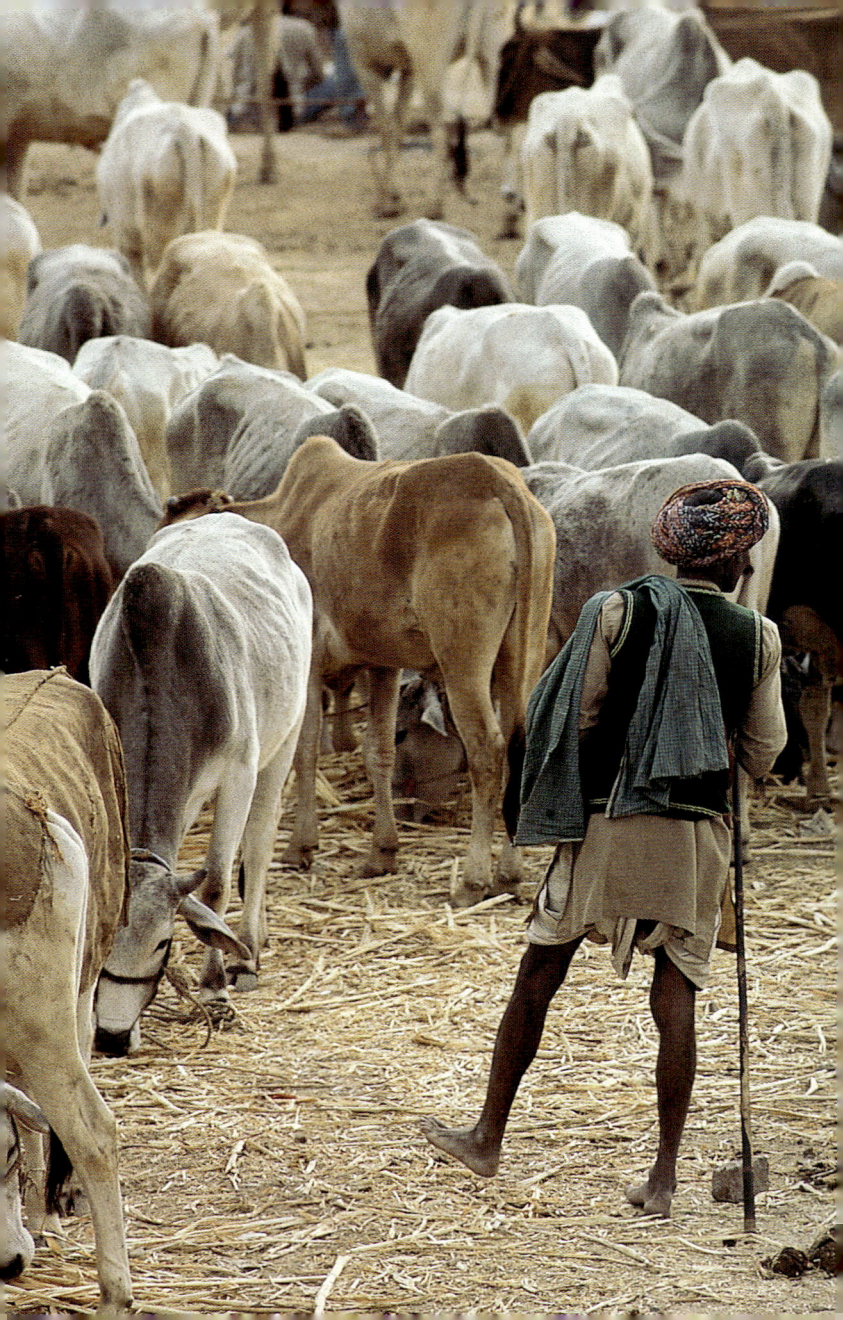

Natur
Umwelt
Wirtschaft

Wüste, Berge, Ebenen

Klima, geprägt vom Monsun

**Reservate und Nationalparks,
vielfältige Vogelwelt**

Ackerbau und Bewässerung

Traditioneller Viehmarkt

Geografie

Der mit 342 214 km² zweitgrößte Staat der Indischen Union nimmt den Nordwesten des Landes ein, das sich dem Besucher als eine vielgestaltige Übergangszone zwischen einem dünn besiedelten Wüstengürtel entlang der nördlichen Grenze zu Pakistan und einem landwirtschaftlich intensiv genutzten Streifen im Süden präsentiert. Fast die Hälfte des Staates wird von der Wüste Thar geprägt, in der niedrige Gebirgskämme, Dünen und schüttere Grasvegetation das Bild bestimmen.

Die auch als Marusthali, ›Land des Todes‹, bekannte Region wird im Norden durch Aufschüttungen der Flüsse Sutlej und Indus gebildet, die, aus dem Himalaja kommend, ihre Geröllfracht seit Jahrtausenden hier ablagern. Weiter südlich durchbrechen hin und wieder Felsmassive der Dekhanscholle das allmählich von 200 auf 500 m ansteigende Tafelland.

Als markantes ›Rückgrat‹ und bedeutsame Klimascheide bildet die diagonal von Nordosten nach Südwesten verlaufende Aravalli-Kette die Grenze zwischen dem trockenen und gemäßigten Lebensbereich Rajasthans. Der 700 km lange und etwa 80 km breite Gebirgszug, der im Nordosten Höhen bis über 600 m erreicht und an seinem südwestlichen Abschluss im Mount Abu sogar auf 1700 m ansteigt, dient nicht nur als Regenfänger der von Süd-

Blick auf die Aravalli-Kette

›Steckbrief‹ Rajasthan

Lage: Nordwestlicher Teil Indiens etwa zwischen 23°03′ und 30°12′ nördlicher Breite und 69°30′ und 78°17′ östlicher Länge.
Größe: 342 000 km^2 und damit etwa so groß wie die Bundesrepublik Deutschland (357 000 km^2).
Bevölkerung: Ca. 60 Mio. Ew., Bevölkerungsdichte 175 Ew./km^2.
Die wichtigsten Städte: Jaipur (Hauptstadt, ca. 2 Mio. Ew.), Jodhpur (ca. 800 000 Ew.), Udaipur (ca. 500 000 Ew.), Ajmer (ca. 500 000 Ew.).
Demographische Daten: Wachstum durchschnittlich ca. 2,5 %, auf dem Land über 3 %; Lebenserwartung 58 Jahre bei Männern, 61 Jahre bei Frauen; Analphabetenrate ca. 60 % deutlich höher bei Frauen).
Religion: Überwiegend hinduistische Glaubenszugehörigkeit mit starkem islamischen Anteil insbesondere in und um Ajmer.
Wirtschaft: Dominanz der Landwirtschaft (ca. 68 % der Beschäftigten).

west heranziehenden Monsunwolken. Viele der wehrhaften Rajputenfestungen wurden auf seinen Kämmen und Gipfeln errichtet, um daraus strategische Vorteile im ständigen Kampf mit den Nachbarn zu ziehen.

Zusammen mit den kleineren, vorgelagerten Hügelketten der Vindhya- und Satpura-Berge gelten die Aravallis als das älteste Faltengebirge der Welt. Die frühesten Gneißschichten wurden bereits im Präkambrium vor mehr als 600 Mio. Jahren aufgefaltet und später mehrfach überlagert.

Östlich der Berge nimmt die Landschaft, begünstigt durch höhere Niederschläge, freundlichere Züge an. Größere Flüsse wie die Banas und der Chambal winden sich durch ein Mosaik aus Hügeln, Flusstälern und savannenartigen Ebenen.

Klima

Das Klimageschehen Indiens ist den Monsunen unterworfen, den jahreszeitlich wechselnden Winden, die das Jahr in Trocken- und Regenzeiten unterteilen und seit Jahrtausenden den Lebensrhythmus der Bevölkerung prägen. Das Ausbleiben der Niederschläge hat verheerende Dürrekatastrophen zur Folge, zu ergiebige Regenfälle nicht minder katastrophale Überschwemmungen, die das Verkehrswesen lahmlegen und die Ernten vernichten. Hoffen und Bangen gehören vor allem in den nordwestlichen Provinzen, zu denen auch Rajasthan zählt, zum Alltag der Landbevölkerung, da hier die Klimaschwankungen besonders ausgeprägt sind.

Von März an steigt die Temperatur kontinuierlich und erreicht Ende

Der Monsun

Indiens Lebensmotor

Die Monsune, die jahreszeitlich wechselnden Winde, haben in der unterschiedlichen Erwärmung von Meer und Land ihre Ursache. Im Sommer wehen die Winde in die sich über dem Festland bildenden Hitzetiefs, im Winter in umgekehrter Richtung aus den Kältehochs hinaus. Abgeleitet ist der Begriff aus dem arabischen *mausim,* das auf die Seefahrt bezogen ›geeignete Jahreszeit‹ bedeutet. Denn schon früh hatten arabische Kaufleute die regelmäßigen Winde für ihre Handelsfahrten zwischen der Arabischen Halbinsel, Ostafrika und Indien genutzt.

In Indien erfährt dieses einfache Grundmuster einige bis heute nicht ganz geklärte Abwandlungen. Fast das ganze Jahr über liegt der Subkontinent in einer Westwindzone. Nur im Winter reicht eine Ostwinddrift bis auf 20° nördlicher Breite hinunter, zieht sich dann im März aber nach Norden zurück. Mit zunehmender Verlagerung des Zenitstands der Sonne nach Norden erhitzt sich der Kontinent ab April, da der Himalaya einen Luftzufluss aus den nördlichen, kalten Hochländern Tibets verhindert. Im Mai erwärmt sich aber auch dort die Luft und lässt in der oberen Troposphäre (zwischen 9 und 18 km Höhe) über Nordindien einen östlichen Jetstream entstehen nahe der Erdoberfläche zum Ausbruch des Südwestmonsuns 1500 km weiter südlich führt. Die feuchten, etwa 6000 m mächtigen Luftmassen türmen sich zunächst an den Westghats zu gewaltigen Wolkenburgen, werden dann ins Landesinnere gedrückt, wo sie durch die aufsteigende Hitze riesige Kumuluswolken formen, aus denen Regen und Gewitter hervorbrechen.

Die Verteilung der Regenfälle variiert außerordentlich stark. In Nordostrajasthan fallen in vier Monaten nur 200 mm, im nördlich an den Himalayahängen gelegenen Cherrapunji allein im Juli 2730 mm, etwa fünfmal mehr als in Frankfurt im ganzen Jahr! Da Rajasthan an der Nordgrenze der Monsunströmung liegt, ist es den Unwägbarkeiten mehr ausgesetzt als andere Teile des Landes. Verschiebt sich z. B. der östliche Jetstream nach Süden, bleibt der Monsun in Rajastan aus, wandert er nach Norden, wird das Land von Überschwemmungen heimgesucht.

Im September beginnt sich trockene, aus dem Norden kommende, kühlere Luft durchzusetzen, während sich der Jetstream abschwächt. Im November haben im Norden die Regenfälle aufgehört, während in Südindien der winterliche Nordostmonsun heftige Regenfälle mit sich führt.

Mai Werte von über 40°. Jedermann erwartet sehnsüchtig den erlösenden Regen, der in breiter Front von Südosten über den Golf von Bengalen anrückt und von Südwesten her über das arabische Meer. Am 1. Juni hat er normalerweise die Südspitze Indiens erreicht, vier Wochen später Delhi und nach weiteren 14 Tagen auch den Nordwesten Rajasthans. Dennoch fallen in den Monsunmonaten zwischen Juni und September in Rajasthan selten mehr als 300 mm, und am Rande der Wüstenregion um Jodhpur regnet es durchschnittlich pro Jahr nur an 18 Tagen.

Die beste Reisezeit für Rajasthan und die angrenzenden Städte Agra und Delhi sind die kühlen Wintermonate zwischen Oktober und Februar, wenn die nächtliche Temperatur in der Wüste den Gefrierpunkt erreichen kann, während tagsüber ein für den Europäer angenehmes, trockenes Sommerklima herrscht.

Flora und Fauna

Bedingt durch die starke Besiedlung und die intensive landwirtschaftliche Nutzung hat sich die ursprüngliche **Vegetation** nur an wenigen Stellen, vornehmlich in den Naturparks, erhalten.

Die teilweise rücksichtslose Abholzung der ehemals dichten Waldbestände der Aravalli-Kette hat vielerorts irreparable Erosionsschäden in Gestalt sogenannter ›Badlands‹ hinterlassen. Lockeres Buschwerk mit Kassie und Kielkrone, Kamel-

Rhesusaffen bei der Morgentoilette

dorn, Sodomsapfel und dauerhafte Wüstengräser kennzeichnen die trockeneren Zonen, aufgelockert durch Akazien und Euphorbien mit fleischigen Blättern zur Speicherung der Feuchtigkeit und Dornen zur Abwehr hungriger Fressfeinde. Die als Xerophyten bekannten, besonders an das Wüstenklima angepassten Pflanzen können mit ihren tiefreichenden Wurzeln die im Boden gespeicherte Feuchtigkeit aufnehmen und dadurch auch längere Trockenzeiten überstehen. Viele dieser Wildpflanzen bereichern den Speiseplan der einheimischen Bevölkerung oder werden aufgrund ihrer Heilkraft gesammelt.

Teile der Aravalli-Kette sind mit Monsuntrockenwald bedeckt, in

Die heiligen Kühe

Die Heiligkeit der Kuh wird von Fremden, denen Steaks und Boef Bourginion kulinarische Köstlichkeiten bedeuten, gern als ein exotisches Merkmal der hinduistischen Religion überbetont. Das Rind genoss in Indien seit Einwanderung der nomadisierenden Indoarier große Bedeutung, nicht anders als in den orientalischen Kulturen und selbst bei den Italikern. Wem ist schon klar, dass *pecunia,* der lateinische Begriff für Geld, von *pecus* (Vieh) abgeleitet ist?

In den vormonetären, vom Nomadismus geprägten Gemeinschaften war der Besitz von Nutztieren, vor allem Rindern, Ausdruck des Reichtums und Grundlage der Existenz, ganz so wie es heute noch bei den Viehzuchtnomaden des afrikanischen Sahel oder den Massai der Fall ist. Für die indoarischen Zuwanderer war Rindfleisch zunächst selbstverständliches Grundnahrungsmittel. Mit der Hinwendung zur Sesshaftigkeit verloren große Herden bald an Bedeutung; die Kuh wurde Arbeits- und Zugtier, Gemüse und Obst zum wichtigen Nahrungsträger. Das Rind stand aber weiterhin im Mittelpunkt des Opferkults, der sich im Brahmanismus bis zur Obsession steigerte, denn, so heißt es im Mahabharata, einer frühen religiösen Schrift, »keinen Himmel gibt es außer durch das Opfer«.

dem für uns fremdartige Bäume wie Dhok, Khair und Tendu vorherrschen, die während der heißen Zeit ihr Laub abwerfen, um dann während des Monsuns in prächtigem Grün zu erstrahlen.

Wesentlich vielgestaltiger ist die **Tierwelt,** die vor allem in den 19 ausgewiesenen Schutzgebieten ein Refugium hat. Die meisten Säugetiere sind aus kühleren, nördlichen Regionen zugewandert und haben sich an die neuen Klimabedingungen, etwa durch Nachtaktivität und Farbgebung, in bewundernswerter Weise angepasst.

Dass trotz des Bevölkerungsdrucks den wildlebenden Tieren nach wie vor so viel Beachtung geschenkt wird und man auch außerhalb der Reservate Großvögel, Affen und sogar Antilopen antreffen kann, die unbehelligt ihre ökologische Nische besetzt halten, ist ohne Zweifel dem Hinduismus zu verdanken, der auch dem Tier einen bedeutenden Platz in der Schöpfung einräumt und so viele Arten vor der Verfolgung schützt. Leider galt das nicht für den Tiger, der bis ins letzte Jahrhundert hinein bevorzugte Beute schießwütiger Potentaten war, nunmehr allerdings in Nationalparks wie Sariska und Ranthambore einen gesicherten Lebensraum gefunden hat.

Ein erster Schritt zur Heiligwerdung erfolgte durch den Ahimsa-Gedanken, der sich um 500 v. Chr. als Opposition gegen den brahmanischen Opferritus herauszubilden begann, getragen von den neuen Religionen Buddhismus und Jainismus. Die Nichtverletzung der Lebewesen *(ahimsa)* war ein ganz wesentlicher Bestandteil dieser Reformbewegungen. In einem langwierigen Prozess wandelte sich der Brahmanismus zum heutigen Hinduismus und das physische Opfer zu einem magischen Akt ohne Blutvergießen. Einher ging damit eine Hinwendung weiter Bevölkerungsschichten zum Vegetarismus.

Die besondere religiöse Bedeutung der Kuh kristallierte sich ab 1000 n. Chr. heraus, wahrscheinlich in Verbindung mit einem Erstarken der Muttergottheitskulte, und erst die muslimischen Invasionswellen im 11. Jh. bescherten dem Tier seine politische Stellung als einigendes Symbol des Hinduismus.

Gern wird von Kritikern ins Feld geführt, dass gerade in einem von Unterernährung bedrohten Land die Unantastbarkeit der etwa 200 Mio. Rinder eine Verschwendung ökonomischer Ressourcen sei. Sie vergessen dabei allerdings, dass die Erzeugung tierischer Nahrungsmittel durch den dafür notwendigen Anbau von Futtermitteln weitaus unwirtschaftlicher ist als der Anbau von Gemüse und Getreide für den direkten Verzehr.

Ganz ausgerottet wurde hingegen der Sind-Leopard, und auch nach dem Gepard, den sich die Mogulherrscher als Jagdtier hielten, wird man vergebens Ausschau halten. Die große Nilgaur-Antilope hingegen, die von den Indern als Rind angesehen wird und damit als heilig gilt, braucht um ihr Leben ebenso wenig zu fürchten wie der Hulman-Affe, der als Reinkarnation Hanumas angesehen wird, des tapferen Affengenerals aus dem Ramayana-Epos.

Unter dem speziellen Schutz des nahe Jodhpur lebenden Stamms der Bishnoi stehen die elegante Hirschziegenantilope und die kleinere Chinkara-Gazelle, die heute gerade-zu die Nähe der Einheimischen suchen. Noch vor 100 Jahren waren die Hirschziegenantilopen, die auf dem Subkontinent am weitesten verbreitete Wildtiere, ehe sie durch Ausbreitung der Landwirtschaft bis auf wenige Tausend Exemplare dezimiert wurden.

Besonders vielfältig ist die Vogelwelt, gesellen sich während der Wintermonate zu den zahlreichen einheimischen Arten doch noch unzählige Besucher aus Innerasien. Allein im nur 29 km² großen Vogelpark von Bharatpur wurden bisher 350 Spezies gezählt, darunter der sehr seltene, vom Aussterben bedrohte sibirische Kranich.

Umwelt

Jeder, der mit offenen Augen durch Indien reist, wird bald kopfschüttelnd den Zwiespalt im Umgang mit der Umwelt zur Kenntnis nehmen. In den Großstädten hüllen qualmende Busse und Lkw die Passanten in schwarze Rußwolken, in den zahlreichen Nationalparks hegen die Wildhüter die Flora und Fauna mit beispielloser Hingabe.

Ursache der immer deutlicher werdenden Umweltbelastungen ist der ständig zunehmende Bevölkerungsdruck und der mangelnde Wille, notwendige, längst in Gesetze gefasste Maßnahmen durchzusetzen. Es gibt zahlreiche Institutionen, die sich Umweltproblemen widmen, wie das C.P.R. Environmental Education Centre. Die in Indien tief verwurzelte Vetternwirtschaft und die zum politischen Alltag gehörende Korruption dürften die wesentlichen Hemmschuhe für die Verwirklichung hochgesteckter Ziele sein.

Die Luftverschmutzung erreicht in den Großstädten Ausmaße, die weit über den Grenzwerten der WHO liegen. Delhi gehört bereits zu den fünf am meisten belasteten Metropolen der Welt. Immerhin werden seit 1995 in Delhi, Chennai (Madras) und Mumbai (Bombay) nur noch Fahrzeuge mit Katalysator zugelassen, gewiss nur ein Tropfen auf den heißen Stein, aber doch ein hoffnungsvoller Beginn.

Irreparable Schäden entstehen durch die Vernichtung der Bergwälder an den Hängen des Himalaya.

Überall lodern die Feuer, um neues Ackerland zu schaffen. Dies hat zur Folge, dass die Böden an den steilen Lagen schon bald der Erosion ausgesetzt sind. Bereits heute werden jährlich etwa 175 Mio. ha wertvoller Krume durch die Monsunregen weggeschwemmt. In Rajasthan ist die zunehmende Desertifikation durch Winderosion ein ernstes Problem, das wegen der Versalzungsgefahr auch durch künstliche Bewässerung kaum aufgehalten werden kann.

Der Ganges und die meisten anderen Flüsse sind derart verschmutzt, dass man schon bei ihrem Anblick eine Infektion befürchtet. Das riesige Staudammprojekt des Narmada in Gujarat wird allein in der ersten Ausbaustufe etwa 35 000 ha Waldland und fruchtbare Äcker sowie 500 Dörfer überfluten. Ein ähnliches Projekt am Theri im Vorhimalaya bedroht, von der Erdbebengefahr einmal abgesehen, die Trinkwasserversorgung aus dem Ganges, da die reinigende Wirkung des Monsunhochwassers verloren geht. Aber die Zahl der Kritiker wird auch im eigenen Land stärker. Neben den wenig effizienten Regierungsstellen erheben zunehmend private Organisationen das Wort. Am bekanntesten ist die bereits 1970 gegründete Chipco-Bewegung, in der sich Frauen gegen die Abholzung der Bergwälder zusammengeschlossen haben, und prominente Intellektuelle wie die Schriftstellerin Arundhati Roi (›Der Gott der kleinen Dinge‹) nutzen ihre Popularität, die Bevölkerung für den Umweltschutz zu gewinnen.

Um so erstaunlicher ist es, dass Indien gut 3 % seiner Fläche für Nationalparks reserviert hat. Allein in Rajasthan gibt es 19 Schutzgebiete für bedrohte Flora und Fauna. Hervorzuheben sind hier der Vogelpark von Bharatpur, dem von der UNESCO der Status eines Weltnaturerbes zuerkannt wurde, die Parks Sariska und Ranthambore, in denen die Tiger ihr geschütztes Refugium haben und der über 1250 km² große Desert Nationalpark vor den Toren der Wüstenstadt Jaisalmer.

Wirtschaft

Funde aus Kalibangan, einer Siedlung aus der Vor-Harappa-Zeit in Nordostrajasthan, belegen, dass die

Menschen den Boden hier bereits seit 4000 Jahren bewirtschaften, sich, ähnlich wie Tiere und Pflanzen, in erstaunlicher Weise den extremen klimatischen Bedingungen angepasst haben, aber auch immer unter dem Damoklesschwert von Missernten und Dürre zu leben hatten. Zudem sind die Böden alles andere als fruchtbar. Größter Unsicherheitsfaktor aber ist der Monsun.

»Wenn es am neunten Tag des Ashad-Monats blitzt und viele Wolken kommen, dann leere ohne Sorgen Deinen Speicher … wenn im neunten Ashad aber weder Wolken noch Blitze zu sehen sind, dann zerbrich deinen Pflug …«, heißt es in einer rajasthanischen Bauernregel.

In der Wüsten- und Steppenlandschaft westlich der Aravalli-Kette herrscht Viehzucht vor, wobei das Kamel nach wie vor eine bedeutende Stellung einnimmt. Die genügsamen Tiere dienen sowohl der Versorgung mit Milch als auch dem Transport von Menschen und Gütern und nicht zuletzt als Statussym-

---

Bewässerung mit dem Rundgang-Göpelschöpfrad

bole. Die großen jährlichen Kamel-märkte von Nagaur und Pushkar sind nach wie vor die herausragenden Ereignisse im ansonsten eher eintönig verlaufenden Alltag der Dorfbewohner.

Zum einen nutzen die Menschen die natürlichen Pflanzen, etwa den Bordi-Strauch, der schmackhafte Beeren liefert, oder den Khejri-Baum, dessen Schoten in den einheimischen Curries Verwendung finden. Vor allem aber werden der Trockenheit angepasste Getreidesorten kultiviert, darunter Perlhirse *(bajra)*, das Grundnahrungsmittel der ärmeren Schichten, Sorghum *(juar)*, Mais, Gerste, Kichererbsen, Linsen und Senf, auf bewässerten Feldern auch Weizen, Grundstoff für die in Nordindien üblichen Fladenbrote. In der trockeneren, westlichen Region Rajasthans müssen sich die Bauern, sofern sie keine künstliche Bewässerung einsetzen können, mit nur einer Ernte am Ende der Monsunzeit begnügen, im Osten ist auch eine zweite Ernte im Winter möglich.

Die Unregelmäßigkeit der Monsunregen lässt die Frage nach der künstlichen Bewässerung zum zentralen Thema werden. Seit die Menschen die Trockenregionen Rajasthans bewirtschaften, haben sie Mittel und Wege gefunden, das kostbare Wasser durch mehr oder weniger komplizierte Verfahren auf ihre Äcker zu bringen. Mit dem Islam fand das recht aufwendige Rundgang-Göpelschöpfrad dort Eingang, wo der Grundwasserspiegel nahe der Oberfläche liegt. Über ein hölzernes Zahnrad wird von einem im Kreis gehenden Kamel oder Rind ein Räderwerk mit Tonkrügen in Gang gesetzt, das aus einem Wasserloch das kostbare Nass an die Oberfläche bringt. Älter sind die oftmals kunstvoll gestalteten Stufenbrunnen, bei denen man auf breiten Treppen bis zum Wasserspiegel hinabsteigen kann. Nur noch selten kommen diese traditionellen Verfahren heute allerdings zur Anwendung. Überall auf dem Land hört man stattdessen das Tuckern der Dieselpumpen oder das Surren von Elektromotoren.

Neben diesen punktuellen Bewässerungssystemen sind unter staatlicher Regie gewaltige Anstrengungen unternommen worden, die vom Himalaya kommenden Flüsse anzuzapfen. Zu den frühen Großprojekten zählt der fast 700 km lange Indira Gandhi-Kanal, der vom Punjab kommend durch den Norden Rajasthans bis Jaisalmer verläuft und über 700 000 ha bewässerbares Ackerland geschaffen hat. Innerhalb von 40 Jahren erfuhr so der Distrikt Ganganagar die Metamorphose vom Ödland zur Kornkammer Nordindiens. Dass nicht alle staatlichen Bewässerungsvorhaben auf derart positive Resonanz stoßen, beweist das umstrittene Narmanda-Projekt südlich von Rajasthan, das durch Anlage eines riesigen Stausees Tausende von Bauern von ihren fruchtbaren Äckern vertreibt und selbst in Indien auf erbitterten Widerstand stößt.

Bajra

Die Speise der Götter

Etwa 45 % der indischen Gesamtanbaufläche von Hirse entfällt auf Rajasthan. Die genügsame, hitzeresistente Pflanze kommt meist ohne Bewässerung aus, reift in nur 70 bis 90 Tagen und ist reich an Proteinen, Phosphor und Eisen. Durch ihren hohen Fettgehalt von 5 % gilt sie zudem als energiereichste Getreideart der Welt.

In Indien wird die Perlhirse, deren Ursprünge wahrscheinlich in Afrika zu suchen sind, seit über 5000 Jahren kultiviert. Aber erst in den letzten 500 Jahren, als durch wachsenden Bevölkerungsdruck immer marginalere Böden unter den Pflug genommen werden mussten, gewann sie die ihr heute zukommende Bedeutung. Der Name soll der Legende nach von dem Ausspruch »Ba jeri« kommen, was sich als »gut für ba(ba)« übersetzen lässt (baba ist die in Indien allgemeinübliche Bezeichnung für einen alten Mann).

So wie die Azteken den Mais, Hauptnahrungsmittel der präkolumbischen Völker Mittelamerikas, als ein Geschenk der Götter betrachteten, sehen die Bewohner Rajasthans die Hirse als göttliche Gabe, um die sich eine hübsche Legende rankt.

Früher einmal lebten die Götter (Devatas) und die Gegengötter (Adevatas) zusammen. Den elitären Devatas gefielen die rauhen Umgangsformen der Adevatas nicht, so dass sie den obersten Gott Brahma baten, sie aus dem Himmel zu weisen. Die beschämten Adevatas verkrochen sich in einem Vorratsschuppen einer Bhil-Frau. Die Devatas aber hatten sich zu früh gefreut, denn sehr bald merkten sie, dass die Adevatas sie mit Nahrung versorgt hatten und sie nun Hunger leiden mussten. Brahma schickte alle möglichen Tiere auf die Suche nach den Adevatas. Erst die Ameisen fanden sie und brachten ein Korn der Hirse zu den Devatas, die nunmehr die Kultivierung selbst in die Hand nahmen.

Ausgesät wird die Hirse, von der es Sorten mit hohen Erträgen für gute Monsunjahre und weniger ertragreichere für eher trockene Jahre gibt, unmittelbar nach dem Pflügen beim ersten Regen. Während der Blüte- und Reifezeit dürfen hingegen keine Niederschläge fallen. Der Erntevorgang zieht sich über mehrere Wochen hin, da die Kolben nicht gleichzeitig reif werden und meist auch andere Pflanzen auf den Feldern gedeihen. Gelagert wird die gedroschene Hirse in luftdicht abgeschlossenen Lehmspeichern, den kotas.

Geschichte, Gesellschaft und Kultur

3000 Jahre Geschichte

Karma und Kaste

Hinduismus, Jainismus und Islam

Architektur, Volkskunst und Kunsthandwerk

Musik, Tanz, Feste

Curries und andere Köstlichkeiten

Straßenmarkt in Alwar

Daten zur Geschichte

Frühgeschichte

2500 v. Chr.   Während ihrer Blütezeit (2500–1500 v. Chr.) hatte die Harappa-Kultur, deren Schwerpunkt im heute zu Pakistan gehörenden Indus-Tiefland lag, ihren Einfluss bis nach Rajasthan ausgedehnt und dort zahlreiche größere Siedlungen errichtet, darunter als bedeutendste Kalibangan (›schwarzer Armreif‹).

Um 1500 v. Chr.   Einwanderung hellhäutiger indoarischer Stämme aus dem Iran. Sie unterwarfen bzw. drängten die Ureinwohner zurück, begründeten das Kastenwesen und schufen mit dem Vedismus die Grundlagen des späteren Hinduismus. Aus dieser Epoche stammt auch das Rigveda, das älteste religiöse Schrifttum der Welt.

268– 233 v. Chr.   Unter Kaiser Ashoka gewinnt der Buddhismus an Bedeutung, erste Blüte von Kunst und Kultur.

5. Jh. n. Chr.   Rajasthan gerät unter den Einfluss des Gupta-Reichs, das Nordindien ein ›goldenes Zeitalter‹ beschert.

Zeit der Regionalreiche und des Sultanats von Delhi

ab 7. Jh. n. Chr.   In Rajasthan etablieren sich mehrere, miteinander verfeindete Fürstentümer, darunter auch die Clans der Rajputen, denen das Land seinen Namen verdankt.

637   Erstmals erreichen aus Afghanistan einfallende islamische Truppen die heute zu Pakistan zählende Provinz Sind und leiten damit die muslimische Invasionswelle ein, die Ende des 12. Jh. zum Untergang der Hindureiche in Nordindien führt.

8. Jh.   Bappa Rewal gründet in Chittaurgarh das Mewarreich.

1001–1030   Mahmud von Ghazni, islamischer Herrscher aus Afghanistan, unternimmt 17 Raubzüge nach Rajasthan und Gujarat.

1156   Der vor den muslimischen Invasionen in die Wüste zurückgewichene Clan der Bhattis gründet Jaisalmer.

Die Islamisierung Nordindiens

1192   Muhammed von Ghur schlägt das Hinduheer vor Delhi und setzt Qutb-ud-Din Aibak als Statthalter ein, der 1206, nach

Die islamische Invasion

Der Islam, entstanden zu Beginn des 7. Jh. auf der von Nomadismus und Oasenwirtschaft geprägten arabischen Halbinsel, erwies sich sehr schnell als einigendes Band für religiös begründete Expansion. Bereits Mitte des 7. Jh. war Nordafrika unter der Herrschaft islamischer Usurpatoren, 711 setzten die Heere nach Spanien über und gründeten das maurische Reich.

Auch in Richtung Osten breitete sich der neue Glaube durch kriegerische Heere rasch aus. Bereits 654 überquerten die Truppen der in Bagdad regierenden Abbasiden den Oxus, 711 hatten sie den Iran unter ihre Kontrolle gebracht und stießen in die nordindische Provinz Sind vor.

Eine weitere Eroberung Indiens scheiterte zunächst am erbitterten Widerstand der Chalukyas von Badami und der mächtigen Gurjara-Pratiharas. Im Jahre 871 sagten sich die islamischen Provinzgouverneure des Sind vom Kalifat in Bagdad los und duldeten die unter ihrer Herrschaft lebenden Hindus. Erst um 1000 endete das friedliche Zusammenleben, als Mahmud von Ghazni, der in Afghanistan residierte, regelmäßig zu Raubzügen nach Süden aufbrach und weite Teile Gujarats und Rajasthans in Schutt und Asche legte, wobei er es besonders auf die Tempelschätze abgesehen hatte. Seine Erfolge begründen sich zum einen im Fehlen einer hinduistischen Großmacht in Indien, zum andern in der Unfähigkeit der Rajputenclans zu gemeinsamen Aktionen gegen die Invasoren, die insgesamt 17-mal den Weg nach Indien fanden.

Aber auch dem Reich Mahmuds mit der prächtigen Hauptstadt Ghazni war kein ewiges Leben beschieden. Ende des 12. Jh. schwang sich Muhammed von Ghur zum Herrscher über Afghanistan und den Punjab auf. Er begnügte sich nicht mehr mit Raubzügen, sondern strebte nach der Herrschaft auch über Indien. Sein erster Angriff im Jahre 1178 endete mit einer Niederlage gegen die Chalukyas von Gujarat; im Jahr 1192 gelang ihm schließlich der entscheidende Sieg gegen die Hinduheere vor den Toren Delhis. Er zog sich nach Afghanistan zurück und hinterließ den zum Heerführer aufgestiegenen ehemaligen Sklaven Qutb-ud-Din als Statthalter. Mit ihm nahm die islamische Herrschaft über Nordindien ihren Anfang. Zunächst beschränkte sie sich auf die nähere Umgebung Delhis, festigte sich aber im Laufe der Jahrhunderte insbesondere durch das geschickte Taktieren der Moguln, die 1526 die Macht in Indien übernahmen und dem Land auch auf dem Gebiet von Kunst und Kultur ihren Stempel aufdrückten.

	dem Tod seines Herrn, in Delhi das erste Sultanat gründet. Nach seiner Herkunft trägt das bis 1290 regierende Herrscherhaus den Namen ›Sklavendynastie‹.
1212	Nach verlorener Schlacht gegen Sultan Iltutmish ziehen sich die Rathor von Kanauj in die Wüste Thar zurück, wo sie als Fürsten von Marwar zunächst in Pali, dann in Mandore residieren.
1290–1320	Regentschaft der Khiljidynastie in Delhi.
1303	Ala-ud-Din Khilji erobert Chittaurgarh.
1320–1388	In Delhi regiert die Tughluqdynastie.
1433-1527	Unter Rana Kumbha und Rana Sangha erlebt das Reich von Mewar seine Blütezeit, beherrscht von Chittaurgarh aus große Teile Rajasthans und bedrängt sogar die Lodiherrscher in Delhi.
1451–1526	Von Delhi und Agra aus herrscht die Dynastie der Lodi.
1459	Die Marwarfürsten verlegen ihre Residenz aus strategischen Gründen von Mandor nach Jodhpur.

Die Herrschaft der Moguln

1526	Der aus Afghanistan einfallende Babur, ein Verwandter des Dschingis Khan, entmachtet den Lodiherrscher Ibrahim Lodi und gründet die Moguldynastie, die bis 1858 Bestand hat.
1530–1556	Baburs kunstsinniger Sohn Humayun muss vorübergehend ins Exil nach Lahore, kehrt aber 1555 nach Delhi zurück.
1556–1605	Humayuns Sohn Akbar festigt die Macht der Moguln gegenüber den Fürstentümern Rajasthans durch kriegerische Aktionen und Heiratsbündnisse.
1567	Akbar erobert die Mewarresidenz Chittaurgarh, deren Herrscher Udai Singh II. die Residenz nach Udaipur verlegt. Aus dem Untergrund vermag sein Nachfolger Pratap Singh den Kampf gegen die Moguln fortzuführen und zunächst die Unabhängigkeit seines Fürstentums zu bewahren.
1568	Akbar gründet in der Nähe Agras die Stadt Fatehpur Sikri.
1605–1627	Sein Sohn Jahangir festigt die Stellung der Moguln in Nordindien und schließt erste Verträge mit europäischen Handelsgesellschaften.
1614	Amar Singh I. von Udaipur muss die Vorherrschaft der Moguln anerkennen.
Ab 1627	Die auf dem Dekhan ansässigen Marathen widersetzen sich unter ihrem Führer Shivaji erfolgreich der mogulischen Expansion.

Höfisches Leben
in Udaipur,
Miniaturmalerei
aus dem 18. Jh.

1628–1658 Shah Jahan erobert nach blutigen Erbfolgestreitigkeiten den
Thron der Moguln. Berühmt wurde er durch den Bau des
Taj Mahal für seine n jungen Jahren verstorbene Frau
Mumtaz.

1659–1707 Der von religiöser Intoleranz geprägte, fanatische Muslim
Aurangzeb entmachtet seinen Vater und ruft durch seine Verfolgung der Hindus den Widerstand der rajputischen Fürstentümer hervor.

Die britische Kolonialherrschaft

1738 Der Perserkönig Nadir Shah plündert Delhi, Niedergang der
Moguldynastie; in Bergalen herrscht die englische Ostin-

dienkompanie, die sich ab 1818 zur führenden Macht im Land entwickelt und mit den meisten Fürstentümern Rajasthans Friedensverträge abschließt.

1857   Sepoy-Aufstand gegen die Briten.

1858   Die englische Krone übernimmt die Herrschaft über Indien und schickt den letzten Mogulherrscher Bahadur Shah ins Exil nach Burma.

Das unabhängige Indien

1869–1948   Mahatma Gandhi wird zur Leitfigur des Widerstandes gegen die europäische Kolonialherrschaft.

1947   Teilung des Subkontinents (15. 08.) in das islamisch geprägte Pakistan und das mehrheitlich von Hindus bewohnte Indien, Beginn des Kaschmirkonfliktes; Jawarhalal Nehru wird erster Ministerpräsident.

1966   Nehrus Tochter Indira Gandhi gewinnt die Wahlen, fällt 1984 jedoch einem Mordanschlag zum Opfer. Das gleiche Schicksal erleidet ihr Sohn und Nachfolger Rajiv im Jahre 1991.

1969   Den Fürsten werden die Apanagen gestrichen und 3 Jahre später auch die Titel genommen.

1996   Die radikale Hindupartei BJP gewinnt bei den Unterhauswahlen.

1998   Indien zündet in der Wüste Rajasthans seine erste Atombombe. Die nationalistische Partei gewinnt an Boden.

1999   Sonja Gandhi betritt als Kandidatin der Kongresspartei die politische Bühne, verliert jedoch gegen die rechtsgerichteten Parteien.

2000   Die Bevölkerungszahl Indiens übersteigt die Milliarden-Grenze.

Bevölkerungs- und Sozialstruktur

Im Jahre 2000 überschritt die Bevölkerung Indiens die Milliardengrenze, und in 25 Jahren wird das Land das flächenmäßig wesentlich größere China überholt haben. Und das Wachstum hält mit derzeit landesweit 2 % weiter an, wobei die Rate in vielen ländlichen Regionen, so auch in Rajasthan, wesentlich höher liegt.

Bemerkenswert ist die Korrelation zum Alphabetisierungsgrad, der auf ganz Indien bezogen nur bei etwa 40 % liegt. Je höher die Anzahl der Analphabeten, desto größer die Zahl der Kinder pro Familie. Vor allem die auf dem Land lebenden Frauen können aufgrund der traditionellen gesellschaftlichen Zwänge zum großen Teil weder lesen noch schreiben, obwohl allgemeine Schulpflicht besteht. Zwar hat Indien 1951 als erstes Land eine umfassende Familienplanung eingeführt, vernachlässigt diesen Bereich nunmehr aber sträflich. Für die Landesverteidigung werden 60 % mehr ausgegeben als für Bildung und Gesundheit (Industrienationen investieren in Erziehung und Gesundheit etwa dreimal mehr als in das Militär), und selbst für die Familienplanung bereitgestellte Mittel finden durch bürokratische Hemmnisse nicht immer den Weg ans Ziel.

Ergebnis der Bevölkerungsexplosion ist eine Verarmung breiter Bevölkerungsschichten. Mehr als 400 Mio. Inder müssen sich mit einem täglichen Einkommen von weniger als 1 US$ begnügen. Trotz erheblicher Anstrengungen und beachtlicher Erfolge wird auch die Versorgung mit Lebensmitteln und vor allem sauberem Trinkwasser immer problematischer, zumal nur die wenigsten Städte bisher über ein funktionierendes Kanalisationssystem verfügen.

Hinter dem Sammelbegriff Inder verbirgt sich eine Vielzahl von Ethnien, Sprachen, Religionszugehörigkeiten und kulturellen Entwicklungsstufen. Weit spannt sich der Bogen vom tibetischen Ladaki im Himalaya bis zum drawidischen Fischer an der Malarbarküste, vom hellhäutigen Parsen in Bombay bis zum Ureinwohner der Bergwälder Assams. Selbst im begrenzten Raum Rajasthans begegnen uns zahlreiche, höchst unterschiedliche Bevölkerungsgruppen, die ihre Herkunft teilweise bis in graue Vorzeit zurückführen können.

Die wichtigste der früh zugewanderten Gruppen sind die **Bhil,** die etwa 2,5 Mio. Mitglieder zählen und heute überwiegend in der Landwirtschaft tätig sind. Ihr Name, abgeleitet von *vil* (Bogen), deutet auf ihre kämpferische Herkunft hin. Bereits im Mahabharata werden die Bhil als Bogenschützen gerühmt und später stellten sie einen Großteil der rajputischen Heere. Ihre Religion ist noch stark von animistischen Zügen geprägt und die Analphabetenrate erschreckend hoch, wodurch sie an den Rand der Gesellschaft gedrängt wurden und in besonderem Maße der Ausbeutung

Rajputen

Söhne von Sonne, Mond und Feuer

Schon in ihrem Namen, der aus *rajaputra* (Königssohn) abgeleitet ist, dokumentiert die ehemals kriegerische Bevölkerungsgruppe ihren elitären Anspruch. Und in der Tat waren es die kämpferischen Rajputenclans, die den islamischen Invasoren die Stirn boten und trotz vieler Niederlagen und erzwungener Allianzen mit den Mogulherrschern die hinduistische Kultur Nordindiens am Leben hielten.

Die Herkunft der insgesamt 36 Clans, die sich in die Gruppe der Sonnen- *(suryavamsha)*, Mond- *(chandravamsha)* und Feuerclans *(agnikula)* unterteilen lassen, verliert sich jedoch im Dunkel der Mythologie und ist nach wie vor mit vielen

durch Großgrundbesitzer ausgesetzt sind.

Zu den frühen Siedlern Rajasthans gehören auch die **Mina,** deren Ahnen wahrscheinlich die Städte der Induszivilisation bewohnten, ehe sie im 7. Jh. nach Süden wanderten und unter die Herrschaft der Rajputen gerieten. Heute stellen sie den überwiegenden Teil der ländlichen Bevölkerung des Bundesstaates. Vom Islam haben sie die Verschleierung der Frauen übernommen, praktizieren dafür aber liberale Scheidungsgesetze, und auch der Wiederheirat einer Witwe steht

nichts im Weg. Im letzten Jahrhundert waren die Chowkidari (Wächter), die sozial am niedrigsten stehende Gruppe in der Mina-Hierarchie, als Räuber und Erpresser von Schutzgeldern gefürchtet, mit denen sie ihre Gebietsansprüche gegen die Rajputen durchzusetzen versuchten. Eine Sondergruppe der Mina bilden die im 11. Jh. zum Islam übergetretenen **Meo,** die vor allem in der Region von Alwar und Bharatpur ihre Heimat haben.

Nach wie vor trifft man auf der Reise durchs Land die urtümlichen Ochsenwagen mit Holzscheibenrä-

Fragezeichen behaftet, da die Genealogien von hofeigenen Historikern den Wünschen der Herrscher angepasst wurden.

Die bedeutenden Clans der Chauhans, Solankis, Parmars und Parihars sollen der Legende nach einem Feuerloch *(agnikund)* auf dem Mount Abu entsprungen sein. Aus diesem Ritual schließen einige Forscher auf eine außerindische Herkunft der Rajputen, die erst durch die Reinigung im Feuer Aufnahme als angesehene Kriegerkaste *(kshatriyas)* in das bestehende Sozialsystem fanden. Die ›Feuertaufe‹ könnte aber auch Aufwertung einer niederen, im Kampf erfolgreichen Kaste durch das Ritual der Brahmanen gewesen sein, die sich für diesen ›Ritterschlag‹ fürstlich belohnen ließen. Von den Rajputen selbst wird die Zuwanderungstheorie streng abgelehnt, sehen sie sich doch selbst als direkte Nachkommen der Kriegerkaste der frühen vedischen Gesellschaft und damit als reine Arier *(aryas)*. Dies gilt auch für die Mond- und Sonnenclans, zu denen sich die Rathors von Jodhpur und Bikaner, die Sisodia-Guhiltos von Mewar und die Kachwahas von Jaipur rechnen. Allen gemeinsam war die geradezu kultische Verehrung von Waffen und Pferden, die Sitte der Witwenverbrennung *(sati)*, die Anbetung der Sonne, die in zahlreichen Surya-Tempeln in Gujarat und Rajasthan ihren Ausdruck findet sowie die Stellung der Barden, die bis heute die Folklore bereichern, früher aber die Aufgabe hatten, die Heldentaten nicht in Vergessenheit geraten zu lassen. Auf arischen Ursprung deutet die Sprache, ein indoarischer Dialekt, der aus dem Dingal abgeleitet ist, der früher von den Barden benutzt wurde.

dern, mit denen die **Gaduliyar Lohar** als fahrende Schmiede von Ort zu Ort ziehen. Die überdachten Wagen dienen den nomadisierenden Handwerkern als Fahrzeug, Wohnung und Werkstatt. Sie selbst sehen sich als Nachfahren rajputischer Krieger, die das Massaker von Chittaurgarh im Jahre 1567 durch den Mogulherrscher Akbar überlebt und sich geschworen hatten, ihr unstetes Leben erst zu beenden, wenn die schmähliche Niederlage gegen die Muslime gerächt ist. Ungewöhnlich ist ihr Scheidungsrecht, bei dem es genügt, dass die Frau die Ehe aufkündigt und der für sie entrichtete Brautpreis an die Eltern zurückgezahlt wird.

Zu den Nomaden zählt auch die Kaste der **Banjara** oder **Lambadi,** die als Gelegenheitsarbeiter, Händler und Handwerker unterwegs sind und früher den Salzhandel dominierten.

Das Kastenwesen

Die Unterteilung der Gesellschaft in Kasten ist eine tief mit dem Hinduismus verbundene Eigenart Indiens, die bis in die Zeit der arischen Zuwanderung um 1500 v. Chr. zurückreicht. Der Begriff ist aus dem portugiesischen Wort *casta* (etwas nicht

Vermischtes) abgeleitet. Treffender ist die indische Bezeichnung *varna* (Farbe), die verdeutlicht, dass die Hautfarbe früher wichtigstes Merkmal war. Die hellhäutigen Arier versuchten durch die Kastenordnung ihre eigene, von ihnen als überlegen angesehene Rasse vor Vermischung mit den dunkelhäutigen Urbewohnern zu bewahren. Legitimiert wurde die zunächst aus den vier Kasten Priester (Brahmanen), Krieger (Ksatriya), Bauern und Handwerker (Vaishya) und Knechte (Shudra) bestehende Hierarchie durch das religiöse Mysterium der Zerstückelung des Urmenschen Purusha durch den Schöpfergott Prajapati, das bereits in den frühesten Schriften, den Veden, aufgezeichnet

wurde. Heute zerfällt die indische Gesellschaft in über 3000 Kasten und Unterkasten, ergänzt durch die außerhalb der Kastenordnung stehenden Unberührbaren.

Durch strenge Heiratsvorschriften und auf dem Prinzip von Reinheit und Unreinheit beruhenden Tabus ist der Aufstieg in eine höhere Kaste praktisch unmöglich. Infolge der zunehmenden Verstädterung durch Zuwanderung verwischen sich die Unterschiede jedoch allmählich, werden andererseits aber durch die noch immer übliche, von den Eltern arrangierte Heirat am Leben gehalten.

Die Frau in der indischen Gesellschaft

Mit ihren farbenprächtigen Saris, dem massiven Silberschmuck und den geschmeidigen Bewegungen verleihen die Frauen vor allem in

Bauern unterwegs mit dem Lkw

Rajasthan der Landschaft einen exotischen Reiz, der nur zu leicht über das nach unseren Maßstäben schwere Los der Frauen in Indien hinwegtäuscht.

Das sehr komplexe Thema kann hier nur in ganz groben Zügen schlaglichtartig erhellt werden, gibt es doch erhebliche Unterschiede zwischen Stadt und Land, den einzelnen Kasten und den Ethnien.

Vor allem auf dem Land ist die Frau nach wie vor in das patriarchalische System eingebunden, das mit den Indoariern auf den Subkontinent gelangte und später vom Islam gefestigt wurde. Ihr Platz ist demnach auf dem Feld und am heimischen Herd, ihre vornehmliche Aufgabe die Geburt männlicher Nachfahren und die Sorge um das Wohlergehen des Mannes, der eine fast göttliche Verehrung genießt.

Kein größeres Unglück kann ihr widerfahren, als kinderlos zu bleiben. Von klein an werden die Frauen auf ihre Rolle als bescheidene und demütige Ehefrau vorbereitet, denn mit der Heirat müssen sie ihr Elternhaus verlassen und sich in die Familie des Mannes integrieren, wo sie bis zur Geburt ihres ersten Sohns den Launen der Schwiegermutter ausgesetzt sind und oftmals kaum besser als die Dienstboten behandelt werden. Bereits die frühen Schriften lassen keinen Zweifel an der untergeordneten Rolle der Frau: »Als Kind hat sie dem Vater zu gehorchen, als Ehefrau ihrem Mann und als Witwe ihren Söhnen. Sie darf niemals unabhängig sein«,

heißt es im Manu-Smrti, einem über 2000 Jahre alten Kommentar zu den Veden.

Einiges hat sich seither gebessert, die Mädchen erhalten Schulunterricht, die Frauen haben Wahlrecht und können, wie das Beispiel Indira Gandhis zeigt, sogar bis in die höchsten Staatsämter aufsteigen. Vor allem auf dem Lande sind sie aber nach wie vor in die Traditionen eingebunden, die gerade in unseren Tagen mit dem Erstarken des hinduistisch geprägten Nationalismus zunehmend an Bedeutung gewinnen.

Noch immer wird die Heirat von den Eltern arrangiert, wobei die Initiative von der Familie der Frau ausgeht. Gegenseitige Zuneigung ist da-

Prozession zweier Bräute durch die Stadt

Sati

Treu bis in den Tod

Die bereits in den alten religiösen Schriften niedergelegte Opferbereitschaft der Frau endete zumindest früher keineswegs mit dem Tod des Mannes. Da ihr irdisches Leben nunmehr ohne Sinn war, wurde erwartet, dass sie ihm folgte und sich bei lebendigem Leib mit ihm auf dem Scheiterhaufen verbrennen ließ. Sowohl der Akt der Verbrennung wie auch die Frau, die sich dem Feuertod überantwortet, wird mit Sati bezeichnet.

Im Gegensatz zu einer Witwe erfuhr eine als Sati gestorbene Frau posthum höchste Verehrung, und es wurden ihr Gedenksteine mit den charakteristischen Handabdrücken gewidmet. Überdies darf sie die Wiedervereinigung mit dem geliebten Mann im Himmel erwarten und die ›Löschung‹ aller schlechten, ein zukünftiges Leben beeinflussenden Taten, so dass ihr und ihrem Mann eine bessere Zukunft bei der Wiedergeburt sicher ist.

Bereits die Engländer stellten die Witwenverbrennung unter Strafe, konnten sie aber, vor allem auf dem Lande, nicht ganz ausrotten. Auch das indische Gesetz verbietet diese Art der Selbsttötung und ahndet Anstiftung und Beihilfe sogar mit der Todesstrafe. Denn auch auf die Familien fällt der Glanz einer Sati, so dass manche Witwe wohl nicht ganz freiwillig den Scheiterhaufen bestieg.

Noch heute findet man in den indischen Zeitungen hin und wieder eine Notiz über die Fortführung dieser alten, grausamen Tradition. In den achtziger Jahren gab es sogar eine Bewegung (Sati Dharma Raksha Samiti), die sich für die Witwenverbrennung einsetzte und verstärkt entstehen neue Sati-Tempel, die das rajputische Bild der idealen, das heißt dem Mann bedingungslos ergebenen Frau wachhalten.

bei kein Kriterium – nicht selten sehen sich die Brautleute erstmals bei der Hochzeit. Weitaus wichtiger sind der Sozialstatus und die von der Familie der Frau zu entrichtende Mitgift, die schon manche Familie in den wirtschaftlichen Ruin getrieben hat. Zwar hat der Gesetzgeber 1962 ein vage formuliertes Verbot der Mitgiftforderung erlassen, das 1996 in verschärfter Form erneuert wurde; in der Praxis hat es jedoch keinerlei Bedeutung, da sich eine Frau ohne Mitgiftzahlung nicht verheiraten lässt und ein Leben ohne Ehe nach wie vor undenkbar ist. Kaum verwunderlich, dass Mädchen unerwünscht sind und die Möglichkeit zur Feststellung des Geschlechts durch Fruchtwasseranalyse vor der Geburt trotz Verbots vor allem in den Städten nach wie vor auf großes Interesse stößt, damit aber auch der erste Schritt zur (in Indien legalen) Abtreibung getan ist. In den abgelegenen Regionen der Wüste Thar wird trotz strengen Verbots wahrscheinlich nach wie vor die Tötung weiblicher Säuglinge unmittelbar nach der Geburt praktiziert und der Fürsorge weiblicher Kleinkinder weniger Beachtung geschenkt, so dass bei einigen Stämmen bereits ein Mangel an heiratsfähigen Frauen herrscht.

Die Verquickung von Heirat und Wirtschaftsinteressen hat vor allem in der zunehmend konsumorientierten Mittelschicht zu kriminellen Vorgehen skrupelloser Mitgiftjäger geführt, die nicht vor der Ermordung der Frauen, meist als Verbrennungsunfall in der Küche getarnt, zurückschrecken. In derartigen Mordfällen sind nicht selten die Schwiegermütter der Braut die treibende Kraft, ermöglicht sie doch durch den Tod der Schwiegertochter ihrem Sohn eine erneute Heirat und damit eine weitere Mitgift.

Besonders bedauernswert ist die Existenz einer Witwe, wird sie doch vom gesellschaftlichen Leben weitgehend ausgeschlossen und ist ganz auf das Wohlwollen ihrer Söhne angewiesen. Sie darf weder Schmuck noch farbenfrohe Kleider tragen und auch Festlichkeiten sind ihr verschlossen. Da eine Wiederheirat der Frau bei den höheren Kasten ausgeschlossen ist, erwartet vor allem junge, noch kinderlose Witwen eine freudlose Existenz, die nicht selten in der Prostitution, zuweilen auch im Selbstmord, endet.

Religion

Hinduismus

Obwohl islamische Herrscher mehr als 600 Jahre die Macht in Nordindien ausübten, ist es ihnen im Gegensatz zu Nordafrika und dem Vorderen Orient nicht gelungen, die Religion des Hinduismus zurückzudrängen. Als Maßstab der Islamisierung des Subkontinents kann die 1947 erfolgte Trennung in die beiden Länder Pakistan und Indien gelten, deren Grenzen von der britischen Kolonialmacht nach der Dominanz der jeweiligen Religion festgelegt wurden, wobei Indien den weitaus größeren Raum einnimmt.

Den Hinduismus zu definieren ist keine leichte Aufgabe, weder gibt es einen Gründer, noch ein Oberhaupt, ja nicht einmal einen von allen Gläubigen verehrten höchsten Gott. ›Das beherrschende Prinzip indischer Religiosität«, schreibt Axel Michaels in einer ausgezeichneten Monografie über den Hinduismus, »ist eben nicht im Glauben, in den Lehrer oder Ritualen zu suchen, sondern in der sozio-ökonomischen Organisation«. Somit ist der Hinduismus gewissermaßen ein aus vielen Ästen bestehender religiöser Überbau, in dem vor allem die Kastenzugehörigkeit über die einzelne Glaubensrichtung entscheidet. In die Gemeinschaft der Hindus wird man nicht durch ein Glaubensbekenntnis aufgenommen, sondern hineingeboren.

Obwohl es weder Dogmen noch eine Heilige Schrift gibt, lassen sich einige verbindliche Glaubensgrundsätze aufstellen. Als unumstößliche Wahrheit gilt z. B. die Existenz einer ewigen, unveränderlichen Urkraft *(brahman)*, die einen fortwährenden Kreislauf von Entstehen und Vergehen ohne Anfang und Ende bewirkt.

Die Entwicklung zum heutigen Hinduismus vollzog sich in mehreren Phasen. Die Frühzeit, beginnend mit der indoarischen Zuwanderung um 1500 v. Chr., wird als Zeit des **Vedismus** bezeichnet (ca. 1500–900 v. Chr.), abgeleitet von der ältesten religiösen Schrift, dem Rigveda. Die Indoarier brachten ihre von griechischen und iranischen Glaubensvorstellungen geprägte Götterwelt mit. Vor allem Naturerscheinungen wie Sonne *(surya)*, Mond *(candra)*, Regen *(parjanya)* und Morgenröte *(ushas)* wurde göttliche Verehrung zuteil.

Im Laufe der Zeit wurden die Gebete durch Opferrituale ersetzt, die den Priestern einen immer größeren Einfluss auch auf politischer Ebene einräumten, so dass sie sich schließlich sogar mit *brahman,* dem ewig unvergänglich Absoluten, identifizierten und fortan *Brahmanen* nannten.

Als Folge dieser Abhängigkeit der Gläubigen von der Priesterschaft in dieser als **Brahmanismus** bezeichneten Epoche (ca. 900–500 v. Chr.) formierte sich um 500 v. Chr. eine Gegenbewegung, die als Heilsweg die Askese des Einzelnen postulierte. Wichtigste Vertreter dieser neuen Richtung waren Buddha und Mahavira, die Gründer von Buddhismus und Jainismus. Die Förderung des Buddhismus durch Kaiser Ashoka (reg. 268–233 v. Chr.) verhalf der Religion nicht nur im eigenen Land zu einer bevorzugten Stellung, sondern hatte auch eine in die Nachbarländer gerichtete, sich bis heute auswirkende Missionstätigkeit zur Folge. Während der Buddhismus in seinem Heimatland bald wieder an Bedeutung verlor, blüht er in den Anrainerstaaten wie Nepal, Tibet, Thailand, Myanmar und Sri Lanka nach wie vor.

Diese Reformbewegungen lösten eine Rückbesinnung des Hinduismus auf die Ursprünge der Veden aus, deren Erkenntnisse mit denen des Brahmanismus verschmolzen wurden und so zu dem bis heute praktizierten **Hinduismus** führten. Ab dem 12. Jh. kam es infolge der islamischen Überfremdung zu einem gewissen Synkretismus, so etwa zwischen den Sufis und den Bhakti-Heiligen, vor allem aber durch die neue Religion des Sikhismus, der Elemente des Islam und des Hinduismus verband. Gleichzeitig formierten sich aufgrund der islamischen Unterdrückung zahlreiche neue Sekten, begleitet von einem Historismus, der die großen Zeiten der Hindureiche glorifizierte und als

Frauen im Jagdish-Tempel in Udaipur

Vorläufer des hinduistischen Nationalismus gelten kann, der gerade in unseren Tagen durch den Aufstieg der radikalen Partei BJP (Bharatiya Janata Party) wieder an Bedeutung gewinnt.

Auch das Pantheon der Götter unterlag im Lauf der Jahrtausende einem grundlegenden Wandel. An die Stelle von Indra, Agni und Varuna treten nun Shiva und Vishnu. Eine bevorzugte Position nimmt **Brahma** ein, der zunächst noch ein abstrakter Begriff war, später aber die Züge eines persönlichen Gottes erhielt, um der Vorstellungskraft der Bevölkerung Rechnung zu tragen. Kommt Brahma die Rolle des weltfernen Schöpfers zu, so sind die beiden Götter Vishnu und Shiva dem Irdischen enger verbunden. Vishnu gilt als der Weltenerhalter, der in vielerlei Gestalt auftritt, um die Erde vor dem Bösen zu bewahren. Alle drei Gottheiten bilden die Götterdreiheit *trimurti,* der die Prinzipien Schöpfung (Brahma), Erhaltung (Vishnu) und Zerstörung (Shiva) zugeordnet sind. Während Brahma nur in Ausnahmefällen unmittelbar verehrt wird (z. B. in Pushkar), trennt die Anbetung von Vishnu und Shiva die Hindus in die großen Glaubensgemeinschaften der **Vishnuiten** und **Shivaiten.**

Die weiblichen Gottheiten entstammen überwiegend nicht-arischen Kulten und haben erst recht spät als weibliche Energie *(shakti)* der Götter Eingang in den Brahmanismus gefunden. Von den Anhängern des **Shaktismus** werden die

weiblichen ... in de-
Spitze des ... rörerische
die männlic... ... nifestiert.
re Shiva, v... ... ...faltigkeit
schiedenen ... gott **Vish-**
Aspekte d... ... ...hade und
sich auch ... ... Inkarna-
nen Indie... ... f der Welchen Ersc... ... tt in Men-
etwa Um... ... nes neuen
Annapurr... ... auch steigt
lich als S... ... um zu stra-
zerstörer... ... n populärs-
männlic... ... arnation als
darunter ... ... n Ramayana
als Kali ... ... ne achte als
lichen und ... **Lakshmi** ge-

heit ist ein Tragetier *(vahana)* zur
Seite gestellt, das den wesentlichen
Charakter der Gottheit widerspiegelt, aber auch der Identifizierung
dient.

Alle Hauptgötter und ihre Shakti
treten entsprechend der unterschiedlichen Aspekte des Daseins,
die sie verkörpern können, in einer
Vielzahl von Formen (Inkarnationen) auf.

In der Götterdreiheit kommt **Shiva** heute die vorrangige Bedeutung
zu, wobei seine Herkunft nicht eindeutig ist. Er wird sowohl mit der vedischen Naturgottheit Rudra in Verbindung gebracht als auch mit
einem zur Zeit der arischen Einwanderung bereits existierenden drawidischen ›Roten Gott‹. Die für den
Kult charakteristische Verehrung des
Lingam als Zeichen der Fruchtbarkeit lässt sich sogar bis in die Zeit
der Induskulturen zurückverfolgen.
Shiva präsentiert sich in unendlich

... i im Shakti-
Kult vorrangige Bedeutung als Urmutter allen Lebens. **Ganesh,** der in
Gestalt eines Elefanten dargestellte
Sohn Shivas und Parvatis, erfreut
sich als Gott der Weisheit und Beseitiger von Hindernissen großer Beliebtheit bei Hinduisten, Buddhisten
und Jains gleichermaßen. Als Shiva
noch der Unglück bringende Rudra
war, gehörte Ganesh als Herr der
Ganas (zwergenhafte Dämonen), zu
seinen dämonischen, keineswegs
weisen Begleitern.

Die Dämonen, früher mit den
Göttern gleichgestellt, verkörpern
heute die bedrohlichen Kräfte der
Unterwelt, gegen die sich die Götter
immer wieder zur Wehr setzen müssen. Unter ihnen sind die Asuras die
erbittertsten und gefährlichsten
Feinde. Ikonografisch treten sie vor
allem in Tiergestalt auf, besiegt am
Boden unter dem Fuß des Gottes liegend. Viele Götter, männliche wie

weibliche, sind in einer Inkarnation als Dämonenvernichter vertreten. Ein Gegenstück bieten die friedvollen himmlischen Wesen, die Götter wie Menschen durch ihre Anmut bezaubern. Dazu zählen die himmlischen Nymphen *(apsaras)*, unbeschreiblich schön und verführerisch, aber auch die Musikanten *(gandhavaras)* und Flügelwesen *(kinnaras)*, die den Tempelwänden ihren sinnvollen Reiz verleihen.

Das hinduistische Weltbild sieht unsere Erde als Zentrum des Kosmos, bestehend aus sieben ringförmig angeordneten, durch Meere voneinander getrennten Kontinenten. Am Mittelpunkt der Erde erhebt

Parshva-Darstellung im Jaintempel von Ranakpur

sich der Berg *Meru,* der auf dem Kontinent *Jambudvipa* liegt, auf dem auch wir leben. Unter der Erde breiten sich die Wohnbereiche der Dämonen und die Höllen aus, über der Erde haben die Götter in verschiedenen Himmeln ihren Platz.

Religion der Jains

Die Abhängigkeit der Gläubigen von den Opferritualen der Brahmanen führte im 5. Jh. v. Chr. nicht nur zur Entstehung des Buddhismus. Mit **Mahavira** zog ein weiterer Prediger durchs Land und verkündete eine Lehre, nach der sich die unzerstörbare Seele nicht durch Opferrituale, sondern allein durch die Askese von der Fessel der Materie befreien lässt, wobei der Tod durch Fasten zur direkten Erlangung des *moksha* führt. Im Mittelpunkt des Glaubens steht das Bemühen, unsere Stellung im

Weltgeschehen zu erkennen und danach zu handeln. Die vollkommene Erkenntnis aller Dinge bleibt dem Vollendeten vorbehalten, dessen Seele von der Materie befreit, alle Rätsel der Welt zu lösen vermag. Die Verkündigungen dieser Allwissenden haben in Lehrsätzen ihren Niederschlag gefunden, die als heilige Schriften der Jains gelten und unantastbar sind.

Mahavira verstand sich allerdings nur als der 24. und bisher letzte ›Furtbereiter‹ *(Tirthankara)*, der den Menschen den Weg zur Erlösung weist.

Ganz im Widerspruch zum Ideal des Fastentodes steht der Grundsatz des Nichttötens *(ahimsa)* als wichtigstes Gebot. Strenggläubige benutzen gegen das unfreiwillige Einatmen von Insekten sogar Mundtücher und kehren den Weg vor sich, um keine Kreatur zu zertreten.

Die Glaubensgemeinschaft der Jains, von denen es heute etwa 3 Mio. gibt, gliedert sich, ähnlich wie bei den Buddhisten, in eine Ordensgemeinschaft von Mönchen und Nonnen sowie Laien. Im 1. Jh. erfolgte eine Spaltung in die orthodoxen **Digambara** (Luftbekleideten), die zurückgezogen als nackte Asketen in den Wäldern leben und die **Shevetambara** (Weißgekleideten), denen heute der überwiegende Teil der Gläubigen angehört.

Wichtigste Heiligtümer sind die vier Tempelberge Mount Abu (Rajasthan), Shatrunjaya und Girnar (Gujarat) sowie Samet Shikhara (Bihar), die als Orte der Erleuchtung in Verbindung mit der Mythologie stehen.

Islam

Als vom 8. Jh. an islamische Heere gegen den Subkontinent anrannten, bedeutete dies auch den Zusammenprall zweier Weltreligionen, die gegensätzlicher nicht sein konnten. Im Gegensatz zu Christen und Juden, die als ›Buchbesitzer‹ (Heilige Schrift) zu den *dhimmis* (Schutzbefohlenen) gehörten, galten die Hindus als ›Götzenanbeter‹.

Anders aber als etwa in Nordafrika, wo die islamischen Eroberer alle Spuren der alten Glaubenswelt hatten tilgen können, gelang es ihnen in Indien nicht.

Zwischen 1192, der Eroberung Delhis durch Muhammed von Ghur und der Eingliederung Indiens in das britische Kolonialreich im Jahre 1858 war der Islam zwar die Religion der führenden Elite, der Hinduismus wurde aber von den opponierenden Rajputen vehement und erfolgreich verteidigt. Den islamischen Herrschern als Vasallen zu dienen, beinhaltete keineswegs auch den Übertritt zum Islam. Als der Mogulherrscher Aurangzeb den Hinduismus mit allen Mitteln auszurotten versuchte, kündigten ihm viele seiner untergebenen Fürstentümer die Treue und trugen damit zum Untergang der Dynastie bei.

Die vor nunmehr 900 Jahren begonnene Konfrontation beherrscht bis heute das politische Geschehen auf dem Subkontinent. Die nach Religionszugehörigkeit erfolgte Teilung in die Staaten Pakistan und Indien sind ebenso ihr Ergebnis wie die immer wieder aufflammenden

Koranschüler beim Unterricht in der
Freitagsmoschee in Delhi

Konflikte und Kriege zwischen den
tief verfeindeten Nachbarn. Der Islam wurde im 6. Jh. auf der arabischen Halbinsel von **Mohammed**
durch die Verkündigung der im Koran niedergelegten Gebote Allahs
begründet.

Wie auch die anderen Weltreligionen ist der Islam nicht über Nacht
entstanden, sondern Ergebnis eines
langen Prozesses. Nicht erst Mohammed erkannte die Bedeutung
des Monotheismus als Mittel zum
Ausgleich der unterschiedlichen In-
teressen. Juden und Christen hatten
bereits Vorbilder geliefert, an denen
sich der Prophet bewusst orientierte.

Als alleiniger und höchster Gott
gilt Allah, der im Koran, der Heili-

gen Schrift des Islam, 2685-mal ge-
priesen wird. Zu den von Allah aus-
gesandten Propheten zählen auch
Adam, Abraham (Ibrahim), Moses
(Musa) und Jesus (Isa); mit Mohammed allerdings hat Gott die Offenbarung abgeschlossen, ihm die
höchste Erkenntnis zuteil werden
lassen.

Den Mittelpunkt des religiösen
Lebens bilden die fünf Pflichten *(ar-
kan)*: Glaubensbekenntnis, rituelles
Gebet, Wohltätigkeit, Fasten und
Wallfahrt.

Die Verhaltensregeln für die Gläubigen sind im kanonischen Gesetz
der Shari'a niedergelegt, die in einigen Ländern (z. B. Saudi Arabien,
Iran, Sudan) noch heute Grundlage
der Rechtsprechung ist. Da Mohammed ohne männlichen Erben blieb,
setzte bald nach seinem Tod ein er-
bitterter Machtkampf ein. Nachfolger
als erster Kalif wurde sein Schwieger-
vater Abu Bekar, gefolgt von Umar,
dem Vater seiner Frau Hafsa.

Die Opposition scharte sich der-
weilen um seine Witwe Aisha und
Mohammeds Schwiegersohn Ali,
der mit Fatima verheiratet war. Als
nach der Ermordung Othmans, des
dritten Kalifen, Ali die Führung be-
anspruchte, kam es zur ersten großen Spaltung. Die Mehrheit, die sich
fortan **Sunniten** nannte (nach sunna
= Gewohnheit), unterstützte die alte
Linie, während sich die Anhänger
Alis als **Schiiten** (nach shi'a = Partei), bezeichneten. Für sie kommen
als religiöse und politische Führer,
Imame genannt, nur direkte Nachfahren Alis in Betracht.

Innerhalb der Fraktionen kam es
im Laufe der Jahrhunderte zu weiteren Spaltungen und zur Bildung von
Rechtsschulen (Hanafiten, Maleki-
ten, Shafiten, Zwölfer Shi'a usw.) sowie einem ausgeprägten Volksglau-
ben, in dem vorislamische Riten
weiterleben.

Durch den Einfluss hinduistischen Asketentums entfaltete sich
auf dem Subkontinent der islamische Mystizismus der Sufis besonders facettenreich und beeinflusste
auch die Führungsschicht, insbesondere den Mogulherrscher Akbar.

Architektur und Plastik

... im Hinduismus

Wie in vielen Kulturen war auch in
Indien die Religion über die Jahrhunderte hinweg wichtigster Träger
des Kunstschaffens. Als deren Wegbereiter allerdings gilt der Buddhismus, der unter dem Patronat Kaiser
Ashokas bereits im 3. Jh. v. Chr. be-
achtliche Leistungen auf dem Gebiet von Architektur und Plastik voll-
brachte. Der Stupa von Sanchi, die
Höhlenklöster von Ajanta und Ellora
sowie die zahlreichen Buddhaplas-
tiken in den Museen Indiens vermitteln als Zeugnisse dieser schöpferi-
schen Kraft einen bis heute
nachhaltigen Eindruck. Sicherlich
hat es schon in vorbuddhistischer
Zeit Beispiele künstlerischer Gestaltung gegeben, bis auf einige Wandmalereien hat sie allerdings aufgrund der vergänglichen Materialien
keine Spuren hinterlassen.

Sas-Bahu-Tempel in Nagda

Zwar wird der Buddhismus ab dem 3. Jh. n. Chr. allmählich vom wiedererstarkenden Hinduismus verdrängt, sein reiches künstlerisches Erbe aber bildet das Fundament für die Weiterentwicklung der indischen Kunst, die in der Guptazeit (320–455) ihren ersten Zenit erreicht.

Getragen durch lokale Dynastien wie die Gurjara-Pratihara oder die Solanki im Norden und die Hoysala und Pallava im Süden des Subkontinents, die jeweils eigene Bauhütten beschäftigten, entwickelten sich allmählich unterschiedliche Stilrichtungen.

Im Mittelpunkt indischer Architektur steht der **Tempel,** der als Nahtstelle zwischen Himmel und Erde begriffen wird, an der die Gläubigen durch das Opfer und die Anbetung des Kultbilds in Verbindung mit den Göttern treten.

Aus der engen Verknüpfung mit der Kosmologie erwuchsen genau definierte, als heilig geltende Bauvorschriften mit vielerlei symbolischen, teilweise aus dem Buddhismus übernommenen Bezügen. Während der Guptazeit beginnt sich die Trennung in den nördlichen Nagara- und den südlichen Drawidastil abzuzeichnen, dessen deutlichster Unterschied in den Tempeltürmen zu finden ist. Das höhlenartige, dunkle Heiligtum mit dem Kultbild im Zentrum trägt zutreffend den Namen ›Mutterschoß‹ *(garbhagriha).* Darüber erhebt sich der Tempelturm, der den Berg Meru symbolisiert, das Zentrum der Welt. Die vom Kultbild durch die Turmspitze

Sarasvati, die Gattin Brahmas
(12. Jh., Nationalmuseum Delhi)

dem Fels gehauene Architektur fand auch sie mit dem Buddhismus über Nordwestasien ihren Weg nach Indien. Vornehmlich die Schulen von Mathura und Gandhara, die ihre Blüte zwischen dem 1. und 3. Jh. n. Chr. hatten, legten mit ihren persisch und griechisch beeinflussten Plastiken den Grundstein für die klassische Stilepoche.

… im Jainismus

Die Erkenntnis, dass möglichst wenig Bewegung Leben bewahrt, führte zu einer Bevorzugung ›sitzender Tätigkeiten‹ und so haben sich bei den Jains Handel, Bankwesen und Goldschmiedekunst zu den wichtigsten Erwerbsquellen entwickelt und damit den Weg zu erheblichem Reichtum ihrer Gemeinden bereitet. Ein nicht unbedeutender Teil dieser Vermögen floss in die Ausgestaltung der **Tempel**, die zu den schönsten des Subkontinents zählen. Denn trotz Fehlens eines religiösen Oberhaupts waren die Jaingemeinden streng organisiert und darauf bedacht, ihren Wohlstand auch nach außen hin zu dokumentieren.

Durch aufwendige Ausgestaltung und Verwendung kostbarer Materialien, insbesondere Marmor erlesener Qualität, gelang den Künstlern die perfekte Verschmelzung von religiösen Prinzipien mit ästhetischen Ansprüchen und zurückhaltender Eleganz, die auch Besucher anderer Glaubensrichtungen beeindrucken sollte, sich damit aber auch als Ausdruck einer elitären Grundhaltung interpretieren lässt. Im Vordergrund

verlaufende Senkrechte verkörpert hingegen die kosmische Achse und den Pfad zur Erleuchtung.

Um die meisten Tempel verläuft ein Umwandlungsgang, den die Gläubigen, dem Verlauf der Sonne folgend, im Urzeigersinn umschreiten. Später gliedern sich an die Kultzelle prachtvoll ausgestaltete Hallen *(mandapas)*, die der Versammlung und den kultischen Tempeltänzen dienten.

Die zweite wichtige künstlerische Ausdrucksform des Hinduismus, die **Plastik,** findet vor allem in der vielgestaltigen Götterwelt ihr unerschöpfliches Thema. Wie die aus

steht die artistische Beherrschung des Materials, weniger das Ringen des Künstlers, seinen Werken eine individuelle, seiner eigenen Gläubigkeit entspringende Ausstrahlung zu verleihen. Aus diesem Grund wirken die Heiligtümer zuweilen etwas überladen, verbunden mit einer gewissen Monotonie durch die ständige Wiederholung gleichartiger Figuren der Furtbereiter in den umlaufenden Schreinen.

... im Islam

Auch in der Auffassung von Kunst liegen Welten zwischen Islam und Hinduismus. Schöpft letzterer seine Inspiration aus der prallen Fülle des Lebens, sah der asketische Islam in der realistischen Abbildung der Natur, insbesondere des Menschen, einen Akt der Gotteslästerung. Die Folge war die Entfaltung einer reichen abstrakten Formenwelt, die in ihrer steten Wiederholung die Ewigkeit Gottes versinnbildlichen soll, in der Auflösung der Strukturen aber auch die Vergänglichkeit allen Lebens.

Mit der Herrschaft des ersten Moguln Babur (reg. 1526–30) fand auch der bereits von den Timuriden in Samarkand entwickelte, streng geometrisch geordnete Garten Eingang in die indische Palastarchitektur.

Für den aus der lebensfeindlichen Wüste kommenden Islam verbarg sich hinter dem **Garten** ein Abbild des Paradieses, in dem den (männlichen) Rechtschaffenen nach dem Tode in Gestalt schöner Frauen und reichlich fließenden Weins durchaus weltliche Genüsse erwarten (weibliche Verstorbene müssen sich mit erhabenen Gedanken begnügen).

Zwar hat Mohammed eine schlichte Sakralarchitektur gefordert, schon bald nach seinem Tod aber konnte der islamische Klerus der Versuchung nicht widerstehen, die Macht des Glaubens durch dekorative Gestaltung von Fassade und Innenraum auch nach außen hin demonstrativ unter Beweis zu stellen.

Wiederum orientierte man sich an hellenistischen und altorientalischen Vorbildern. Da die Darstellung des Menschen tabu war, griffen die Künstler auf Ranken, Weinlaub und andere traditionelle Muster zurück, die sie im Laufe der Jahrhunderte in vielgestaltiger Weise variierten und zur eigenständigen Arabeske weiterentwickelten. Ein anderes beliebtes Gestaltungsmittel ist die Schrift, die als Vermittler des Korans dem Muslim als heilig gilt.

Da die **Moscheen** überwiegend aus gebranntem Ziegel errichtet wurden, erhielten die Wände einen Stucküberzug, in den nicht nur Ornamente und Schrift eingeritzt wurden: vor allem an den Übergangszonen von eckigen Formen zu runden Kuppeln (Trompen) ermöglichte das weiche Material eine kunstvolle plastische Gestaltung mit Rippen und Zwickeln, die in den Stalaktitengewölben Andalusiens ihren Höhepunkt erreichten.

Die Berührung mit dem Hinduismus blieb nicht ohne Folgen für die islamische Kunst auf dem Subkonti-

Moschee und Mausoleum

Zentrales Gebäude islamischer Architektur ist die Moschee, deren Name aus dem arabischen Wort *masjid* (Ort des sich Niederwerfens) abgeleitet ist. Sie ist sowohl Ort des Gebets als in Gestalt der Freitagsmoschee auch Zentrum politischer und sozialer Aktivitäten.

Urtypus der Kultstätte war das Haus Mohammeds in Medina, in dem er seine ersten Predigten hielt. Mit der Verlegung des Kalifats nach Damaskus (661) orientierten sich die Architekten dann bevorzugt an hellenistischen Bauwerken mit Säulen und Kapitellen. Auch das Minarett, heute Wahrzeichen jeder Moschee, trat damals erstmals in Erscheinung, wobei frühchristliche Kirchtürme als Vorbild gedient haben sollen.

Kein anderes architektonisches Detail hat im Laufe der Zeit eine so starke Veränderung erfahren wie das Minarett. Vor allem in späterer Zeit begnügte man sich nicht mehr mit nur einem Turm, sondern begrenzte das hohe Eingangsportal (Liwan) zum Gebetssaal mit zwei Minaretten oder platzierte sogar vier an die Ecken des Komplexes. Wesentliches Merkmal aller Moscheen war aber von Beginn an die auf Mekka ausgerichtete Gebetswand (Qibla) mit der darin eingelassenen Gebetsnische (Mihrab), wobei letztere an die verkleinerte Apsis einer christlichen Kirche erinnert. In den Freitagsmoscheen, die ja auch der politischen Kundgebung dienen, erhebt sich neben der Gebetsnische die mehrstufige Gebetskanzel (Minbar).

Ausgehend von der Moschee entstanden überwiegend in Zentralasien und Indien prächtige Mausoleen, mit denen sich die Herrscher über ihren Tod hinaus ein Denkmal setzen wollten. Vor allem mit dem weltberühmten Taj Mahal in Agra ist es ihnen in beeindruckender Weise gelungen.

nent, stieß sie doch hier auf einen seit vielen Jahrhunderten entwickelten Formenschatz. Da zunächst geeignete islamische Künstler und Steinmetze fehlten, führten Hindubaumeister die Arbeiten aus, die vieles aus ihren reichen Traditionen einfließen ließen, andererseits aber noch nicht mit den fortschrittlichen islamischen Techniken, insbesondere dem Bau selbsttragender Bögen und Kuppeln vertraut waren. So kam bei den frühen islamischen Moscheen auf indischem Boden noch die Kragbauweise zur Anwendung. Portale wurden durch vorragende Steine errichtet, Kuppeln durch nach innen kleiner werdende, aufeinandergesetzte Steinringe.

Der Hindutradition verdankten die späteren islamischen Bauten ihre Verkleidung mit Sandstein- und

Mausoleum Shish Gumbad in den Lodi-Gärten in Delhi

Marmorplatten, verbunden mit der Freude an abstraktem Dekor und zuweilen verspielt wirkenden Ergänzungen wie den Chattri-Pavillons. Mit dem Taj Mahal erreichte die indoislamische Architektur unter den Moguln ihren Zenit. Eine Sonderstellung nimmt die Architektur der Rajputen ein. Aufgrund ihrer kriegerischen Tradition, die sich in ständigen Kämpfen untereinander und

später gegen die islamischen Invasoren äußerte, hatten ihre **Residenzen** einen wehrhaften Charakter und lagen, wie bei uns die Burgen, vorzugsweise auf Höhenrücken. Die Räumlichkeiten waren eng verschachtelt und über mehrere Stockwerke verteilt, wobei der untere Bereich als fensterlose, schwer zu bezwingende und von vorspringenden Bastionen gesicherte Mauer ausgelegt war. Den Zugang ins Innere sicherten meist mehrere hintereinander angeordnete Tore. Der Wohnkomplex war streng in einen Bereich für Frauen *(zenana)* und den meist kleineren Bereich für die männlichen Bewohner unterteilt, die häufig als Kämpfer unterwegs waren und nur selten ihre Burgen aufsuchten. Der Kontakt mit den kunstsinnigen Moguln, die offene Hallen, wasserdurchflossene Gärten und prachtvoll verzierte Räume liebten, blieb nicht ohne Wirkung auf die Rajputen. Mit zum Teil großem Erfolg, etwa in Amber und Udaipur, versuchten sie, den luxuriösen Lebensstil der Moguln mit der Wehrhaftigkeit ihrer Gemäuer in Einklang zu bringen.

Hatten sich die Potentaten bereits mit der Errichtung prunkvoller **Mausoleen** über das Gebot des Propheten nach Schlichtheit hinweggesetzt, so gingen sie in der höfischen **Miniaturmalerei** noch einen Schritt weiter und stellten den Menschen in den Mittelpunkt.

Vor allem die Regionalstaaten, die sich von der Vorherrschaft Delhis hatten lösen können, führten zu Beginn die hinduistische Tradition weiter, bis sie schließlich von den kunstsinnigen Mogulherrschern Akbar und Jahangir hoffähig gemacht und mit neuen Inhalten gefüllt wurde. Neben Portraits erfreuten sich vor allem Szenen des prunkvollen Lebens am Hof großer Beliebtheit, und es bildeten sich zahlreiche regionale Malschulen, von denen die in Bundi und Mewar zu den bedeutendsten zählten.

Volkskunst und Kunsthandwerk

In ihren Ursprüngen ist die indische Kunst zum einen Gebrauchskunst, in der Zweckbestimmtheit und Ästhetik das handwerkliche Schaffen der Töpfer, Weber und Handwerker charakterisierten und die ihre Vielfalt aus der unterschiedlichen Stammeszugehörigkeit schöpfte. Kunst diente aber auch von Beginn an dem religiösen Ritual, indem sie magische, mit verborgenen Kräften behaftete Symbole *(yantras)* schuf. Weder auf Repräsentation bedacht, noch von Modetrends beeinflusst, bewahrte die bäuerlich-dörfliche Volkskunst über lange Epochen ihre Identität und damit Ursprünglichkeit, obwohl zwischen ihr und der städtischen Hochkunst ein permanenter Austausch stattfand. Im Gegensatz zur höfischen und religiösen Hochkunst, deren aufwendige Tempel und Paläste für die Ewigkeit gedacht waren, sind die Erzeugnisse der Volkskunst schon aufgrund ihres Materials (Ton, Stoff, Holz, Leder) vergänglich und werden zuweilen sogar bewusst am Ende einer Zeremonie – für die sie speziell geschaffen wurden – zerstört.

Nicht zuletzt dank des Tourismus hat sich die Volkskunst mit dem Kunsthandwerk verbunden, sich so einen Markt geschaffen und damit ihr Fortbestehen gesichert. Mittlerweile sind gut 600 000 Menschen in über 100 000 ›Betrieben‹ mit der Herstellung von kunsthandwerklichen Artikeln beschäftigt. Es gibt

Gewebte Tücher in leuchtenden Farben

wenige Länder, die es mit Indien hinsichtlich hochwertigen Erzeugnissen der Handwerkskunst aufnehmen können, obwohl natürlich auch hier viel minderwertige Massenware angeboten wird.

Wie Funde in Kalibangan bezeugen, reicht die **Töpferei** in Rajasthan bis ins 3. Jt. v. Chr. zurück, wobei nicht nur Gebrauchskeramik zutage gefördert wurde, sondern auch Bruchstücke schwarzer Terrakotta-Armreifen. Terrakotta-Paneele mit religiösen Motiven wurden auch in der Frühphase des Tempelbaus, bis etwa ins 5. Jh. n. Chr., zur Ausschmückung der Heiligtümer verwendet, um dann, als Steinskulptu-

ren diese Aufgabe übernahmen, in der dörflichen Volkskunst ihren Platz zu finden.

Zur Volkskunst zählen auch die Heldengedenkstelen (patia), meist Darstellungen von Reitern in Reliefform, die man zuweilen in ländlichen Regionen antrifft. Sie reichen in die Zeit der islamischen Eroberung zurück, in der sich die Rajputen mit heldenhaftem Mut den Invasoren widersetzten und lieber den Tod wählten als die Kapitulation.

Wie die Töpferei, so hat auch die **Metallbearbeitung** Rajasthans ihre Ursprünge in der Harappa-Zeit vor mehr als 4000 Jahren. Im Mittelpunkt des handwerklichen Schaffens standen zunächst Kultfiguren, die nach Abschluss der rituellen Handlung zumeist in Gewässern versenkt wurden und in ihrer Qualität weit über das normale Kunsthandwerk hinausgingen. Sie bildeten die Grundlage für die vollendet geformten und gearbeiteten Gebrauchsgegenstände für den rajputischen Adel, der die Künstler, ähnlich wie die Miniaturmaler, tatkräftig förderte.

Die dritte Säule der Volkskunst ist, wie fast überall auf der Welt, die **Textilherstellung,** die ebenfalls weit in die Vergangenheit zurückreicht, obwohl aufgrund der Vergänglichkeit Beispiele aus der Frühzeit fehlen. Neben den stammesspezifischen, eingewebten Mustern ist für die Textilien Rajasthans die nachträgliche Verzierung der Stoffe mit Spiegeln, Stickereien und Applikationen kennzeichnend. Viele Motive entstammen der Tierwelt. Tiger, Reiter und Vögel sind beliebt, oft in abstrakter Form dargestellt, wobei jede Region ihre eigenen Muster pflegt. Nicht weniger vielfältig sind die Techniken. Man findet Stempeldruck, Abbinde-Färbetechnik und Stickerei. Immer wieder zu begeistern vermag das sichere Farbempfinden der Textilkünstler. Die Färber Rajasthans sind weit über die Grenzen hinaus berühmt und bearbeiteten früher nicht nur Stoffe aus eigener Produktion, sondern Ware, die von weither angeliefert wurde, insbesondere Seide und Baumwolle.

Die heute überwiegend im Dienst des Tourismus stehende, weit verbreitete kunstgewerbliche **Malerei** kopiert mehr oder weniger gelungen die höfische Kunst, reicht in ihren

Mit einfachen Mitteln werden Häuserwände verschönt – hier in Jaisalmer

Ursprüngen als kultische Kunst jedoch viel weiter zurück. So bemalen noch heute die Frauen zu bestimmten Festtagen, insbesondere dem Lichterfest *(Divali),* den Boden vor ihren Häusern mit magischen, jahrhundertealten Yantra-Diagrammen.

Speziell für die Pilger arbeiten die Pichwai-Maler, die ein festes Repertoire an Heiligenbildern haben und vor allem die Krishna-Legende illustrieren. Aufgrund billiger Drucke ist die Zunft leider vom Aussterben bedroht.

Aus der höfischen Miniaturmalerei unmittelbar abgeleitet sind hingegen die Fresken der Handelshäuser in Shekhavati, in denen sich die Wünsche der Bewohner widerspiegeln. Statt schöner Frauen im Mogulgarten begegnen uns die Errungenschaften moderner Technik wie Automobil, Eisenbahn und Flugzeug.

Rajasthan ist eine wahre Schatzkammer der **Schmuckherstellung,** die nicht nur für die höfische Gesellschaft gedacht war, sondern auch für die Nomaden in Form schwerer, ästhetisch außergewöhnlich ansprechender Silberarbeiten. Die Arm- und Fußringe, die Halsketten und Stirndiademe, die den Rajputenfrauen ihren unvergleichlichen Reiz verleihen, dienen nicht nur der Zierde, sondern sind als Teil der Aussteuer ihr materieller Besitz, die eiserne Reserve für den Notfall. Die Wahl der Ornamente gibt Auskunft über die Zugehörigkeit zu einem bestimmten Stamm und zu einer Kaste.

An den Fürstenhöfen begnügten sich die Frauen nicht mit Silber, sondern schwelgten in Gold, Safiren, Rubinen und Topasen. Nicht von ungefähr stammen die erlesensten Exemplare, etwa der weltberühmte Kohinoor, aus Indien. Wetteiferten die Rajputen um die schönste Waffensammlung, so bedeutete für die Mogulherrscher der Besitz von Juwelen höchstes Glück. Jaipur ist nach wie vor die Hochburg der indischen Schmuckindustrie, wobei der Laie beim Kauf teurer Steine jedoch größte Vorsicht walten lassen sollte, mischt sich doch so manches schwarze Schaf unter die Vielzahl der reellen Händler. Im 17. Jh. holte der Herrscher von Amber Emaille-Künstler aus Lahore an seinen Hof und etablierte damit einen bis heute in Japur blühenden Zweig dieses Kunsthandwerks, das hier den Namen *Meenakari* trägt.

Obwohl ursprünglich nicht in Rajasthan beheimatet, genießt auch die **Teppichknüpferei** mittlerweile wieder einen guten Ruf. Teppiche waren seit ihrer Einführung durch Akbar im 16. Jh. Luxusartikel für die Fürstenhöfe, in deren Dienst die Teppichknüpfer standen. Nach dem Verlust ihrer Privilegien und Pfründe durch die Unabhängigkeit konnten sich nur noch wenige ehemalige Potentaten diesen Luxus leisten, so dass die Kunst auszusterben drohte. Erst als der Staat mit Blick auf lukrative Exportmärkte dem Handwerk unter die Arme griff, erwachten die alten Fä-

Puppenverkauf am Straßenrand ▷

Bandhani und Laharia

Die Kunst der kleinen Knoten

Vor allem bei großflächigen Textilien ermöglicht die Bandhani-Abbinde-technik eine besonders ausdrucksvolle Gestaltung. Der Stoff wird zu-nächst gefaltet und mit Stichen grob fixiert. Ein Spezialist zeichnet dann Muster auf. An den so markierten Stellen wird der Stoff anschließend mit dem kleinen Fingernagel nach oben gedrückt und mit einem Faden so abgebunden, dass keine Farbe in diesen Teil eindringen kann. Größere Partien werden zusätzlich mit einer Art Schutzlack gegen die Farbauf-nahme versehen. Nunmehr erfolgt der erste Färbevorgang. Nach Auswa-schen des Stücks können andere Stellen abgebunden werden, woraufhin sich eine erneute Färbung mit einem anderen, dunkleren Ton anschließt.

Die Laharia-Technik kommt vor allem bei dünnen Turban- und Sari-stoffen zur Anwendung. Der Stoff wird gerollt und dann ebenfalls abge-bunden, wodurch sich waagerechte oder diagonale Streifenmuster erzie-len lassen. Auch hierbei sind mehrfache Färbungen üblich.

higkeiten zu neuem Leben. Nach wie vor kommen vorwiegend persi-sche Muster zur Anwendung, ganz vereinzelt auch modernes indisches Design. Zentren der Teppichknüpfe-rei sind heute Agra und Jaipur.

Leider ist die Teppichherstellung mit dem Makel der auch in Indien offiziell verbotenen Kinderarbeit be-haftet, da Kinder mit ihren kleinen Fingern besonders feine Knoten knüpfen können und natürlich auch viel geringere Löhne erhalten. Unter der Federführung der deutschen Teppichimporteure, die im ›Indo-German Export Promotion Board‹ zusammengeschlossen sind, wurde das Gütesiegel des ›lächelnden Tep-pichs‹, für ohne Kinderarbeit herge-stellte Ware eingeführt, das Unter-

stützung der UNICEF fand, nicht je-doch der Produzenten und der indi-schen Regierung. Der Vorstoß blieb dennoch nicht ohne Erfolg. Um dem Imageverlust und den damit verbun-denen wirtschaftlichen Einbußen auf den sensiblen europäischen Märkten zu begegnen, haben sich mittlerweile notgedrungen viele Teppichknüpfereien – zumindest auf dem Papier – zur Aufgabe der Kin-derarbeit entschlossen. Die deut-schen Importeure zahlen 1 % des Verkaufspreises in einen Fond zur Unterstützung der ausgebeuteten, meist aus Not von ihren Eltern an die Fabriken ›verkauften‹ Kinder.

Auch die **Lederverarbeitung** hat in Rajasthan eine lange Tradition, konnte sich aber wegen der in Verbindung mit den Tieren bestehenden Tabus weit weniger entfalten als etwa in den orientalischen und nordafrikanischen Ländern. Nur die niedrigsten Kasten und Kastenlosen dürfen Tierprodukte verarbeiten, die von vielen Indern, insbesondere den Jains, nach wie vor als unrein angesehen werden.

Einen umfassenden Überblick über das käuflich zu erwerbende Kunsthandwerk Indiens bieten die staatlichen Kunstgewerbeläden (Government Emporiums), die überdies aufgrund der festen Preise eine gute Vergleichsmöglichkeit mit den oft überzogenen Forderungen auf dem freien Markt bieten.

derten kaum verändert, obwohl sich ihre Bedeutung vielfach vom kultischen Ritual, etwa dem Jagdtanz oder dem Fruchtbarkeitszauber, zur erbaulichen Unterhaltung oder sportlichen Geschicklichkeitsprüfung gewandelt hat.

Zu den ursprünglichen Stammestänzen gehört der nur von Frauen getanzte **Ghoomer** in der Region von Udaipur oder der **Neja** der Mina-Bevölkerung von Dungapur, bei dem die Frauen die Männer mit Stockschlagen und Peitschen anfeuern, eine Kokosnuss von einer hohen Stange zu holen. In und um Jodhpur wiederum wird vor allem anlässlich des Holi-Festes der **Dand-**

Musik und Tanz

Musik und Tanz sind feste Bestandteile der zahlreichen Feste Indiens, wobei ein Unterschied zwischen den klassischen Formen und der Volkskunst zu treffen ist, beide jedoch ihre Ursprünge in den vedischen Opferritualen der Frühzeit haben.

Zunächst waren Tanz und Musik eng miteinander verbunden. Erst später, als die Saiteninstrumente aus dem Orient ihren Weg nach Indien fanden, entwickelten sich daraus die eigenständigen Kunstformen der klassischen Musik und des klassischen Tanzes, die heute nur nach langer Übung von professionellen Künstlern beherrscht werden. Musik und Tanz der Stämme sind natürlich wesentlich einfacher strukturiert und haben sich wohl seit Jahrhun-

Straßenmusikant

hya getanzt, bei dem Männer und Frauen mit Stöcken den Rhythmus der Musik unterstützen. Ursprünglich in Manipur im Nordosten Indiens beheimatet sind die **Raslila**-Tänze, in deren Mittelpunkt Krishnas Spiel mit den Hirtenmädchen *(gopis)* und seine Zuneigung zu Rada stehen. Es handelt sich hierbei bereits um die Weiterentwicklung zum Tanztheater, das in den klassischen Kathakali-Tänzen Südindiens bis zur Perfektion verfeinert wurde.

Zum Einsatz kommen als musikalische Begleitung vor allem einfache Saiteninstrumente wie Savinda, Sarangi und die zweisaitige Ravanatta, eine Vielzahl unterschiedlicher Trommeln und natürlich die schon von Gott Krishna bevorzugte Bambusflöte, mit der er die Gopis zu betören verstand.

Auch in der Volkskunst löste sich die Musik vom Tanz und diente in Rajasthan vor allem den Barden zur Untermalung ihrer Heldengeschichten, mit denen sie im Auftrag der Fürstenhöfe das Selbstwertgefühl der Rajputen am Leben hielten. Es gibt aber überdies rein religiöse Gesänge, **Bhajans** genannt, mit denen die Sänger und Sängerinnen anlässlich kultischer Veranstaltungen den Göttern huldigen.

Feste und Brauchtum

Rajasthan ist ein Land der Feste, in denen sich der Besucher in einem Rausch aus Farben, Gerüchen und Geräuschen zu verlieren vermag.

Wie bunte Schmetterlinge nehmen sich die Frauen in ihren prächtigen Festtagssaris aus, zwischen dem Grau und Braun der Wüstenlandschaft die bunten Tupfer der Turbane, es riecht nach Staub, Tieren und Herdfeuern. Gelächter und Marktgeschrei liegt über der Szene, begleitet vom Hämmern der Schmiede, den Schreien der Kamele und dem Gedudel indischer Filmmusik aus hoffnungslos übersteuerten Lautsprechern.

Wie im europäischen Mittelalter sind die Feste eine Mischung aus Wallfahrt, Markt und Zerstreuung. Äußerer Anlass ist zumeist ein religiöses Ereignis, zuweilen aber auch ein überregionaler Viehmarkt *(mela)*. Die Daten der Feste richten sich überwiegend nach dem Mondkalender und sind daher beweglich. Aus der näheren und ferneren Umgebung treiben die Bauern dann ihre Tiere zusammen, beladen mit Bettrolle und Kochgeschirr, tauschen Erfahrungen und Sorgen aus, feilschen, kaufen und verkaufen. Vergeblich sucht man an den Ständen uns vertraute Produkte wie Fernseher, Designeruhren oder CD-Player. Einfache landwirtschaftliche Gerätschaften wie Hacken, Spaten, Sicheln und Rechen bestimmen die Auslagen. Es gibt auch gebrauchte Nägel, Hanfseile, Plastikbehälter, Trensen und Sättel. Und natürlich fehlt auch das Angebot an farbigen Stoffen nicht, an Schmuck und handbetriebenen Nähmaschinen.

Die Feste sind auch der geeignete Ort, sich für die erwachsen gewor-

Die wichtigsten Feste

Desert Festival in Jaisalmer (Januar/Februar): Eher am Geschmack der Touristen ausgerichtetes Fest mit Folklore- und Sportdarbietungen.

Bikaner Camel Festival (Januar): Farbenfrohes Fest mit Prozession geschmückter Kamele durch die Stadt.

Baneswhar (Vollmond Januar/Februar): Mehrtägige, sehr ursprüngliche Feier der Bhil-Bevölkerung, etwa 70 km südöstlich von Dungapur zu Ehren Vishnus am Zusammenfluss von Mahi und Som. Auch die nackten Jains (Dingambaras) sind hier anzutreffen. An den Badeplätzen herrscht jedoch ein strenges, von der Polizei überwachtes Fotoverbot. Übernachten kann man nur in Jaisamand oder Gungapur.

Nagaur Mela (Januar/Februar): Dieser mehrtägige Kamelmarkt in einem kleinen Städtchen etwa 130 km nordöstlich von Jodhpur, hat noch viel von seiner Ursprünglichkeit bewahrt, obwohl vom Fremdenverkehrsamt auch hier eine Zeltstadt für Touristen errichtet wird.

Holi (Februar/März): In ganz Indien begangenes, ausgelassenes zweitägiges Fest, mit dem das Ende des Winters gefeiert wird und bei dem man sich gegenseitig mit Farbe bespritzt (Touristen sind bevorzugte Opfer). Besonders sehenswert in Udaipur (Umzüge, Tänze, Musikdarbietungen).

Brij (Februar/März): Mehrtägiges Fest in Bharatpur zu Ehren des Gottes Krishna mit Aufführungen des Tanzspiels Raslila (Kreistanz Krishnas mit den Gopis).

Elefantenfestival in Jaipur (März): Teil des Holifestes mit Umzug reich geschmückter Elefanten und einem Elefantenpolospiel.

Gangaur/Mewar (März/April): Von den Frauen begangenes, sehr farbenprächtiges Frühlingsfest zu Ehren von Gauri, der Göttin des Wohlstands, sehenswert vor allem in Jaipur und Udaipur. In Jaipur steht im Mittelpunkt der Umzug mit dem Bildnis der Göttin, begleitet von Elefanten und der Leibgarde des Maharajas, in Udaipur trägt das Fest den Namen Mewar Festival. Bildnisse von Gauri und Shiva werden durch die Straßen zum Ufer des Pichola-Sees getragen und die Göttin, eine Inkarnation Parvatis, wird mit einer Schiffsprozession geehrt. In Mount Abu nutzen die Jugendlichen des Grasia-Stamms das dort einen Monat andauernde Fest zur Brautschau.

Mahavira Jayanti (März/April): Fest der Jains im Dorf Chandangaon im Distrikt Sawai Madhopur. Im Mittelpunkt steht das Reinigungsbad im Fluss Gambhir.

Urs Muin ud-din-Chishti (Die ersten sechs Tage des 7. islamischen Monats Rajab, Mai/Juni): Muslimische Wallfahrt zur Grabstätte des 1236 verstorbenen islamischen Heiligen im Dargah-Bezirk von Ajmer. Muslime aus ganz Indien und den Nachbarländern reisen an, darunter viele Sufis und zuweilen auch Derwische.

Teej (Juli/August): Das Fest zu Ehren von Parvati, deren Bildnis in einer Prozession durch die Straßen geführt wird, markiert den Beginn des Monsuns. Besonderheit sind die an Bäumen aufgehängten Schaukeln, auf denen sich vor allem Mädchen und Frauen vergnügen. Besonders ausgelassen wird es in Jaipur gefeiert.

Bissau Festival (September/Oktober): Zehn Tage vor Dusshera stattfindendes Fest im Basar von Bissau (Shekhavati), bei dem die Aufführung des Ramayana-Epos in traditionellen Kostümen den Höhepunkt bildet.

Dusshera-Fest (September/Oktober): Eines der wichtigsten, in ganz Indien begangenen Feste, das den Triumph des Guten über das Böse symbolisiert. Verehrt werden vor allem Durga als Büffeltöterin und Rama als Sieger über den Dämonengott Ravana, der Sita nach Sri Lanka entführt hatte. Eine sehr schöne Wagenprozession, verbunden mit einer mehrtägigen Mela findet in Kota statt.

Marwar Festival Jodhpur (Vollmond Oktober): Zweitägiges Fest mit zahlreichen kulturellen Veranstaltungen.

Divali (Oktober/November): In ganz Indien begangenes, fünftägiges Lichterfest zu Ehren von Lakshmi, der Göttin des Wohlstands (eine Inkarnation Parvatis). Nachts wird das Haus mit kleinen Öllämpchen illuminiert, das in dieser Zeit auch einen neuen Anstrich erhält und vor der Schwelle glücksbringende Malereien aus Reispaste.

Pushkar Mela (November): Durch geschickte Vermarktung hat dieser Kamelmarkt im Laufe der Jahre leider viel von seiner Ursprünglichkeit verloren. Zuweilen scheint es, dass Bauern und Viehzüchter nur noch exotische Staffage für die in Scharen angereisten Touristen bilden, die für 200 DM pro Nacht in luxuriösen Zelten nächtigen und durch ein üppiges Büfett verwöhnt werden, ehe sie sich mit Kameras bewaffnet zu den vor dem Ort lagernden Herden auf den Weg machen. Das kommerzielle Rahmenprogramm mit Tänzen und Kamelrennen ist heute eher auf den Touristen zugeschnitten als auf die lokale Bevölkerung.

denen Kinder nach einem geeigneten Partner umzusehen, wozu Vermittler ihre Dienste anbieten. Wenn sich der Abend über die Ansammlung von Tier und Mensch legt, die Luft kühler geworden ist, beginnt auf der provisorischen Bühne aus Planen und Brettern das Unterhaltungsprogramm. Tanz und Musik reißen die Zuschauer ebenso mit wie Darbietungen von Puppenspielern und Erzählern, den Nachfahren der Barden.

Die Vielzahl unterschiedlicher Ethnien bringt es mit sich, dass sich auch das überwiegend mit der Religion in Verbindung stehende Brauchtum überaus facettenreich präsentiert. Einige Stämme, etwa die Mina, praktizieren noch einen Schamanismus.

Neben dem Jagdzauber gehören Fruchtbarkeitskulte zu den ältesten religiösen Riten. Sie sind die Wurzeln der Verehrung von Muttergottheiten, die bis heute in Indien weit verbreitet ist. In den unzähligen kleinen Dorfschreinen leben die vorhinduistischen Gottheiten als Dorfheilige (gramadevatas) weiter, obwohl sie nunmehr einer Hindugottheit zugeordnet sind.

Die Aufmerksamkeit der Gottheit zu erlangen, bedarf es unterschiedlicher Bittgebete, Opfergaben und zuweilen auch der Mithilfe des Schamanen als Medium. Zu den Riten, mit denen die Frauen die Göttinnen um Wohlstand bitten, gehört die Bemalung des Bodens vor den Häusern mit glücksverheißenden Symbolen aus Reispaste. Dieses Ritual,

mandana genannt, wird von der Mutter an die Tochter weitergeben und vor allem zum Diwali-Fest (Lichterfest) noch überall in Indien gepflegt.

Mit über den ganzen Körper verteilten Tätowierungen versuchten sich die Bhil gegen böse Geister zu schützen, eine Sitte, die heute als dekorativer Körperschmuck in Indien eine gewisse Renaissance erfährt.

Dem Brauchtum lassen sich auch die Barcen zuordnen, die fahrenden Sänger Rajasthans, die in enger Verbindung mit dem Rattenkult der Karni Mata stehen (s. S. 204f.) und die in ihren Gesängen die Erinnerung an die Heldentaten der Rajputen wachhalten, etwa an den furchtlosen Pahuji oder den legendären Baba Ram Deo, den indischen Robin Hood.

Curries und andere Köstlichkeiten

Eine Entdeckungsreise durch die Küche ist bereits Teil des indischen Abenteuers und muss durchaus nicht die negativen gesundheitlichen Folgen haben, mit denen man die indische Kochkunst häufig in Verbindung bringt. Bereits der Gang über den Markt betört mit seinem Angebot fremdartiger Gewürze und exotischer Früchte.

Religiös bedingt unterscheidet man zunächst in vegetarische und nichtvegetarische Küche. Während durch den Einfluss der Mohammedaner in Nordindien Fleischgenuss weit verbreitet ist, ernähren sich die

Südinder, aber auch andere strenggläubige Hindus vornehmlich rein vegetarisch. Die Qualität des Fleisches ist allerdings selbst in guten Restaurants oftmals enttäuschend. Serviert wird vor allem Huhn, Hammel und Schwein, niemals aber Rind. Schweinefleisch sollte man wegen Gefahr der Trichinose meiden.

Zwei weit verbreitete Zubereitungsarten sind **Tandoori** und **Biriyani.** Bei Tandoori wird das Fleisch vor dem Braten in einer Mischung aus Yoghurt und Kräutern mariniert und dann in einem Tonofen über der Glut gebraten, beim Biriyani werden Fleischstücke mit gewürztem Reis und Gemüse gedünstet und zuweilen mit Nüssen und Trockenfrüchten angereichert. Als Eiweißlieferanten sind **Raita** (Joghurt), **Paneer** (eine Art Hüttenkäse) und **Ghee** (geklärte Butter) wichtige Bestandteile der vegetarischen Küche. Unterschiedliche Geschmacksrichtungen erhalten die Gerichte durch vielfältige Würzmischungen, **Masala** genannt, die zu einer Paste verarbeitet werden, um dann zur Herstellung der Saucen und Marinaden zu dienen.

Grundnahrungsmittel des Nordens sind hefelose ›Brote‹, die in ihrer einfachsten Form **Chapati** heißen, dünne, auf der Herdplatte gebackene Fladen aus Mehl und Wasser. Über dem offenen Feuer geröstet blähen sie sich auf und werden zu **Roti.** Die dickere, aus Vollkornmehl, Ghee und Wasser bestehende Variante heißt **Paratha,** die in schwimmendem Fett ausge-backene **Puri.** Wird das Brot im Ofen gebacken erhält man **Nan.**

Im Süden und Osten hingegen ist Reis Hauptnahrungsmittel. Es gibt ihn in unterschiedlichen Variationen, vom einfachen ›plain rice‹ bis zu mit Nüssen, Rosinen, Mandeln und Safran verfeinerten Gerichten, die vor allem für die in Nordindien verbreitete Kaschmir-Küche charakteristisch sind. Üblicherweise werden Brot und Reis mit mehreren Beilagen gegessen, die umfassend als **Curries** bezeichnet werden. In besseren Restaurants kann man sich die Curries nach der Speisekarte selbst zusammenstellen. Es gibt Fleisch-, Fisch- und vegetarische Curries, deren Grundlage mehr oder minder scharf gewürzte Saucen sind.

Kleinere Restaurants bieten auch komplette Mahlzeiten, entweder vegetarisch oder nicht-vegetarisch. Sie werden oft unter der Bezeichnung **Thali** zusammengefasst und kommen auf speziellen, mit kleinen Vertiefungen versehenen Metalltellern auf den Tisch. Man erhält so lange Nachschlag, bis man satt ist. Unverzichtbarer Bestandteil ist auch hier *Raita* (Joghurt), das die oft scharfen Curries mildert. Die einfachste indische Mahlzeit, wie man sie etwa in der Eisenbahn serviert bekommt, besteht aus Reis und *Dhal* (Linsen) und trägt dann den einfachen Namen **Meal.**

Zu den bekanntesten Snacks zählen **Samosas,** Teigtaschen mit Gemüse- oder Fleischfüllung und die mit ihnen verwandten **Pakoras,** deren Füllung von einem Teigmantel aus

Kichererbsenmehl umschlossen ist. Beliebt sind auch **Kachoris,** mit Linsen oder Kartoffelcurry gefüllte Puris.

Die beste Möglichkeit, sich mit der indischen Küche vertraut zu machen, bieten die Büffets der internationalen Hotels, die häufig einen fast repräsentativen Querschnitt durch die Kochkunst des Subkontinents auf den Tisch bringen und zu kulinarischer Entdeckungsreise geradezu einladen. Aber auch hierbei sollte man sich eisern an die im Kapitel Gesundheit (s. Tipps und Adressen) erläuterten Grundsätze halten. Zahlreiche Spezialitätenrestaurants, die die Speisen einzelnen Regionen Indiens präsentieren, gibt es vor allem in den größeren Städten.

Hauptgetränk des Subkontinents ist **Chai** (Tee), der allerdings in völlig anderer Form als bei uns zubereitet wird. Milch, Tee, Gewürze, Zucker und Wasser werden aufgekocht und durch ein Sieb in die Tasse geschüttet. Man kann diesen ›indian tea‹ überall und fast jederzeit bekommen und gefahrlos trinken. In den Restaurants wird auch der bei uns übliche Tee serviert *(pot of tea, english tea)*. Vorsichtige haben einen eigenen Nirostabecher im Gepäck, der in jedem Basar angeboten wird, da auch viele Inder, vorwiegend aus religiösen Gründen, auf persönliches Geschirr Wert legen.

Softdrinks gibt es preiswert und in großer Auswahl. **Mineralwasser** hingegen ist teuer, **Sodawasser** in Plastikflaschen wiederum billig, die indische Cola kaum zu genießen. **Alkoholische Getränke** sind in In-

Ein kleiner Blick auf die Speisekarte

Alu bhaji: Indische Variante der Bratkartoffeln

Alu dum: Kartoffel-Curry

Alu mattar sikhe: Trockenes Curry aus Kartoffeln und Erbsen

Dhal: Linsen unterschiedlicher Zubereitung, indisches Standardessen der ärmeren Bevölkerungsschichten, es gibt aber auch raffiniertere Formen wie die mit Sahne zubereitete ›Linsensuppe‹ Dhal urad.

Korma: Gewürztes Lammfleisch in Yoghurt-Sauce

Korma pilau: Reis mit gewürztem Lammfleisch in Yoghurt

Malai kofta: Käse- und Gemüsebällchen in Sauce

Mattar paneer: Erbsen und Frischkäse

Palak paneer: Spinat und Käse in Sauce

Phul gobi: Blumenkohl

Mattar Pilau: Reis mit frischen grünen Erbsen

dien eher verpönt, vor allem in den nordöstlichen, stark vom Islam geprägten Gebieten. Von den etwa 40 einheimischen Biersorten ist die Marke ›Kingfisher‹ wohl noch am besten. Auch Whisky und Rum recht guter Qualität sind in den staatlich kontrollierten *liquor shops* erhältlich.

UNTERWEGS

IN DELHI, AGRA UND RAJASTHAN

Metropole Delhi

Agra und Umgebung

Das nordöstliche
Rajasthan

Shekhavati

Das südliche
Rajasthan

Städte in der Wüste

Metropole Delhi

Im Herzen Neu-Delhis:
Connaught Circus, Jantar
Mantar, Rajpath und National-
museum

Im Süden Neu-Delhis:
Qutb Minar-Komplex,
Tughluqabad, Baha'i-Tempel,
Lodi-Gärten, Safdar Jang-
Mausoleum, Humayuns Grab
und Purana Qila

Alt-Delhi:
Lal Qila (Rotes Fort), Jami
Masjid (Freitagsmoschee),
Chandni Chowk und Raj Ghat

Safdar Jang-Mausoleum

Metropole Delhi

Das Herz Neu-Delhis – schönste europäische Kolonialarchitektur mit baumbestandenen Boulevards, Restaurants und Geschäften, Präsidentenpalast und Nationalmuseum. Im Süden der Stadt – Relikte einstiger Machtzentren, Moscheen, Mausoleen und Parks. Alt-Delhi – ein Netzwerk ineinander verschlungener Basare, quirlig, übervölkert und exotisch, dazwischen das Rote Fort und die Freitagsmoschee.

(Stadtpläne s. S. 68/69 und Umschlagklappe hinten)

Indien hat viele Tore, die dem Fremden Einlass gewähren. Für den Neuling mit seinen Erwartungen, Befürchtungen und Vorurteilen im Gepäck eignet sich aber keines besser als Delhi, genauer genommen **Neu-Delhi.** Breite, baumgesäumte Straßen, moderne Hochhäuser und vertraute europäische Architektur bestimmen das Bild und mildern den Kulturschock. Vorsichtig kann man von hier aus seine Fühler ausstrecken, sich vertraut machen mit dem uns so fremden Alltag, den Gewohnheiten, Problemen und der langen Geschichte der Stadt. Nicht nur farbenprächtige Basare wird man sehen, luxuriöse Hotelhallen und geschichtsbehaftete Bauten, auch Schmutz, Armut und Krankheit sind allgegenwärtig. Indien macht es dem Reisenden nicht leicht, konfrontiert es ihn doch hautnah mit allen Aspekten des menschlichen Lebens – vielleicht aber gerade deshalb zieht es den Besucher immer wieder in seinen Bann.

Dass Delhi zur Hauptstadt der mittlerweile auf über 1 Milliarde angewachsenen Bevölkerung Indiens wurde, ist kein Zufall, eher schon Tradition. Nachweislich erblühten und vergingen auf diesem geschichtsträchtigen Boden, dem ›Friedhof der Dynastien‹, seit fast 1000 Jahren Metropolen ehrgeiziger Potentaten, ja sogar bis in die legendenhafte graue Vorzeit des Mahabharata-Epos soll die Besiedlung zurückreichen.

In den Mittelpunkt strategischen Interesses rückte Delhi aber erst mit den von Norden anbrandenden muslimischen Invasionen, für die hier das von der Natur vorgezeichnete Einfallstor lag. Im Süden begrenzen die Wüste Thar und die Aravalli-Kette den Korridor zwischen den Hochländern Afghanistans und den fruchtbaren Niederungen zwischen Ganges und

Yamuna, im Norden die Ausläufer des Himalaya.

Qutb-ud-Din Aibak schuf 1193 auf den Mauern der ein Jahr zuvor zerstörten Hindustadt Qila Raj Pithora (1159) seine Residenz Lal Kot, die heute an der südlichen Peripherie Neu-Delhis liegt. Gut einhundert Jahre später erbaute Ala-ud-Din Khilji ein Stück nördlich Siri (1303), nur wenige Jahre später entstand Tughluqabad (1321), kurz darauf Jahanpath (1325).

Dann verlagerte sich die Bautätigkeit der Dynastien nach Norden in die Nähe des Yamuna-Flusses, der als Verkehrs- und Handelsweg eine zunehmend wichtigere Rolle in den immer größer werdenden Reichen spielte. An der heutigen Grenze zwischen Alt- und Neu-Delhi errichtete Firoz Shah seine Metropole Firozabad (1351), knapp 200 Jahre später ließ sich Sher Shan ein Stück südlich seine Festung Purana Qila (1540) bauen.

Den nachhaltigsten Eindruck hinterlässt ohne Zweifel Shahjahanabad, dessen Bau der Mogulherrscher Shah Jahan 1638 in Auftrag gab und aus dem sich das bis heute existierende **Alt-Delhi** entwickelte.

Die zahlreichen Neugründungen hatten natürlich weniger strategische Ursachen als persönliche. Welcher Dynastiegründer mochte schon gern die Residenz seines besiegten Vorgängers übernehmen?

Auch die Briten machten da keine Ausnahme, als sie sich 1877 entschlossen, den Regierungssitz von Calcutta hierher zu verlegen. Hinsichtlich Pomp und Größe, wenn auch nicht künstlerischen Empfindens, stellten sie alle ihre Vorgänger weit in den Schatten, bezogen in ihre Planung allerdings auch die Bauten Alt-Delhis, insbesondere die Freitagsmoschee, mit ein und bewahrten das architektonische Erbe. Erst das demokratische Indien ließ Vernunft walten und nutzte die Gebäude, die ihnen die Kolonialherren hinterlassen hatten.

Connaught Circus und Jantar Mantar

Umrundet man unter den schattenspendenden Arkaden den weiträumigen **Connaught Circus (1),** das radnabenartige Zentrum, von dem aus die großen Straßen radial in alle Himmelsrichtungen verlaufen, deuten nur die vielen Saris auf Indien. Im schönsten europäischen Kolonialstil umgürten die schneeweißen, dreistöckigen Bauten, in nummerierte Sektoren unterteilt, den großen zentralen Platz, über dem der Wind die Fontäne eines mächtigen Brunnens zerstäubt. Nur die Straßencafés fehlen, um sich hier auf vertrautem Boden zu fühlen.

So ist denn auch der Connaught Circus das Aushängeschild der 10-Millionen-Metropole und Treffpunkt der Touristen. In ihrem Gefolge tummeln sich hier etliche Berufsgruppen des Dienstleistungsgewerbes, die nicht alle mit redlichen Mitteln versuchen, den Fremden einige Rupien aus der Tasche zu ziehen.

Recht aufdringlich sind die organisierten Bettler, die die Abschnitte unter sich aufgeteilt haben und abrupt kehrtmachen, wenn man eine Querstraße kreuzt. Recht neu ist der Schuhputzertrick. Aufgeregt zeigt jemand auf den Schuh des Touristen und stammelt »shit«. In der Tat sieht die braune Masse ekelerregend aus. Der freundliche Helfer zieht sogleich Tuch und Putzzeug aus seiner Tasche und macht sich hilfsbereit ans Werk. Für die anschließende Geldforderung könnte man sich allerdings leicht ein paar neue Schuhe kaufen, und bei näherer Betrachtung stellt sich die von einem Komplizen zuvor geschickt und unbemerkt auf den Schuh gespritzte Masse meist als harmloser Senf heraus. Entweder man ignoriert den Putzer, bewirkt durch Heranwinken eines Polizisten seine sofortige Flucht oder lässt sich die Schuhe schön putzen und bezahlt den üblichen Tarif von etwa 20 Rs.

Auch bei den verlockend dargebotenen Kunstgewerbeartikeln und

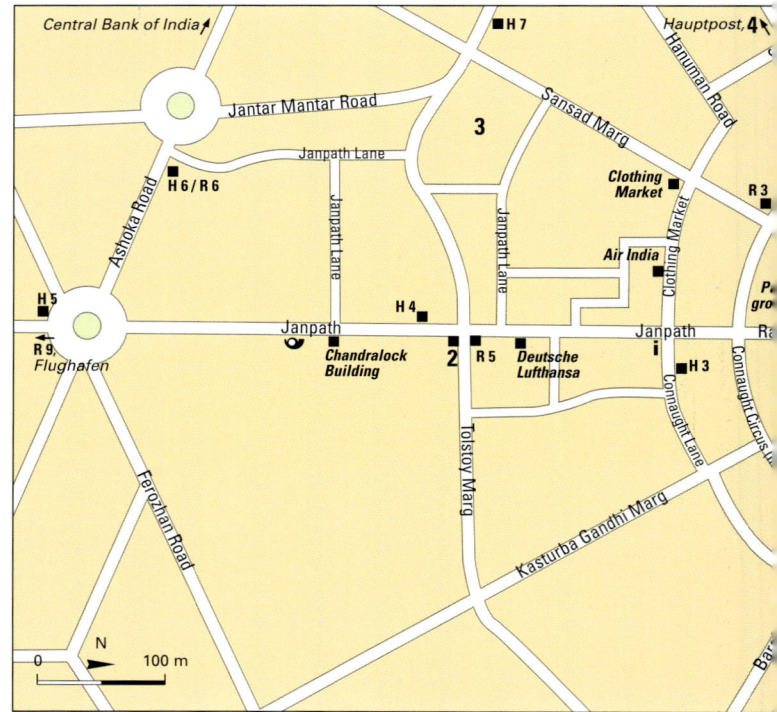

Schmuckstücken in den edlen, klimatisierten Geschäften rings um den Platz sollte man auf der Hut sein und sich nicht zu Spontankäufen hinreißen lassen, ehe man nicht Marktforschung entlang des Janpath und im staatlichen Central Cottage Industries Emporium betrieben hat (s. u.). Will man sich dort umsehen, wo die Inder shoppen, bietet sich dem gegen Klaustrophobie Gefeiten das unter dem Platz liegende stickige Einkaufszentrum **Palka Bazaar** (Vorsicht Taschendiebe).

Trotz mancherlei Belästigungen ist der Spaziergang um den Platz kein Spießroutenlauf. Es gibt viel zu entdecken, herrliche Buchläden, exotische Musikhandlungen und etliche hervorragende Restaurants. Bei Block D empfiehlt es sich, den inneren Ring zu verlassen, um Nirula's anzusteuern, die wohl schönste Oase für einen mittäglichen Imbiss. Man muss früh oder spät kommen, um noch einen Platz zu finden, sollte sich aber eingedenk der eisernen Regel »cook it, peel it or forget it« beim verlockenden Salatbüffet zurückhalten.

Wichtigste, vom Connaught Circus ausgehende Straße ist der nach Süden verlaufende **Janpath.** An ihm liegen das staatliche Touristenbüro und etliche Reisebüros, die sich ebenfalls mit diesem Titel schmücken, aber dem Reisenden unter dem Vorwand ›free information‹,

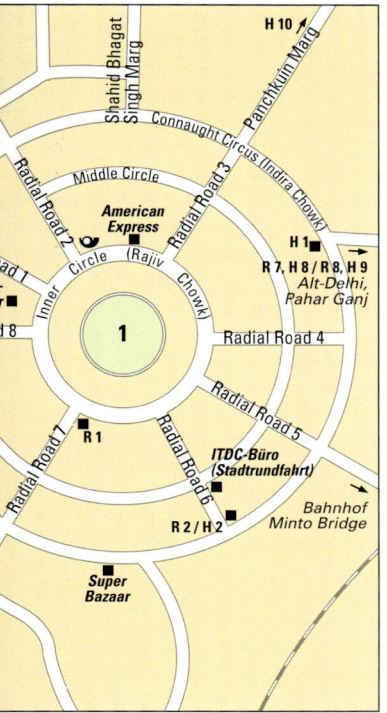

Neu-Delhi (Ausschnitt):
Sehenswürdigkeiten 1 Connaught Circus 2 Central Cottage Industries Emporium 3 Jantar Mantar 4 State Emporiums
Hotels H1 Hotel 55 H2 Nirula's Hotel H3 Ringo Guest House H4 Hotel Imperial H5 Le Meridien H6 Indrapastha H7 YMCA International Guest House H8 Metropolis Tourist Home H9 Prince Polonia H10 Yatri Niwas Guest House
Restaurants R1 United Coffee House R2 Nirula's Restaurant R3 Kwality R4 Gaylord R5 Sona Rupa R6 Caravan R7 Malhotra R8 Metropolis R9 Dilli Hat

nur eine überteuerte Fahrkarte oder einen Busausflug nach Agra andrehen wollen.

Ein Paradies für Souvenirjäger tut sich auf der anderen Straßenseite auf, die von zahlreichen kleinen Verkaufsbuden gesäumt wird, in denen man alles, von der zentnerschweren Götterbronze bis zum Kaugummi, erwerben kann. Ist man hier auf geschicktes Handeln angewiesen, so muss man im staatlichen **Central Cottage Industries Emporium (2)** auf der gegenüberliegenden Seite an der Kreuzung Janpath/Tolstoy Marg die Preisauszeichnungen für bare Münze nehmen. Die Auswahl in dem mehrstöckigen Kaufhaus ist gewaltig.

Es empfiehlt sich, nach Verlassen des Cottage Emporiums wieder den Janpath zu überqueren und der Tolstoi Marg zu folgen. Nach etwa 10 Minuten erreicht man das **Jantar Mantar (3),** das in einem kleinen Park an der Sansad Marg liegende futuristisch anmutende Observatorium des Maharajas Jai Singh II. von Jaipur aus den Anfängen des 18. Jh. (tgl. von Sonnenauf- bis Sonnenuntergang). Es ist eine kleine Ausgabe des weitaus prächtigeren und noch mit funktionstüchtigen Instrumenten ausgestatteten Observatoriums in Jaipur. Auch ohne astronomische Kenntnisse kann man sich an der kleinen, grünen Oase inmitten des Großstadttrubels erfreuen.

Über die Sansad Marg, die früher Parliament Street hieß, gelangt man in wenigen Minuten wieder zum Connaught Circus. Biegt man dort

Am Connaught Circus

offiziell All India War Memorial genannt, einen 40 m hohen Triumph-
bogen nach römischem Vorbild, in
dessen Wände die Namen der für
das Empire gefallenen Soldaten des
Ersten Weltkriegs eingraviert sind,
insgesamt über 80 000.

Sofern der Smog, der oftmals über
Delhi wie eine Glocke lastet, es erlaubt, geht der Blick ungehindert
den Rajpath entlang bis zum erhöht
liegenden **Rashtrapati Bhawan (6),**
der ehemaligen Residenz des Vizekönigs und dem heutigen Sitz des
Staatspräsidenten. Zugänglich ist
derzeit im Februar und März nur der
nach dem Vorbild der Moguln ge-
staltete Garten.

Nur wenige Schritte vom India
Gate entfernt liegt eine der wichtigsten Sehenswürdigkeiten Delhis, das
erst 1960 im englischen Kolonialstil
errichtete **Nationalmuseum (7),** das
mit seinen über 45 000 Exponaten
zu den bedeutendsten Sammlungen
des Landes zählt und auch in der
vorzüglichen Art der Präsentation
weit über dem Landesdurchschnitt
liegt. Der Bogen spannt sich von
den frühen Induskulpturen, mit
wertvollen Originalen wie Rollsie-
geln und der berühmten Tänzerin
aus Mohenjo Daro, über die bud-
dhistische, vom 1. Jh. v. Chr. bis zum
2. Jh. n. Chr. reichende Epoche, vertreten durch dekorierte Steinzäune
der Stupas von Mathura und Amara-
vati und beeindruckende Buddha-

nach links ab und an der folgenden
breiten Baba Kharak Singh Marg
wiederum nach links, trifft man als-
bald auf die **State Emporiums (4),**
Souvenirgeschäfte der einzelnen
Bundesstaaten mit einem höchst interessanten Angebot regionaler Spe-
zialitäten.

Rajpath und Nationalmuseum

In Neu-Delhi demonstrierten die
Engländer ihre vermeintliche Omni-
potenz durch eine 300 m breite Pa-
radestraße, den **Rajpath,** gesäumt
von monumentaler Architektur, die
ihre Wirkung auch heute nicht ver-
fehlt. An das östliche Ende setzten
die Städteplaner das **India Gate (5),**

Das futuristisch anmutende Jantar
Mantar

statuen, bis zu den herrlichen Bronzen der südindischen Chola-Epoche aus dem 12. Jh. In den oberen Geschossen kann man wertvolle Manuskripte, Textilien und Holzplastiken aus der jüngeren Vergangenheit studieren (Di–So 10–17 Uhr).

Qutb Minar-Komplex und Tughluqabad

An der südlichen Peripherie der immer weiter ausufernden Metropole haben sich gewissermaßen als Meilensteine der Geschichte Nordindiens in mehr oder weniger gutem Zustand die architektonischen Re-

likte von sechs der seit dem 12. Jh. entstandenen Machtzentren erhalten. Beginnen soll die Rundreise durch die Jahrhunderte in Lal Kot, der Wiege der islamischen Epoche, etwa 15 km südlich des Connaught Circus.

Gegründet wurde die Niederlassung im Jahre 1193, als die muslimischen Invasoren, die bereits seit 738 regelmäßig Raubzüge auf den Subkontinent unternommen hatten, erstmals Fuß im Hindureich fassten. Die wechselvolle Geschichte überdauert hat allerdings nur der **Qutb Minar-Komplex (8),** der neben Ajmer ersten großen Moscheeanlage auf indischem Boden (tgl. von Sonnenauf- bis Sonnenuntergang).

Ein Jahr zuvor hatte der afghanische Eroberer Muhammed von Ghur die vereinte Hindustreitmacht von Prithvi Raj bei Terain dank überlegener Waffentechnik geschlagen und seinen verdienten Feldherrn Qutb-ud-Din Aibak als Statthalter zurückgelassen. Auf den zerstörten Hindutempeln von Qila Raj Pithora, der ersten Stadt, errichtet dieser unter großzügiger Verwendung hinduistischer Bausubstanz die **Moschee Qutb-ul-Islam** (Macht des Islam) als Stätte des Gebets, aber auch als Zeichen der Überlegenheit, nicht anders als es 300 Jahre später die christlichen Heerführer in Lateinamerika taten, als sie ihre Gotteshäuser auf den Fundamenten aztekischer Tempel erbauten.

Da sich im Tross der frühen islamischen Eroberer verständlicherweise kein Platz für Kulturschaffende fand, waren die neuen Herren auf die Mithilfe der hinduistischen Architekten und Steinmetze angewiesen. Ergebnis ist eine höchst interessante islamisch-hinduistische Mischform, ein Vorläufer der indoislamischen Architektur, die sich im Laufe der Jahrhunderte immer weiter verfeinerte, bis sie im Taj Mahal in Agra ihren Zenit erreichte.

So wurde die Qutb-ul-Islam-Moschee denn auch in der traditionellen indischen Tempelbauweise mit säulengestützten Hallen errichtet, denn die im Vorderen Orient längst verbreitete, komplizierte Technik selbsttragender Bögen und Kuppeln war ihnen nicht vertraut. Da diese wichtigen Elemente einer Moschee aber nicht fehlen durften, wurden sie in der sogenannten Kragtechnik nachgebildet: Bögen, indem man je Ziegelschicht den letzten Stein et-

was vorkragen ließ, Kuppeln durch Aufeinanderschichten immer kleiner werdender Ringe. Die dadurch entstandenen Stufen glätteten die Baumeister mit Putz.

Eine mächtige Fassade mit einem 16 m hohen zentralen Bogen verdeckt die recht bescheidene Gebetshalle, die sich kaum von einem Hindutempel unterscheidet, zumal man viele Säulen des alten Heiligtums weiter verwendete, nachdem man die Götterfiguren abgeschlagen hatte. Im gut erhaltenen Säulengang des Hofs lassen sich die alten Tempelspolien noch studieren. Die Verwendung von Spolien war für frühe islamische Moscheen durchaus üblich, wollte man nach dem errungenen Sieg doch möglichst schnell ein Gotteshaus errichten.

Im Zentrum des Hofs ist die berühmte **Eiserne Säule** Hauptanziehungspunkt. Sie stammt aus dem 4. Jh. und wurde einer Inschrift zufolge zum Gedenken an König Chandragupta I. (reg. 375–413) an einem bis heute unbekannten Ort errichtet und erst später hier aufgestellt.

Gleichzeitig mit der Moschee entstand auch der 73 m hohe **Qutb Minar,** das Vorbild der islamisch-indischen Minarettarchitektur. Schon aufgrund seiner Höhe war er weniger dazu gedacht, den Aufruf des Muezzins zum Gebet über das Land zu tragen, als den Sieg der Religion weithin sichtbar zu verkünden und damit natürlich auch den Machtanspruch des Herrschers Qutb-ud-Din Aibak. Auffallend ist die starke Profilierung des Schafts, von außerordentlicher Meisterschaft die Kufi-schrift und die kunstvolle Gestaltung der von Stalagmiten getragenen um-laufenden Balkons. Zu Beginn war der Turm nur dreistöckig, die beiden oberen, mit Marmor verkleideten Stockwerke erhielt er erst im 14. Jh.

Unter Iltutmish (reg. 1210–35), dem Nachfolger Qutb-ud-Din Ai-baks, erfuhr die Moschee eine erste Erweiterung, die den Turm in den Komplex mit einbezog. Im frühen 13. Jh. veranlasste Ala-ud-Din Khilji (reg. 1296–1315), der Gründer der zweiten Stadt Siri, eine erneute Ver-größerung und vor allem die Errich-tung eines noch höheren Sieges-turms. Da der blutrünstige Potentat früh verstarb, kamen die Arbeiten

nicht über die Fundamente hinaus, die im nördlichen vorderen Mo-scheehof noch zu bestaunen sind. Einen kleinen Eindruck von der Pracht der geplanten Anlage vermit-telt das quadratische Alai Dwarza unmittelbar neben dem Qutb Minar, das als südlicher Zugang zum Mo-scheekomplex gedacht war. Dank seldschukischer Künstler, die vor den Mongolen nach Indien geflohen waren, konnten hier erstmals selbst-tragende Bögen und Kuppeln ver-wirklicht werden. Auch die Auflo-ckerung der Fassaden mit farblich abgesetzten Feldern, die sich seit-dem wie ein roter Faden durch die indo-islamische Baukunst zieht, führten sie ein. Ein Kleinod früher is-lamischer Kunst ist das Grabmal Il-tutmischs unmittelbar hinter der westlichen Moscheefassade. Ver-schwenderisch haben die Künstler

Der Siegesturm im Qutb Minar-Komplex

Museen in Delhi (Auswahl)

Nationalmuseum: Das wohl beste archäologische Museum Indiens mit großartigem Überblick über die Kultur des Subkontinents. Janpath, Di–So 10–17 Uhr.

Tibet House: Hervorragende Sammlung tibetischer Kunst. 1 Institutional Area, Lodi Rd., Mo–Fr 9.30–13 und 14–17.30 Uhr.

Crafts Museum: Teil eines Freilichtmuseums über das dörfliche Leben Indiens. Pragati Maidan Exhibition Grounds, Di–So 10–17 Uhr.

Gandhi Memorial Museum: Erinnerungsstücke an den großen Freiheitskämpfer. Am Raj Ghat, Alt-Delhi, Di–So 9.30–17.30 Uhr.

Indira Gandhi Memorial: Gedenkstätte für die 1984 ermordete Ministerpräsidentin. 1 Safadarjung Rd., Di–So 9.30–17 Uhr.

National Rail Museum: El Dorado für Liebhaber alter Eisenbahnen. Chanakyapuri, unweit der deutschen Botschaft, Internet: http://www.railmuseum.com., Di–So 9.30–17 Uhr.

die Innenwände des 9 × 9 m messenden Mausoleums mit Schriftbändern verziert. In die nach Mekka ausgerichtete Westwand sind drei Gebetsnischen eingelassen, im Zentrum steht der Kenotaph des Herrschers. Die als Abdeckung vorgesehene flache Kragkuppel wurde entweder nie fertiggestellt oder ist im Laufe der Jahrhunderte eingestürzt.

Wenige Kilometer östlich liegt beiderseits der nach Agra führenden Ausfallstraße **Tughluqabad (9),** das dritte Delhi. Die Gebäude des riesigen, ehemals von bastionenbesetzten Mauern umschlossenen Areals sind heute weitgehend verfallen, sehenswert ist jedoch das gegenüber dem Hauptzugang liegende Mausoleum des Stadtgründers Ghiyas-ud-Din Tughluq (reg. 1320–25), das man über einen Dammweg erreicht

(tgl. von Sonnenauf- bis Sonnenuntergang). Mit seinen zinnengekrönten und von weit vorspringenden Bastionen besetzten Mauern macht es den Eindruck einer kleinen Festung. Einen schönen Blick auf das inmitten des Hofs liegende Grabgelege hat man, wenn man sich nach dem Betreten nach rechts wendet und eine Treppe vom Arkadengang zur umlaufenden Terrasse emporsteigt. Seine Harmonie verdankt das dezentral im Hof positionierte 8 × 8 m messende Mausoleum seinen abgeschrägten Wänden und dem Zusammenspiel von Sandstein und Marmor. Unter einer weiteren weißen Kuppel liegt in der Bastion neben dem Zugang ein zweites kleines Mausoleum, das der Herrscher möglicherweise zunächst für sich vorgesehen hatte.

MAIER - BAHAI - gärten.

Andacht der Bahaʼi-Religion. Diese Glaubensgemeinschaft, abgeleitet aus dem Begriff ›Bahaʼu ʼllah‹ (Glanz Gottes), wurde 1863 von dem Iraner Mirzah Husain Ali Nuri gegründet. Sie versteht sich als eine Synthese aus den neun großen Weltreligionen und fordert Gleichheit aller Menschen, Gerechtigkeit, Gewaltverzicht und Friedenswille. Vor allem in den islamischen Ländern sind die Bahaʼi vehementen Verfolgungen ausgesetzt. Die größte Anhängerschaft hat die Religion heute in Indien, wo sie mit dem Lotos-Tempel auch ihr schönstes Heiligtum errichtet hat.

Das 35 m hohe Gotteshaus besteht aus drei Reihen mit jeweils neun sich öffnenden Blütenblättern, für die weißer Marmor aus Griechenland Verwendung fand. Durch neun Zugänge, Symbole für die neun Weltreligionen, die sich unter dem Dach vereinen sollen, gelangt man in den schlichten Andachtsraum.

Vier Kilometer nordwestlich werden wir in den wohltuend ruhigen **Lodi-Gärten (11),** einer der wenigen grünen Lungen Delhis, wieder mit der weit zurückliegenden Vergangenheit konfrontiert. Die Herrscher der Lodidynastie, die zwischen 1451 und 1526 die Geschicke Delhis und weiter Teile Nordindiens bestimmten, haben hier ihre Grabmäler errichtet. Kompakt erheben sich die dicht beieinander stehenden Mausoleen Bara Gumbad und Shish Gumbad mit ihren mächtigen Kuppeln unmittelbar über den von Blumenrabatten gesäumten Rasen. Wer hier

Äußerst beeindruckend – der Baha'i-Tempel in Gestalt einer Lotusblüte

bis Sonnenuntergang). Der Bau vereint all jene Elemente, die für die Mogulzeit charakteristisch sind, den großen, durch Wasserbecken unterteilten Garten, die Minarette, die mit Marmoreinlegearbeiten verzierte Sandsteinfassade und die weit ausladende Kuppel, kann aber dennoch in seinen Proportionen nicht so recht überzeugen. So wird er denn auch von den Kunsthistorikern als Beispiel des Niedergangs der Mogulepoche gesehen.

Humayuns Grab und Purana Qila

Einen der wichtigsten Vertreter der frühen Mogularchitektur erreicht man, wenn man vom Safdar Jang-Mausoleum an den Lodi-Gärten vorbei nach Nordosten fährt. Eingebettet in einen großen Garten erwartet den Besucher das **Grab des Humayun (13)**, des zweiten Herrschers der Moguldynastie, der 1530–56 regierte (tgl. von Sonnenauf- bis Sonnenuntergang). Erstmals wurden hier die beiden Elemente Mausoleum und Garten miteinander verbunden und auch die Technik der selbsttragenden Kuppeln und Bögen konsequent angewandt.

Aus seinem Exil in Persien hatte der kunstsinnige Herrscher außer einem schlagkräftigen Heer auch

seine letzte Ruhe fand ist unbekannt. Dem Bara Gumbad war eine Moschee angegliedert, die der Inschrift zufolge aus dem Jahre 1494 stammt.

In einem völlig anderen Stil wurde das etwa 250 m entfernt in der Nordostecke des Parks liegende Mausoleum des Sikander Lodi (reg. 1489–1517) erbaut. Mit seinen Türmchen *(chattris)* wirkt der nach allen Seiten offene Bau eher wie ein verspielter Pavillon in einem Lustgarten.

Nur einen Steinwurf entfernt liegt südwestlich der Lodi-Gärten das **Safdar Jang-Mausoleum (12)** aus dem 18. Jh., der Endphase der Mogularchitektur (tgl. von Sonnenauf-

sachkundige Architekten und Künstler mitgebracht, die fortan die islamische Architektur aber auch die Malerei auf dem indischen Subkontinent entscheidend prägten. Am Mausoleum Humayuns, das erst neun Jahre nach seinem Tode durch seine Witwe in Auftrag gegeben wurde, lieferten sie eine erste Kostprobe ihres Könnens.

Die Basis bildet eine quadratische, von Nischen gesäumte Plattform, über der sich der Oberbau erhebt, akzentuiert durch vier hervorspringende, abgeschrägte Eckbauten, die durch hohe Portalnischen zusammengehalten werden. Sie umschließen die zentrale Grabkammer, zu der man von Norden her Zutritt hat. Da es für eine derartige Anordnung von Räumen in der damaligen islamischen Baukunst kein Vorbild gibt, gehen einige Wissenschaftler davon aus, dass hier Anleihen bei indischen Tempelbauten gemacht wurden, bei der diese Anordnung, *panchayatana* genannt, weit verbreitet ist.

Abgeschlossen wird das Grab durch eine doppelschalige Kuppel über dem Zentrum, umgeben von kleinen Pavillons *(chattris)*. Die Doppel- oder Scheinkuppel wurde später im Taj Mahal ebenso übernommen wie der Grundriss und der Garten, womit das Grabmal Humayuns zum bedeutenden Wegbereiter für den Taj wurde.

Der Platz des Mausoleums wurde nicht von ungefähr gewählt, ist doch das angrenzende Viertel Nizamuddin Wirkungsstätte des 1325 verstorbenen Sufi Shaik Nizzam-ud-Din

Chisti, zu dessen Orden Humayun eine enge Beziehung pflegte, die von seinem Sohn Akbar weitergeführt wurde. Noch heute ist Nizamuddin eine Enklave orthodoxer Muslime, die dem Kenotaph des Heiligen große Verehrung entgegenbringen und, wie der große Friedhof zeigt, nach dem Tod möglichst in seiner Nähe bestattet werden möchten.

Weit weniger beeindruckend wirken die Bauten von **Purana Qila (14),** der sechsten Metropole auf dem Boden Groß-Delhis, obwohl sie auf den Grundmauern des legendären, bereits in den Mahabharata-Epen erwähnten Indraprashta errichtet worden sein soll (tgl. von Sonnenauf- bis Sonnenuntergang). Humayun hatte hier mit dem Bau der Festung Dinpanah begonnen, musste jedoch vor Fertigstellung ins persische Exil fliehen. Erst nach seiner Rückkehr 1545 nahm die Stadt, nunmehr unter dem Namen Purana Qila, Gestalt an. Leider ist von den Bauwerken kaum noch etwas erhalten geblieben. Mit dem 2 km langen Mauerring und dem vom Yamuna gespeisten Graben kann die Festung aber als Prototyp für das etwa 100 Jahre später entstandene und 7 km nördlich liegende Rote Fort gesehen werden (s. u.).

Man betritt Purana Qila heute durch das zweistöckige Westtor und gelangt in eine parkähnliche Anlage, die von den zwei noch erhaltenen Gebäuden dominiert wird. Die **Qala-i-Khuna-Moschee** wurde 1541 vom Usurpator Sher Shah Sur errichtet, der Humayun in die Flucht geschlagen hatte. Der kompakte Bau gilt als wichtiges Bindeglied zwischen der Architektur der Lodiherrscher und der Baukunst der Moguln. Fünf Hufeisentore, mit Marmoreinlegearbeiten reich verziert, geleiten in die 51 m lange Gebetshalle. Erstmals wird die Fassade durch oktogonale Ecktürme und kleine Erker aufgelockert, Elemente, die fortan fester Bestandteil der Mogulbauten sein sollten.

Auf einem kleinen Hügel liegt nicht weit entfernt der achteckige Turm Sher Mandal, der früher Teil der nicht mehr existierenden Palastanlage war. Humayun nutzte ihn als Bibliothek und kam hier 1556 tragisch zu Tode, als er, durch den Ruf des Muezzin aufgeschreckt, die steile Treppe hinabstürzte – ein durchaus würdiges Ende für einen Herrscher, der den Künsten näher stand als dem Kriegshandwerk.

Kaum ein Kontrast ist größer als der zwischen den breiten, von Bäumen beschatteten, schnurgeraden Straßen Neu-Delhis und dem Basargewühl im nördlich angrenzenden alten Stadtteil von **Alt-Delhi,** in dem das wahre Herz Indiens schlägt.

So alt allerdings wie es den Anschein hat, ist dieser quirlige Hexenkessel nicht. Erst im Jahre 1638 gründete der Mogulherrscher Shah Jahan hier die Stadt Jahanabad und hielt neun Jahre später mit großem Pomp Einzug in seine neue Residenz am Ufer des Jamuna.

Die Mauern der Stadt und die meisten Tore sind mittlerweile der Verkehrsplanung zum Opfer gefallen, aber die beiden wichtigsten Bauten, das Rote Fort und die Freitagsmoschee, haben den Zeitwandel unbeschadet überstanden und geben Zeugnis vom luxuriösen Leben am Hof der Moguln im 17. Jh., dem Zenit ihrer Macht- und Prachtentfaltung.

Lal Qila (Das Rote Fort)

(15) Die Zitadelle, nach dem verwendeten roten Sandstein Lal Qila (Rote Festung) genannt und nach dem Vorbild Agras angelegt (s. u.), wird von einem 2,4 km langen Mauerring umschlossen, hinter dem sich neben den königlichen Gemächern auch ein Basar, Verwaltungsgebäude und die Quartiere der Garnison verbargen (tgl. von Sonnenauf- bis Sonnenuntergang). Hauptzugang bildet das wuchtige **Lahore Gate** mit seinen beiden oktogonalen Türmen, das bewusst auf die Freitagsmoschee ausgerichtet war. Leider hat Shah Jahans wenig kunstsinniger Sohn Aurangzeb aus militärischen Gründen eine Bastion davor gesetzt und damit dem Gesamtensemble den optischen Reiz genommen. »Du hast das Fort zu einer Braut gemacht, indem Du sein Antlitz verschleiert hast«, schrieb Shah Jahan empört aus der Gefangenschaft in Agra.

Durch die überdachte Basarstraße, die heute Andenkenläden säumen, gelangt man zum **Musikpavillon,** dem eigentlichen Zugang zum

Palastkomplex. Früher spielten Musikanten auf der Galerie im ersten Stock zur Ankunft der Gäste, die hier ihre Reittiere zurücklassen mussten. Dahinter breitet sich eine Rasenfläche aus, an deren Ende der **Diwan-i-Am** (öffentliche Audienzhalle) seinen Platz hat, eine in ihren Proportionen ausgesprochen gelungene Säulenhalle aus rotem Sandstein. Von seinem auf einem Marmorsockel stehenden Thron nahm der Herrscher die Huldigungen entgegen und erörterte im Kreis seiner Berater die Politik seines Reichs. Leider darf man seit kurzem die Halle nicht mehr betreten, so dass der nähere Blick auf die Details verwehrt ist, so auf die Einlegearbeiten an der Rückwand, die neben Vögeln und Pflanzen auch ein Bildnis des Orpheus mit der Leier zeigen, eine Arbeit, die wohl aus einer italienischen Werkstatt stammt und die recht engen Beziehungen zu Europa belegt.

Jenseits des Diwan-i-Am schloss sich der streng abgeschirmte Privatbereich des Herrschers an, geprägt von Gartenanlagen, Teichen, Kanälen und überwiegend in Marmor gestalteten Gemächern mit erlesenen Intarsienarbeiten. Auch diese, sich an der östlichen Mauer des Fort entlangreihenden Bauwerke sind nunmehr für Besucher gesperrt, so dass man sich mit dem Blick von außen

Das Rote Fort mit dem Lahore Gate im Vordergrund

begnügen muss und damit keine Gelegenheit hat, die exquisite Handwerkskunst aus der Nähe zu bewundern. Gleiches gilt für die **Moti Masjid** (Perlmoschee), die sich der asketische Aurangzeb hatte bauen lassen. Durch diese konservatorisch begründeten Beschränkungen hat das Rote Fort leider viel von seiner Attraktion eingebüßt.

Mumtaz Mahal (Palast der Juwelen), der südliche der fünf noch erhaltenen Paläste – insgesamt gab es sechs – war Teil des Harems und beherbergt heute ein kleines Museum zur Geschichte der Anlage. Der folgende **Rang Mahal** (Palast der Farben) war einst Zentrum des Harems, in dem Wandmalereien und in die Decke eingelassene Spiegel bei Kerzenlicht eine romantische Atmosphäre schufen, die freilich nur der Herrscher im Kreis seiner Konkubinen genießen durfte. Derartige Spiegelzimmer (Shish Mahal) begegnen uns auch in den Palästen Rajasthans immer wieder.

Ein Blick auf das exquisit gearbeitete Lotosbecken aus Marmor ist dem Besucher heute leider verwehrt.

Im angrenzenden **Khas Mahal** (privater Palast) hatte der Herrscher sein Refugium, von dem aus er sich bei Sonnenaufgang in der Darshan-Zeremonie dem unterhalb der Mauer versammelten Volk zeigte.

Mittelpunkt der Privatgemächer bildete die benachbarte private Audienzhalle **Diwan-i-Khas,** ein vollständig in Marmor ausgeführter Bau mit herrlichen Einlegearbeiten an

Ein Tag am Hof des Mogulherrschers

Über das Leben der Mogulherrscher sind wir durch europäische Augenzeugenberichte ungewöhnlich gut informiert.

Bereits im frühen 16. Jh. weilten portugiesische Patres am Hof Akbars, bei Jahangir antichambrierte der Brite Sir Thomas Roe und bei Shah Jahan war der Franzose Bernier als Arzt tätig. Die Herrscher der damaligen Zeit waren zwar allmächtig und schwelgten in unvorstellbarem Prunk, aber auch sie hatten sich einer festen höfischen Etikette zu unterwerfen und traditionellen Ritualen zu folgen.

Bei Sonnenaufgang präsentierte sich der Herrscher auf einem Balkon, dem Jharoka, dem Volk, um unter Beweis zu stellen, dass er noch lebt und gesund ist. Akbar und Jahangir begaben sich dann nochmals für zwei Stunden zur Ruhe. Mittags wohnte Jahangir Elefantenkämpfen bei, ehe gegen vier Uhr nachmittags, angekündigt durch Trommelwirbel, die Versammlung im Diwan-i-Am, der öffentlichen Audienzhalle begann, in der politische Fragen erörtert wurden. Zu Gesprächen im kleinen Kreis zog sich der Herrscher anschließend mit seinen engsten Beratern zum sogenannten Ghusl-khana zurück. Der Begriff, er bedeutet Badezimmer, stammt aus der Zeit Sher Shas, der das Treffen im Bad abzuhalten pflegte. Zu oft endete es in weinseeliger Stimmung – etliche der Mogulherrscher waren dem Alkohol und Opium verfallen – ehe wichtige Entscheidungen getroffen werden konnten.

Der Abend gehörte dann dem Harem, wobei von den Eunuchen genau Buch geführt wurde, mit wem der Herrscher die Nacht verbrachte, um die eventuell gezeugten Kinder in die Genealogie richtig einordnen zu können. Der Harem war keineswegs ein goldener Käfig, in dem gelangweilte Frauen auf den Pascha warteten, sondern Ort wirtschaftlicher und politischer Aktivitäten und natürlich fein gesponnener Intrigen. Die Haremsdamen, sofern sie nicht zu den Bediensteten gehörten, waren außergewöhnlich reich und erhielten vom Hof monatlich Apanagen, die sie gewinnbringend in der Wirtschaft zu investieren versuchten. So war Nur Jahan, die Gemahlin Jahangirs, Besitzerin etlicher Handelsschiffe.

den Pfeilern. Hier stand einst der berühmte Pfauenthron, den der Perser Nadir Shah 1739 nach Teheran entführte, nachdem er in Delhi ein Blutbad angerichtet hatte. Der Verbleib der Kostbarkeit ist allerdings ungeklärt. Möglicherweise wurde sie nach der Ermordung Nadir

Shahs im Jahre 1747 zerstört, oder ist gar nicht erst in Persien angekommen. Der heute im Iran gezeigte Pfauenthron stammt erst aus dem 19. Jh.

Am Ende des Gartens, der nur noch einen schwachen Abglanz einstiger Pracht bietet, liegt eine schön gearbeitete Wasserrutsche *(chadar)*, über die das vom Jamuna hochgepumpte Wasser in breiter Front in die den Garten durchziehenden Kanäle floss.

Jami Masjid (Freitagsmoschee)

(16) Ehemals verband eine breite Prachtstraße das Rote Fort mit der etwa 1 km westlich liegenden Freitagsmoschee, dem etwas erhöht liegenden Wahrzeichen Alt-Delhis. Auch sie ist ein Vermächtnis des bauwütigen Shah Jahan, der jeden Freitag mit seinem Hofstaat in prunkvoller Prozession vom Palast zum Ort des Gebets zog und damit auch seinen politischen Machtanspruch demonstrativ zur Schau stellte.

Lange konnte sich Shah Jahan in seiner Selbstgefälligkeit allerdings nicht sonnen. Im Jahre 1658, als die Moschee nach achtjähriger Bauzeit fertiggestellt war, verbannte ihn sein Sohn Aurangzeb in die Festung von Agra.

Von drei Seiten führen breite Freitreppen zu dem erhöht liegenden Hof, der nach wie vor größten Moschee Indiens. Für Touristen ist der Nordeingang vorgesehen, wo man seine Schuhe deponiert (kein Zutritt während der Gebetsstunden). Ihre Harmonie, die den Besucher sofort in den Bann schlägt, verdankt die Moschee der ausgewogenen Kombination von Kuppeln, Toren, Galerien und Ecktürmen. Im Zentrum des 90 m langen Innenhofs, der 20 000 Gläubigen Platz bietet, liegt das Wasserbecken für die rituelle Reinigung. Flankiert wird die nach Westen ausgerichtete Moschee von zwei 90 m hohen Minaretten (das linke kann man besteigen – Frauen nur in männlicher Begleitung –, um einen weiten Blick über Alt-Delhi zu genießen). Die kunstvoll gestalteten Kufi-Inschriften über den Portalen preiser nicht etwa Allah sondern die Moschee und seinen Schöpfer Shah Jahan – einmal mehr Ausdruck des Größenwahns eines großen Mogulherrschers, dem die Baukunst zur Obsession wurde.

Chandni Chowk

(17) Nicht versäumen sollte man den Besuch des Basars Chandni Chowk, einem gleichermaßen bedrückend wie exotisch wirkenden Viertel, das die Sinne mit Farben und Gerüchen (nicht nur orientalischen Düften) betört. Angesichts der verkrüppelten Bettler mutet es jedoch seltsam an, dass die Jains gerade hier ein Hospital für verletzte Vögel eingerichtet haben. Je nach Gemütslage verlässt man den Basar fasziniert oder tief betrübt, auf jeden Fall aber nachdenklich.

Raj Ghat

(18) Nur ein paar hundert Meter vom Chandni Chowk entfernt er- streckt sich am Ufer des Yamuna die weite offene Grasfläche des Raj Ghat, sauber gemäht und frei von Abfällen. Es ist der Verbrennungs- platz der indischen Politiker seit Er- langen der Unabhängigkeit. Eine schlichte schwarze Marmorplatt- form markiert den Verbrennungs- platz Mahatma Gandhis, Nehru wurde ein Stück nördlich einge- äschert, ganz in der Nähe auch sei- ne 1984 ermordete Tochter Indira und ihre beiden Söhne Sanjay und Rajiv.

Government of India Tourist Offi- ce, 88 Janpath, nahe Einmündung in den Connaught Circus, Tel. 011/ 3 32 00 08, Mo–Fr 9–18 Uhr, Sa 9–13 Uhr; sehr hilfsbereit und gut informiert. Mietwagen oder Taxis sollte man hier aber nicht buchen.
Internet: www.newdelhi.net

Indiens größte Moschee –
die Jami Masjid in Alt-Delhi

Ringo Guest House ($$), 17 Skindia House, nahe Tourist Office, Tel. 33106 05; eine der beliebtesten Unterkünfte für Rucksacktouristen, zentral gelegen. **Metropolis Tourist Home** ($$–$$$), Main Bazaar, Parhar Ganj, Tel. 35254 92, Fax 75256 00; eines der besseren Hotels in dieser Gegend mit Zimmern unterschiedlicher Preisklasse, gutes Restaurant, hübsche Dachterrasse. **Yatri Niwas Guest House** ($$$), 3/4, Panchkuin Rd., an der Kreuzung mit Mandir Marg, Tel. 75255 63, e-mail: yatri@nde. vsnl.net.in; sehr gefragte und daher oft ausgebuchte Unterkunft in einem ruhig gelegenen Privathaus, ca. 1 km vom Connaught Circus entfernt. **YMCA International Guest House** ($$$), 10 Sansad Marg, Tel. 33615 17, Fax 33417 63; ordentliche, renovierte Unterkunft (mit Frühstücksbüffet) nahe Connaught Circus; frühe Buchung ratsam. **Prince Polonia** ($$$), 2326 Tilak Gali, Pahar Ganj, Tel. 35119 30, Fax 35576 46; recht ansprechendes, ruhig gelegenes Hotel in einer Seitenstraße nahe dem Hotel Metropolis im Touristenviertel Pahar Ganj. **Indrapastha** ($$$), 19 Ashok Rd., Tel. 33445 11, Fax 33681 53; chaotisches staatliches Hotel mit über 500 Zimmern in einem Hochhaus ca. 1 km vom Connaught Circus entfernt, der Service lässt zu wünschen übrig, die beiden Restaurants sind aber sehr empfehlenswert. **Hotel 55** ($$$–$$$$), H-55, Connaught Circus, Tel. 33212 44, Fax 33207 69; empfehlenswertes, klimatisiertes Hotel am Rand des Connaught Circus mit gutem Preis-Leistungsverhältnis. **Nirula's Hotel** ($$$$–$$$$$), L-Block, Connaught Circus, Tel. 33224 19, Fax 33539 57, e-mail: delhihotel@nirula.com; sehr ange-

Achtung: Gewarnt sei vor Reisebüros in der unmittelbaren Nähe, die von Schleppern als Touristenbüros angepriesen werden, allerdings nur am Verkauf von Ausflügen interessiert sind.

🛏 Wer Delhi als erste Station auf seiner Reise berührt, sollte möglichst zuvor per Fax oder e-mail eine Unterkunft reservieren. Man sollte sich auf der Taxifahrt vom Flughafen zur Stadt unter keinen Umständen davon abbringen lassen, das Hotel seiner Wahl anzusteuern. Die Übernachtungspreise in Delhi liegen deutlich über dem Landesdurchschnitt.

nehmes Stadthotel mitten im Zentrum, gutes Preis-Leistungsverhältnis vor allem bei den Einzelzimmern, häufig ausgebucht. Im Haus liegt eines der populärsten Restaurants (s. u.). **Hotel Imperial** ($$$$$), Janpath, Tel. 3 34 12 34, Fax 3 34 56 78; altehrwürdige Nobelherberge (Bj. 1935) in parkähnlichem Garten im Zentrum, nur Doppelzimmer. **Le Meridien** ($$$$$), Windsor Place, Tel. 3 71 01 01, Fax 3 71 45 45, e-mail: info@lemeridien-newdelhi.com, Internet: www.lemeriedien-newdelhi. com; etwa 2 km vom Connaught Circus entfernt gelegenes, modernes Luxushotel mit allem Komfort.

Gute, teure Restaurants gibt es in den Luxushotels. Die folgenden liegen am und um den Connaught Circus und im Touristenviertel Pahar Ganj nahe dem Bahnhof New Delhi.
Sona Rupa ($$), Janpath, nahe Lufthansa; südindisch, die *dosas* gehören zu den besten weit und breit. **Caravan** ($$), 19, Ashok Road im Hotel Indrapastha; sehr populäres vegetarisches Selbstbedienungsrestaurant. **Malhotra** ($$), Chuna Mandi, Pahar Ganj, nahe Hotel Metropolis; winziges Restaurant mit riesiger Speisekarte (europäisch/indisch/chinesisch), freundliche Bedienung. **Dilli Hat** ($$), INA Market, im Süden Neu-Delhis, der Food und Craft Market bietet mit seinen 25 Essständen auf einer Fläche von 27 000 m² die einzigartige Möglichkeit, die Vielfalt der indischen Küche auszuprobieren. **Metropolis** ($$–$$$), Pahar Ganj, im gleichnamigen Hotel; luftige Dachterrasse, populär bei Rucksacktouristen. **Nirula's Restaurant** ($$$), L-Block, Connaught Circus; bei Ausländern und Indern gleichermaßen beliebt, empfehlenswert für ausgiebiges Frühstück und Snacks, ansonsten nur beschränkte Speisekarte, guter Kaffee (in Indien eine Seltenheit), großes Salatbüffet (aber Vorsicht!). **United Coffee House** ($$$), E-Block, Connaught Circus; alteingesessenes, etwas plüschiges Restaurant mit guter indischer Kost und eiskaltem Bier. **Kwality** ($$$), Sansad Marg; traditionsreiches, gepflegtes Restaurant der weit verbreiteten Kette. **Gaylord** ($$$$), Connaught Circus, zwischen Sansad Marg und Baba Kharak Singh Marg; eines der besten Restaurants am Connaught Circus, gediegene Atmosphäre, hervorragendes Essen.

Indiens Metropole bietet ein überaus reichhaltiges Angebot aus allen Teilen des Landes. Ein Muss ist der Besuch des staatlichen **Central Cottage Industries Emporium,** Janpath, Ecke Tolstoy Marg, ein Kaufhaus für Kunsthandwerk mit festen Preisen. Spezialitäten aus den einzelnen Staaten findet man in den **State Emporiums** entlang der Baba Kharak Singh Marg, der zweiten vom Connaught Circus nach Südwesten verlaufenden Straße. Auf ausländische Touristen abgestimmt ist das Angebot in den kleinen Shops entlang des Janpath, Handeln ist hier unerlässlich. Eine gute, wenn auch nicht gerade billige Auswahl bietet das **Hauz Kas Village** im Süden Neu-Delhis, das von der Upperclass bevorzugte Einkaufszentrum mit seinen zahlreichen Boutiquen. Im **Dilli Hat Food and Craft Market** kann man nicht nur gut essen (s. o.), sondern auch hervorragend einkaufen. **Buchläden** mit interessantem Sortiment findet man vor allem am Connaught Circus *(The Bookworm, New Book Depot, English Book Store).*

In Delhi werden zahlreiche Busausflüge angeboten. Empfehlenswert sind die von der staatlichen **Delhi Tourism & Transport Corporation (ITDC)** veranstalteten **Stadtrundfahrten.** Buchungen und Abfahrt am Büro L-

Block, einige Meter neben dem Hotel/Restaurant Nirula. Die Vormittagstour ist interessanter.

✈ Im Süden der Stadt gibt es zwei etwa 9 km voneinander entfernt liegende Flughäfen, den **Indira Gandhi-International Airport** (internationale Flüge) und den **Domestic Airport** (Inlandflüge). Von beiden Flughäfen verkehren Taxis zu festen Preisen. Man zahlt den Betrag (gilt pro Taxi, nicht pro Person) vorher am Schalter in der Ankunftshalle, muss aber dennoch darauf achten, dass der Taxifahrer auch das gewünschte Hotel anfährt (s. Anmerkungen unter Hotels). In der Ankunftshalle kann man Geld wechseln (genau nachzählen und auf eingerissene Scheine achten). Um beim Rückflug nicht von der Passagierliste gestrichen zu werden, darf man nicht vergessen, seinen Flug, sofern erforderlich, rechtzeitig (72 Std. vor Abflug) bestätigen zu lassen *(reconfirmation)*. Die internationalen Flüge landen und starten meist mitten in der Nacht. Wer dann abfliegt, sollte sich über sein Hotel rechtzeitig ein Taxi besorgen.

🚂 Delhi ist Hauptknotenpunkt des indischen Bahnnetzes. Es gibt mehrere Bahnhöfe, von denen vier für den Touristen in Betracht kommen. Vom **Bahnhof New Delhi** verkehren Züge nach Varanasi und Mumbai sowie alle *Shatabdi-* und fast alle *Rajdhani Expresszüge.* Vom **Bahnhof Delhi** (Alt-Delhi) starten einige Züge nach Calcutta, vom ungünstig gelegenen **Bahnhof Sarai Rohilla** (ca. 4 km westlich des Connaught Circus) fahren die Züge vor allem nach Bikaner *(Bikaner Express),* Jaipur und Udaipur *(Chetak Express)* sowie Ahmedabad *(Delhi Sarai Rohilla-Ahmedabad Express).* Vom **Bahnhof Nizzam-ud-din** gelangt man nach Agra *(Taj Express, Intercity Express).* Im 1. Stock des Bahnhofs New Delhi befindet sich ein **Reservie-**rungsbüro mit **Buchungsmöglichkeiten** für fast alle Strecken, Mo–Fr 7.45–13 und 14–19 Uhr, So bis 13.45 Uhr. Zahlung der Fahrkarten entweder in US$ oder Rupien unter Vorlage einer Tauschquittung, man muss mit langen Wartezeiten rechnen. Wer über ein Reisebüro bucht, zahlt einen deftigen Aufschlag und ist dennoch nicht immer sicher, ob er auch eine gültige Fahrkarte bekommt. Auf so genannte Vouchers (Gutscheine zum Einlösen gegen die Fahrkarte am Bahnhof) sollte man sich auf keinen Fall einlassen.

🚌 Der **Hauptbusbahnhof Interstate Bus Terminal (ISTB)** liegt nördlich von Alt-Delhi am Kashmiri Gate. Infolge der stark überlasteten Straßen ist die Eisenbahn zu bevorzugen. Nur mit dem Bus erreicht man allerdings die Himalayaregionen, insbesondere das Kulu-Tal. Die dorthin verkehrenden Busse der Privatgesellschaften fahren jedoch überwiegend am Janpath ab, schnelle *Deluxe-Busse* nach Jaipur vom Bikaner House südlich des Connaught Circus.

🚗 Die bequemste, wenn auch teuerste Art (ab 2000 Rs/Tag) der Fortbewegung ist das Anmieten eines Wagens mit Fahrer. Am besten wendet man sich direkt an die **Mietwagengesellschaften,** um unnötige Vermittlungsgebühren *(commission)* zu sparen. Zu den renommierten Anbietern gehören: *Karachi Taxi Company,* 34 Janpath, schräg gegenüber Hotel Imperial, Tel. 3 32 93 89, Fax 3 31 95 11, e-mail: bsaktc@bol.net.in; älteste Mietwagengesellschaft Delhis, teuer. *UTS,* 5-B Cycle Market, Jhandewalan Ext., Tel. 3 55 63 25, Fax 37 51 14 31; vom Autor mehrfach genutzt. *Europcar,* 43, Basant Lok, Vasant Vihar, Tel. 6 88 34 98. *Swift Cars,* No 3. CSC Komplex, Hauz Khas. Tel. 6 52 76 79, e-mail: swiftcar@hotmail.com. Preisvergleiche und Handeln lohnen sich.

Agra und Umgebung

Taj Mahal

Rotes Fort

Mausoleum des
Itimad-ud-Daulah

Chini-ka-Rauza und Sikandra

Abstecher nach Fatehpur Sikri

Der Taj Mahal im Morgennebel

Agra und Umgebung

Taj Mahal – das unvergängliche Zeugnis einer großen Liebe und Höhepunkt indo-islamischer Architektur; Rotes Fort – imposantes Relikt aus der Zeit der Mogulherrscher; Mausoleum des Itimad-ud-Daulah – ein Kleinod in Marmor; Fatehpur Sikri – die vergessene Sandsteinmetropole Kaiser Akbars.

(Stadtplan s. S. 92/93)

Er ist so bekannt wie der Eiffelturm, die Golden Gate Bridge oder die Mona Lisa, verewigt auf Zeitschriftentiteln, Kalendern und Postern in der ganzen Welt und dennoch, kein Bild und kein Film können die Aura festhalten, die den Besucher gefangen nimmt, sobald er den weiträumigen Garten betritt (leider nicht mehr durch das große Eingangsportal, das einen so perfekten Rahmen bildet, sondern rechts davon). Allein diesem Bauwerk, dem Taj Mahal, verdankt Agra heute seine herausragende Stellung als wichtigstes Touristenziel vielleicht ganz Indiens.

Die Stadt selbst kann auf eine nur recht kurze Geschichte zurückblicken. Im Jahre 1501 eroberte Sikander Lodi (reg. 1489–1517) den unbedeutenden Ort, aber erst unter dem Mogulherrscher Shah Jahan (reg. 1628–58) begann Agra sein Aschenputteldasein abzustreifen und sich in die ungekrönte Königin der Mogulresidenzen zu verwandeln. Der bauwütige Herrscher weilte nur zwischen 1632 und 1635

in Agra, die wenigen Jahre aber genügten, um die Stadt zum Juwel indischer Kunst zu machen. Bereits 1637 begann Shah Jahan mit dem Ausbau der neuen Metropole Shahjahanabad in Delhi, seine letzten Jahre aber verbrachte er wieder im Roten Fort von Agra als Gefangener seines Sohns Aurangzeb.

Mit dem Niedergang der Moguln nach dem Tod Aurangzebs (1707) verlor Agra seinen Glanz und wurde immer wieder in blutige Machtkämpfe lokaler Fürsten verwickelt, unter denen auch die Bauten der Moguln zu leiden hatten. Erst als die Engländer 1803 die Herrschaft übernahmen und hier ein Verwaltungszentrum errichteten, kehrten ruhige Zeiten ein.

Taj Mahal

(1) Hat man die Wahl, sollte man die stimmungsvollen Morgen- und Abendstunden für einen Besuch wählen, wobei der frühe Morgen vorzuziehen ist, da dann die Touristenströme aus Delhi noch nicht eingetroffen sind. Allerdings ist der Taj dann oftmals in dichten Nebel gehüllt (Di–So 6–19 Uhr; der Eintrittspreis für Touristen wurde auf 500 Rs angehoben, berechtigt aber auch zum Besuch der anderen Sehenswürdigkeiten Agras innerhalb eines Tages, freitags freier Zutritt, dann aber überlaufen).

Der Taj Mahal verkörpert, trotz einiger Kritiker wie Aldous Huxley, der die Eleganz des Taj als »von recht trockener und gewöhnlicher Art« empfand, sicherlich den Höhepunkt der Mogularchitektur. Anlass zum Bau des Mausoleums war der plötzliche Tod von Mumtaz Mahal (Auserwählte des Palastes), der Lieblingsfrau Shah Jahans. Der Tod ereilte sie 1631 in dem kleinen Ort Burhanpur, einem Etappenziel auf einem Feldzug, auf dem sie wie üblich ihren Gemahl begleitete. Nach sechs Monaten wurden die sterblichen Überreste nach Agra überführt und dort zunächst provisorisch in einem kleinen Garten beigesetzt.

Unverzüglich begann Shah Jahan mit der Planung ihres Mausoleums am Ufer des Yamuna. Bereits 1636 war das Grabgelege fertiggestellt, aber es sollte noch bis 1643 dauern, ehe der Taj Mahal in seiner vollen Pracht erstrahlte. Der Name ist wahrscheinlich europäischen Ursprungs, abgeleitet aus der Ehrenbezeichnung der Herrscherin, denn in den einheimischen Quellen wird das Mausoleum nur als Rauza-i-Munavara (beleuchtetes Grab) bezeichnet.

Im Taj Mahal erreicht der indoarische Stil, die Mischung aus Elementen persischer Herkunft und altindischer Tradition, seine höchste Vollendung. Etliche Vorbilder haben den Weg gewiesen, darunter das Mausoleum des Humayun in Delhi. Hinsichtlich der Edelsteinintarsien in Marmor wiederum, pietra dura genannt, gilt das wenige Jahre vor dem Taj fertiggestellte Grab des Itimad-ud-Daulah (s. u.) als richtungsweisend. Wer für die Architektur verantwortlich zeichnete, ist bis heute nicht eindeutig geklärt. Bestimmt aber waren es keine Europäer, wie einige Quellen aus dem Abendland behaupten. Wahrscheinlich spielte Ustad Ahmad, der Hofarchitekt Shah Jahans, der später auch das Rote Fort von Shahjahanabad plante, die führende Rolle, und ganz gewiss hat auch der kunstsinnige Herrscher selbst so manche Idee geliefert.

Das Mausoleum, ein quadratischer Bau mit abgeschrägten Ecken, 57 m lang und ebenso hoch, liegt auf einer Plattform unmittelbar am Ufer des Yamuna. Davor erstreckt sich ein rechteckiger, durch Wassergräben symmetrisch in vier Teile gegliederter Garten, der sein Vorbild im Shalimar Bagh in Lahore (heute Pakistan) hat, damals ein wichtiger Pfeiler im Reich der Mogul.

Die **Minarette** an den Ecken der Plattform, eigentlich Merkmale einer Moschee, sind reiner Zierrat, dazu bestimmt, einen harmonischen Gesamteindruck zu vermitteln, hatte sich doch die Architektur des Taj Mahal vollständig dem Prinzip ästhetischer Ausgewogenheit zu unterwerfen. Vor allem die zentrale **Kuppel,** ein Meisterwerk in Formgebung und technischer Ausführung, bereitete den Baumeistern Kopfzerbrechen. Um ihre Pracht voll zur Geltung bringen zu können, musste sie auf ein hohes zylindrisches Zwischenstück (Tambour) gesetzt werden. Überdies führte die ausgeprägte Zwiebelform zu einem erheblichen Horizontalschub, den die Baumeister nur durch im Innern angebrachte Zugstangen auffangen konnten. Der größte Teil des Kuppelinnenraums ist unsichtbar und ungenutzt, verdeckt durch eine zweite, wesentlich niedriger angesetzte Wölbung, so dass der Innenraum des Mausoleums ein weitaus bescheideneres Ausmaß hat, als das Äußere des Baus vermuten lässt. Diese Art der Doppel- oder Scheinkuppel fand erstmals beim Grabmal Timurs in Samarkand 1405 Verwendung, später dann auch beim Mau-

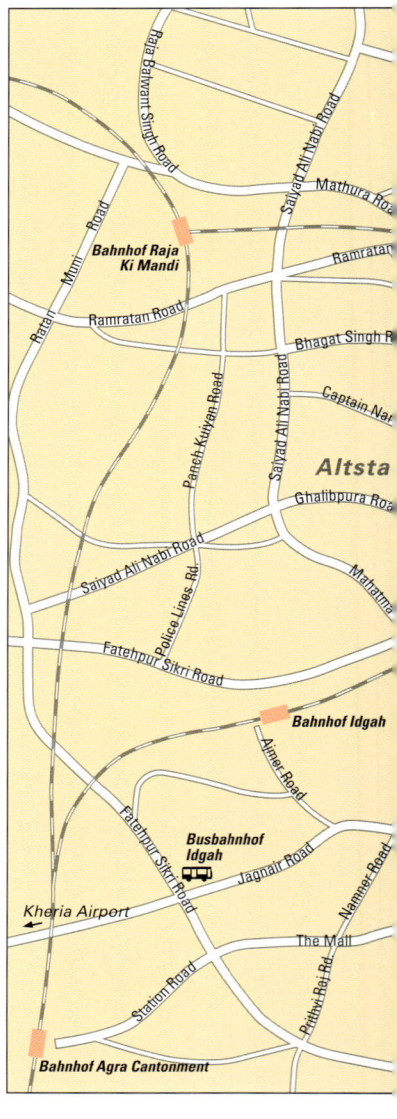

Agra:
Sehenswürdigkeiten   1 Taj Mahal
2 Rotes Fort   3 Mausoleum des Itimad-ud-Daulah   4 Mausoleum Chini-ka-Rauza
Hotels   H1 Tourist Resthouse
H2 Lauries Hotel   H3 Clarks Shiraz
H4 Atithi   H5 Mughal Sheraton
H6 Sheela
Restaurants   R1 Lakshmi Vilas
R2 Petals   R3 Kwality   R4 Zorba the Buddha   R5 Dasa Prakash
R6 Pizza Hut

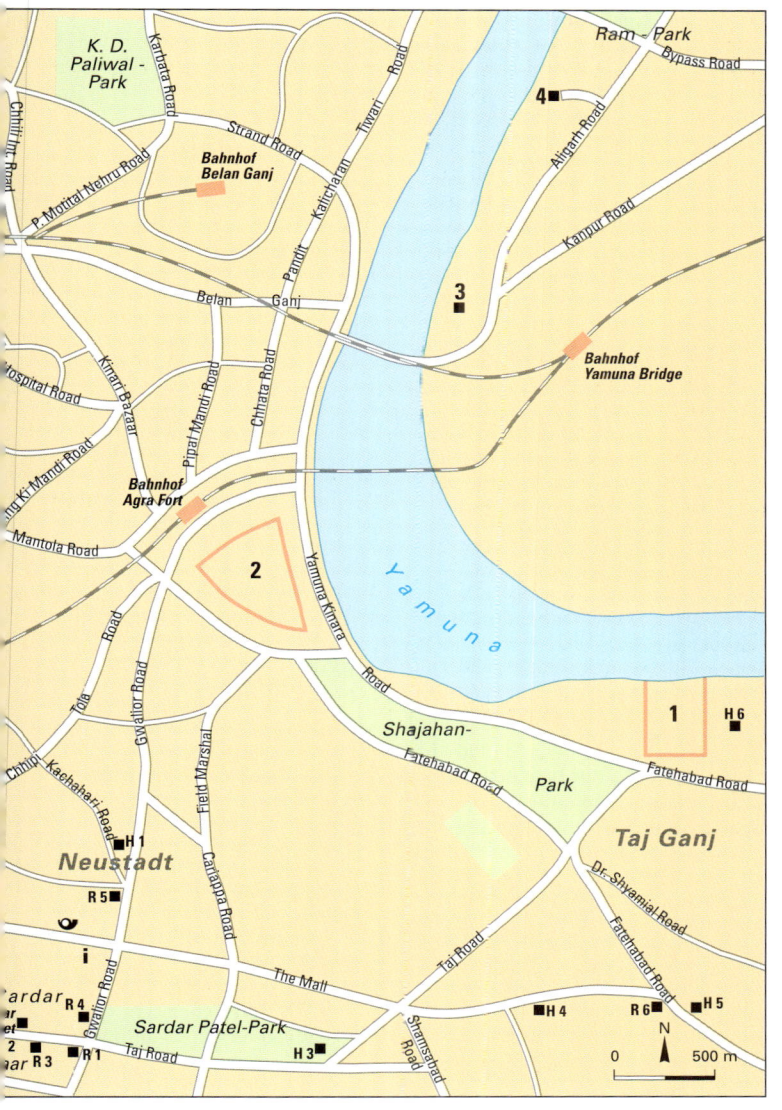

K. D.
Paliwal -
Park

Ram - Park

Bypass Road

Karbala Road

Strand Road

Tiwari Road

4 ■

Aligarh Road

Bahnhof
Belan Ganj

P. Motilal Nehru Road

Chhitt Inc Road

Pandit Kalicharan

Kanpur Road

Belan   Ganj

3 ■

Hospital Road

Kinari Bazaar

ng Ki Mandi Road

Pippal Mandi Road

Chhata Road

Chhata Road

Bahnhof
Yamuna Bridge

Bahnhof
Agra Fort

Mantola Road

2

Yamuna Kinara Road

Y a m u n a

Tota   Road

Gwalior Road

Field Marshal

Shajahan-

Fatehabad Road

Park

1

H 6 ■

Fatehabad Road

Chhipi   Kachahari Road

Taj Ganj

H 1 ■

Neustadt

Dr. Shyamlal Road

R 5 ■

Chatappa Road

Fatehabad Road

i

Taj Road

The Mall

ardar

R 4 ■

Gwalior Road

H 4 ■

R 6 ■

H 5 ■

ar
eet

2 ■   ■

Sardar Patel-Park

N

R 3   ■ R 1

Taj Road

H 3 ■

Shamshad Road

0   500 m

Mumtaz Mahal

Die Auserwählte des Palastes

Portraits von Shah Jahan und seiner Gattin Mumtaz gehören zu den beliebtesten Souvenirs, wurden die beiden doch zu einem Traumpaar stilisiert und das Mausoleum zum Denkmal einer großen Liebe. Vergessen wird dabei, dass auf dem Weg zu dieser Ehe viel Blut geflossen ist. Gäbe es nicht den Taj Mahal, hätte Mumtaz kaum Eingang in die Geschichtsbücher und Reiseführer gefunden, denn über das Leben der Herrscherinnen, das sich überwiegend hinter Haremsmauern abspielte, sind wir nur bruchstückhaft informiert.

soleum des Humayun in Delhi. Typisch indisch sind hingegen die links und rechts aufgesetzten Pavillons *(chattris)*.

Die prächtigen Einlegearbeiten aus Achat, Karneol und Lapislazuli zeigen überwiegend Pflanzenmotive und stehen somit in Beziehung zum Garten, der nach islamischer Tradition ja das Paradies verkörpert.

Das Innere besteht aus einer oktogonalen Kammer und vier in den Ecken liegenden kleineren Räumen. Von einem achteckigen Marmorgitter umschlossen stehen hier die mit Einlegearbeiten und Koransprüchen verzierten **Kenotaphe** von Mumtaz Mahal und Shah Jahan, wobei das

Überdies scheint zweifelhaft, ob Mumtaz tatsächlich dem Abbild auf den Miniaturen entsprach, war es damals doch undenkbar, dass eine Frau sich porträtieren ließ, denn nur der Gatte durfte sie in den Privatgemächern unverschleiert zu Gesicht bekommen. Selbst Ärzten war der Zutritt nicht gestattet. Während wir durch die Porträtmaler über das Aussehen der Herrscher recht gut informiert sind, dürfte es sich bei den Bildnissen der Frauen eher um idealtypische Darstellungen handeln.

Dennoch muss Mumtaz Mahal eine außergewöhnliche Persönlichkeit gewesen sein, zu der Shah Jahan trotz seines großen Harems eine tiefe Zuneigung hegte und die ihm bei den Staatsgeschäften beratend zur Seite stand. Im Gegensatz zu Jahangirs ehrgeiziger Frau Nur Jahan, versuchte sie aber nicht, die Fäden zu ziehen und durch Intrigen auf die Nachfolge Einfluss zu nehmen.

Geboren wurde Mumtaz Mahal unter dem Namen Arjumand Bano als Enkelin des mächtigen Staatsbeamten Itimad-ud-Daulah, des zum Premierminister aufgestiegenen Vaters von Nur Jahan. Ihr Vater war Asaf Khan, der Premierminister Shah Jahans, der sich seinen Posten damit verdient hatte, dass er im Auftrag des nach der Macht strebenden Mogulherrschers dessen Bruder Shahrijar, zwei Neffen und zwei Vettern hatte aus dem Weg räumen lassen.

Im Jahre 1612 hatte Shah Jahan, damals noch Prinz, Mumtaz Mahal geheiratet, die ihm bald zwei Söhne schenkte, Dara Shukoh und Aurangzeb. Es blieben nicht die einzigen Kinder dieser Ehe. Mumtaz starb an den Folgen der Geburt ihres 14. Kindes in einem Feldlager fernab des heimatlichen Palastes. Mit den zahlreichen Nachfahren hatte sie dem Herrscherhaus keinen großen Dienst erwiesen, sondern den Grundstein zu tödlichen Erbfolgestreitigkeiten gelegt, aus denen schließlich der fanatische Aurangzeb als Sieger hervorging, der seinen eigenen Vater im Roten Fort von Agra gefangen setzte und den Rest seiner Brüder ermorden ließ.

der Herrscherin das Zentrum einnimmt. Einige Wissenschaftler schließen daraus, dass Shah Jahan für sich ein eigenes, durch eine Brücke mit der Anlage des Taj Mahal verbundenes Mausoleum am gegenüberliegenden Ufer geplant hatte. Für eine derartige Annahme spricht auch die Positionierung des Taj am Ende des Gartens und nicht wie üblich im Zentrum. Allerdings finden wir im Mausoleum des Itimad-ud-Daulah (s. u.) eine ähnliche Anordnung der Kenotaphe.

Die eigentlichen **Gräber** des Herrscherpaars liegen in einer Gruft unterhalb der Kenotaphe, wobei bis heute nicht geklärt ist, ob es sich nur

Taj Mahal mit Torbau im Vordergrund

um Scheingräber handelt. Denn es ist durchaus möglich, dass sich in dem weit verzweigten unterirdischen System aus zugemauerten Stollen und Kammern eine weitere Krypta verbirgt.

Das Mausoleum besteht keineswegs aus solidem Marmor, sondern in seinem Kern aus gebrannten Ziegeln, die Fundamente aus Bruchsteinen. Mit Eisenstiften wurden die Marmorplatten auf das Mauerwerk geheftet, wodurch es im Laufe der Jahrhunderte leider zu Folgeschäden durch Korrosion und Rissbildung kam, ganz zu schweigen von den Beeinträchtigungen durch die hohe Luftverschmutzung in unseren Tagen.

Links und rechts wird das Grabgelege von zwei quer angeordneten Sandsteinbauten eingerahmt, der Grabmoschee an der Westseite und dem Gästehaus an der Ostseite. Letzteres diente dazu, die große Zahl der Besucher aufzunehmen, die sich anlässlich der pompösen Zeremonien im Gedenken an die Verstorbene im Garten des Taj versammelten, um der Musik, den Koranlesungen und Lobpreisungen zu lauschen.

Besondere Beachtung verdient auch das Zugangstor zur Gesamtanlage, das mit seinem tief zurückspringenden Zentralbogen, den zierlichen Pavillons und der geschmackvollen Kombination von Sandstein und Marmor an ästhetischer Vollkommenheit dem Mausoleum in nichts nachsteht und der Tradition früherer mogulischer Tor-

bauten folgt, etwa dem Baland Dawarza in Fatehpur Sikri oder dem
Dilli Dawarza im Fort von Agra. Im
davorliegenden, allseitig von Mauern und Galerien umschlossenen
Hof versammelte sich früher der
Hofstaat.

Das Rote Fort

(2) Die ebenfalls am Ufer des Yamuna gelegene **Festung,** etwa 2 km
westlich des Taj Mahal, stammt in
ihren Ursprüngen noch aus vormo-
gulischer Zeit (tgl. 6–17.30 Uhr).
Akbar ließ auf den Mauern eine
neue, gewaltige Verteidigungsanla-
ge errichten, deren Bau acht Jahre in
Anspruch nahm, gefolgt von Erweiterungen, die sein Sohn Jahangir in
die Wege leitete.

Eine 2,5 km lange, mit zahlreichen Bastionen bestückte Mauer
umschließt das Areal, auf der Land-
seite zusätzlich durch einen 9 m
breiten Graben geschützt. Ein Teil
des Forts wird nach wie vor vom Militär genutzt, so dass heute nur der
Zugang über das im Süden liegende
Amar Singh-Tor möglich ist. Eine
breite Rampe, die für Pferde und
Elefanten konzipiert ist, führt in ein
von Arkaden umschlossenes Geviert, dessen rechte Seite von dem
70 m langen **Diwan-i-Am** (öffentliche Audienzhalle) beherrscht wird,
der dem von Delhi ähnelt. Von der
in die Ostwand eingelassenen Nische zeigte sich der Herrscher dem
Hofstaat und den geladenen Gästen.
Im Gegensatz zum sonst vorherr-

schenden polierten Alabaster ist die
Halle mit Marmor verkleidet. Ein in-
teressantes Detail sind die Baluster
an den unteren Nischenwänden.
Shah Jahan hatte die geschwungenen Stützen (von ihnen ist die Bezeichnung Balustrade abgeleitet) auf
Abbildungen europäischer Potentaten gesehen und sie für Symbole der
Macht gehalten. Zu Füßen des Herrschers versammelten sich die Wür-
denträger nach Rang und Namen
streng geordnet, wobei die niederen
Stände mit einem Platz in den Bo-
gengängen des Hofs vorlieb nehmen mussten. Auch die Frauen des
Harems beteiligten sich, durch Stein-
gitter unsichtbar, eifrig an den politischen Debatten am Diwan-i-Am.

Auf der Rasenfläche vor der Halle
bezeugt das Grab des britischen Be-
fehlshabers Colvin die blutigen Auseinandersetzungen während des so
genannten Sepoi-Aufstands in den
Jahren 1857/58, als die indischen
Truppen, ausgelöst durch das Ge-
rücht, ihre Waffen seien mit Schwei-
ne- und Rindertalg gefettet, meuter-
ten und die Ostindienkompanie in
arge Bedrängnis brachten. Danach
übernahm die britische Regierung
die Macht auf dem Subkontinent.

Jenseits der nördlichen Begrenzung des Hofs liegen im militärischen Sperrbezirk die **Moti Masjid**
(Perlmoschee) und der **Mena-Ba-
zaar,** auf dem früher die Haremsdamen zuweilen Markt ›spielten‹ und
dabei Gelegenheit zur vorsichtigen
Kontaktaufnahme mit den männlichen Palastbewohnern hatten, denen ja sonst der Zutritt zum Harem

streng untersagt war. Shah Jahangir soll anlässlich einer derartigen Vergnügung seine spätere Frau, die einflussreiche Nur Jahan (Licht der Welt), kennen gelernt haben.

Durch einen Gang gelangt man vom Diwan-i-Am in den an seine Rückseite angrenzenden Hof **Machi Bhawan,** den an drei Seiten ein zweistöckiger Gebäudekomplex mit Galerien umschließt. In der Mitte des ersten Stocks im südlichen Flügel hatte der Herrscher seinen goldenen Thron. An der Nordseite des Hofs befindet sich der Zugang zur winzigen, nur aus zwei Schiffen bestehenden **Naginamoschee,** die der Herrscher für seine privaten Gebete benutzte. An der Uferseite wird die Gebäudefront durch eine große Terrasse unterbrochen, die den Blick auf den Fluss freigibt. Ein Block aus schwarzem Marmor markiert den Thronsitz Jahangirs, den er aus Allahabad hierher bringen ließ. Bemerkenswert ist die Inschrift, die seine Thronbesteigung zwei Jahre vor der tatsächlichen Machtübernahme verherrlicht. Jahangir hatte damals gegen seinen Vater opponiert und sich bereits 1603 in Allahabad zum Kaiser ausrufen lassen.

Rechter Hand wird die Plattform vom **Diwan-i-Khas** (private Audienzhalle) begrenzt, einem dreischiffigen Säulenbau mit erlesenen pietra dura-Arbeiten an den Säulenbasen. Früher einmal war die Decke

mit Gold und Silber verkleidet, die das Licht in Strahlenbündeln reflektierten. Gegenüber lagen die königlichen Bäder.

An die Audienzhalle schließen sich die Privatgemächer des Mogulherrschers an. Zunächst fällt der achteckige Turm **Musammam Burj** ins Auge, der wie eine Bastion aus der Festungsmauer hervorspringt und Mumtaz Mahal als Unterkunft diente. Von der umlaufenden Galerie ergibt sich ein weiter Blick über die Schleife des Yamuna bis hinüber zum Taj Mahal. Shah Jahan, der später hier von seinem Sohn Aurangzeb gefangen gehalten wurde, dürfte dieser Blick wohl eher mit Trauer erfüllt haben.

Rotes Fort, Eingang des Jahangiri Mahal

Anschließend betritt man wieder einen Hof, den **Anguri Bagh** (Traubengarten), der zum Fluss hin ebenfalls von einer Plattform begrenzt wird, auf der das kunstvoll aus Marmor errichtete Privatgemach des Herrschers, der **Khas Mahal,** seinen Platz hat. Die Wand zum Yamuna hin ist von Steingittern durchbrochen, die Aussicht und kühlende Brise versprechen, zum Hof hin stützen Pfeiler die offene Halle. Zu ihren Füßen breitet sich ein kleiner Garten mit einem zentralen Wasserbecken aus. Auf beiden Seiten flankieren Gebäude mit geschwungenen Dächern aus vergoldeten Kupferplatten das Privatgemach. Sie öffnen sich mit Balkons zum Yamuna

hin und bilden einen perfekten Rahmen für den Taj Mahal in der Ferne. Vom Balkon des nördlichen Pavillons aus zeigte sich der Herrscher jeden Morgen dem Volk, eingehüllt in das von den Dächern reflektierte Licht wie in einen Heiligenschein. Den südlichen Pavillon bewohnte seine Tochter Jahan Ara, die nach dem Tod von Mumtaz die Aufgabe der ›First Lady‹ übernahm.

Mit einer völlig anderen Architektur wird der Besucher im angrenzenden Komplex konfrontiert, der fälschlicherweise den Namen **Jahangiri Mahal** (Jahangirs Palast) trägt. Tatsächlich reichen die mehrstöckigen, sich um einen Hof gruppierenden Bauten bis in die Zeit Ak-

bars zurück und tragen viele Merkmale, denen wir in Fatehpur Sikri wiederbegegnen (s. u.). So sind die Sandsteinfassaden mit ausgeprägten Basreliefs verziert und viele der Konsolen nach Tradition der Jains in Schlangenform ausgeführt. Vor der Front hat ein gewaltiges Steingefäß seinen Platz, das Jahangir 1611 zum Ursfest für die Reisspenden aufstellen ließ. Ähnliche Behältnisse aus Metall findet man im Dargarh-Bezirk von Ajmer.

Das Mausoleum des Itimad-ud-Daulah

(3) Verglichen mit Taj Mahal und Rotem Fort besuchen nur wenige Touristen dieses kleine Juwel der Mogularchitektur am gegenüberliegenden Ufer des Yamuna (tgl. 6–17.30 Uhr).

Das in seinen Ausmaßen nur bescheidene Grabmal ließ Nur Jahan, die Gattin Shah Jahangirs für ihre 1621 verstorbenen Eltern errichten. Benannt ist es nach ihrem Vater Ghyas Begh, einem aus Persien geflohenen Edelmann, der am Hof Jahangirs bis zum Premierminister aufgestiegen war und den Ehrentitel Itimad-ud-Daulah (Stütze des Staates) verliehen bekommen hatte. Seine Familie, mit der ehrgeizigen Nur Jahan an der Spitze und dem nicht minder einflussreichen Bruder Asaf Khan an ihrer Seite, übte einen erheblichen Einfluss am Hof aus, und beide galten vor allem in den letzten Lebensjahren Jahangirs als die heimlichen Herrscher.

Anders als der Taj Mahal liegt das Mausoleum im Zentrum eines viergeteilten Gartens, der bis zum Ufer des Yamuna reicht. Man betritt die Anlage durch einen Torbau von Osten her, dessen Sandsteinfassade geschmackvoll mit Marmoreinlegearbeiten aufgelockert wird. Auffallend sind die stilisierten Darstellungen von Weinkrügen, die in der persischen Dichtung als Symbol des Paradieses und des Göttlichen galten und sich wohl aus der Herkunft des Verstorbenen erklären lassen.

Mit seinen gedrungenen Ecktürmen und dem etwas zu mächtigen Pavillon im Zentrum kann sich der Bau zwar äußerlich nicht mit der Eleganz eines Taj Mahal messen, hinsichtlich der an Juwelierarbeiten erinnernden Wanddekoration sucht er jedoch seinesgleichen. Die pietra dura-Arbeiten aus Halbedelsteinen zeigen neben geometrischen Mustern Vasen, Zypressen und immer wieder auch Weinkrüge. Erstmals wurde diese Technik, von der nicht klar ist, ob sie aus Europa importiert wurde oder eine eigenständige Entwicklung darstellt, hier auf großen Flächen eingesetzt und gilt als Vorbild für die Dekoration des nur wenige Jahre später begonnenen Taj Mahal.

Im Zentrum des quadratischen, von acht Räumen umschlossenen Innenraums, stehen die **Grabmäler** von Itimad-ud-Daulah und seiner Gemahlin, wobei das Grab der Frau – wie im Taj Mahal – die zentrale Position einnimmt. Darüber liegt ein leider nicht zugänglicher Pavillon, der für das Gebäude zwar etwas schwer wirkt, aber ein exzellentes Beispiel mogulischer Handwerkskunst bietet. Im Innern des lichtdurchfluteten Raums haben die Kenotaphe der Verstorbenen ihren Platz.

Am Ufer des Yamuna liegt ein ähnlicher, allerdings nicht mehr so gut erhaltener Sandsteinbau, den die Familie nach der damals üblichen Anreise mit dem Boot als Vergnügungspavillon benutzte und den Itimad-ud-Dhaulah schon zu Lebzeiten hatte anlegen lassen. Derzeit sind Restaurierungsarbeiten im Gange.

Kaiser Akbars Mausoleum in Sikandra

Chini-ka-Rauza und Sikandra

Etwa 1 km südlich zweigt ein schmaler Fahrweg zum **Mausoleum Chini-ka-Rauza (4)** ab, das zur Zeit ebenfalls wieder instand gesetzt wird. Begraben ist hier Azal Khan, ein Minister unter Jahangir und Shah Jahan, der 1639 in Lahore (Pakistan) verstarb. Seinen Namen ›chinesisches Grab‹ verdankt das achteckige, von einer gewaltigen Kuppel gekrönte Bauwerk seinen Fayencen, die ihr Vorbild in Lahore haben.

Etwa 10 km nördlich von Agra erhebt sich bei **Sikandra** das Grabmal Kaiser Akbars, des ohne Zweifel fähigsten Mogulherrschers (tgl. 6–17.30 Uhr). Benannt ist der Ort nach

Sikander Lodi, der hier Ende 1492 seine neue Residenz errichtet hatte, von der allerdings kaum noch etwas erhalten ist. Den Zugang zur Grabstätte, mit deren Bau Jahangir etwa im Jahre 1608 begonnen hatte, bildet auch hier ein mächtiges, von Minaretten überragtes Tor, das im Jahre 1612 entstand. Die Sandsteinfassade ist dekorativ mit Marmoreinlegearbeiten und Kufischrift-Bändern gestaltet. Der Künstler Amanat Khan, der auch die Schriftbänder des Taj Mahal entwarf, hat sie persischen Gedichten entnommen, wobei, wie bei den Moguln üblich, ein Bezug zwischen dem Paradies und dem Mausoleum mit seiner Gartenanlage hergestellt werden sollte. »Dies ist der Garten Edens, betrete ihn und lebe ewig«, heißt es dort unter anderem.

Hinter dem Torbau führt eine breite, steinbelegte Allee auf das fünfstöckige Mausoleum zu, das sich als eine eigentümliche indo-islamische Stilmischung präsentiert. So orientiert sich der Grundriss an einer hinduistischen Stufenpyramide, die sich wiederum als die architektonische Umsetzung eines Mandalas interpretieren lässt. Das stark überhöhte Zentralportal und die angrenzenden Bögen sind hingegen rein islamische Elemente.

Das oberste Geschoss mit dem Kenotaph des Herrschers unter freiem Himmel ist leider nicht zugänglich. Früher einmal soll hier auf einer Säule der berühmte Diamant Kohinoor das Licht der Sonne reflektiert haben. Heute kann man nur noch in das dunkle Gewölbe hinabsteigen, in dem sich das Grab Ak-

Verkäufer im Basar

bars befindet. Es wurde bedauerlicherweise 1691 geplündert bzw. die Gebeine des großen Herrschers wurden verbrannt.

Der weiträumige, mit hohen Bäumen bepflanzte Park ist heute Tummelplatz zahlreicher Hulman-Affen. Um sich ein kleines Zubrot zu verdienen, geben sich die Wächter als Affenwärter aus und verlangen vom Touristen für das Fotografieren der Tiere einen Obolus.

Government of India Tourist Office, 191, The Mall gegenüber Hauptpost, Tel. 05 62/36 39 59, Mo–Fr 9–17.30, Sa bis 13 Uhr. **UP Tourist Office,** 64, Taj Rd., Tel. 3 60 51, tgl. außer So und 2. Sa im Monat, 10–17 Uhr. Auf dem Bahnhof Agra Cantonment gibt es einen tgl. von 8–20 Uhr geöffneten **Informationsschalter.**

Tourist Resthouse ($), Kachahari Rd., Tel. 36 39 61, Fax 36 69 10, e-mail: trh@vsnl.com; ausgezeichnete Unterkunft mit einfachen, sauberen Zimmern, einfaches Restaurant im kleinen Hof, es zahlt keine ›commission‹ an Rikschafahrer und wird daher nur ungern angefahren. **Sheela** ($$), nahe Ostausgang des Taj Mahal, Tel. 33 30 74, e-mail: siit@del2vsnl.net.in; in unmittelbarer Nähe des Taj gelegene Unterkunft in parkähnlichem Garten, sehr ruhig und smogfrei, saubere, etwas dunkle Zimmer. **Lauries Hotel** ($$$), MG Rd., Tel. 36 45 36; altehrwürdiges Kolonialhotel in weiträumigem Park mit großen, etwas verblichenen Zimmern, etwas für Nostalgiker. **Atithi** ($$$–$$$$), Fatehabad Rd., Tel. 33 08 79, Fax 33 08 78; klimatisiertes, mit Pool ausgestattetes modernes Hotel. **Clarks Shiraz** ($$$$$), 54, Taj Rd., Tel. 36 14 21-29, Fax 36 14 28; e-mail: clar-

kraz@nda.vsnl.net.in; alteingesessenes Luxushotel mit angenehmer Atmosphäre und hervorragendem Service. **Mughal Sheraton** ($$$$$), Taj Ganj, Tel. 33 17 01, Fax 33 17 30; luxuriöseste Unterkunft in Agra, der Gast kann unter vier Restaurants wählen und vom hauseigenen Astrologen die Sterne deuten lassen.

Teuer und gut isst man in den Restaurants der Luxushotels. Etliche empfehlenswerte Restaurants konzentrieren sich entlang der Taj Road um den Saddar Bazaar. Sehr billig, aber nicht immer gut kann man im Stadtviertel Taj Ganj südlich des Taj Mahal essen. **Lakshmi Vilas** ($$), Taj Rd.; auf südindische *dosas* spezialisiertes vegetarisches Restaurant. **Petals** ($$$), Taj Rd.; indisch, europäisch und chinesisch. **Kwality** ($$$), Taj Rd.; Restaurant der bekannten Kette. **Zorba the Buddha** ($$$), Saddar Bazaar; extrem sauberes vegetarisches Restaurant der Osho-Gemeinde. **Pizza Hut** ($$$), Fatehabad Rd., neben Hotel Atithi; Oase heimwehkranker Traveller, sauber, freundlich. **Dasa Prakash** ($$$), hinter dem Hotel Agra Ashok; gepflegte Atmosphäre, südindische Küche.

Agra ist die Hochburg der Marmorverarbeitung, aber Vorsicht, viele Fälschungen (aus Pulver gepresste Intarsien!). Gut auch das Angebot an Teppichen und Webereien. Eine gute, wenn auch nicht preiswerte Auswahl bietet das **Kunsthandwerkerzentrum Shilpgram,** etwa 1 km östlich des Taj Mahal.

Tgl. ein **Flug** auf der Route Delhi-Agra-Khajuraho-Varanasi.

Hauptstation ist der **Bahnhof Agra Cantonment.** Tgl. *Shatabdi Express* (ab New Delhi 6.15 Uhr, ab Agra 18.18 Uhr), gute Verbindungen auch in Richtung Mumbai *(Punjab Mail),* nach

Varanasi, Jaipur und Jodhpur *(Marudhar Express)*.

🚌 Vom **Hauptbusbahnhof Idagh** stdl. Verbindungen nach Delhi über Mathura, alle 30 Min. nach Fatehpur Sikri, etwa stdl. nach Jaipur.

❗ **Achtung:** Touristen in Agra werden oft in aufdringlicher Art und Weise von Schleppern (geben sich gern als Studenten aus) und Rikschafahrern bedrängt. Auf dem Bahnhof, kurz vor Abfahrt ist in den Waggons erhöhte Vorsicht geboten. Man sollte das Handgepäck nicht aus den Augen lassen.

Abstecher nach Fatehpur Sikri

Im Jahre 1568 prophezeite der Mystiker Salim Chishti dem Herrscher Akbar die Geburt eines langersehnten Thronerben. Als sich die Voraussage 1569 erfüllte, nannte Akbar aus Dankbarkeit seinen Erstgeborenen nicht nur Salim, sondern beschloss, seine Residenz in die Nähe des spirituellen Führers nach Sikri zu verlegen. Überdies war Sikri ein bevorzugter Steinbruch für den Bau des Forts in Agra, so dass sich hier bereits zahlreiche Steinmetze niedergelassen hatten.

Da das nahegelegene Agra im Fall eines Angriffs genügend Schutz bot, konnte Akbar Fatehpur Sikri als reine Residenz ohne Befestigungen planen. Nur eine 11 km lange einfache Mauer schirmte den Hofstaat vom Umland ab. Den Beinamen Fatehpur (Stadt des Sieges) wählte der Herrscher in Erinnerung an seinen Sieg über das mächtige Sultanat von Gujarat im Jahre 1573; damals hatte er tausende unschuldiger Zivilisten hinrichten und als Abschreckung ihre Köpfe zu einer Schädelpyramide auftürmen lassen.

Die sich über einen kleinen Hügelrücken erstreckende Stadt besteht aus zwei deutlich voneinander getrennten Teilen, der Moschee und dem nordöstlich davon errichteten Palast. Früher grenzte im Nordwesten ein großer See an den Komplex, der der Trinkwasserversorgung diente, seit langem aber ausgetrocknet ist. Die Wasserversorgung sollte sich auch als zentrales Problem der neuen Metropole erweisen und hat dazu beigetragen, dass Fatehpur nach nur 15 Jahren wieder aufgegeben wurde. Sicherlich verlegte Akbar seine Residenz 1585 aber auch aus strategischen Gründen nach Lahore, der nördlichen seit jeher unruhigen Grenze seines Großreichs. Der Entschluss dürfte ihm um so leichter gefallen sein, als er sich schon Jahre zuvor vom Chishti-Orden gelöst hatte. Auf seine alten Tage bevorzugte Akbar dann das liebliche Hochtal von Kaschmir, das er 1586 erobert hatte. Nur einmal noch, im Jahre 1599, verbrachte er einige Tage in seiner verlassenen Residenz. Sein in Agra lebender Sohn Jahangir flüchtete 1619 vor der Pest drei Monate nach Fatehpur, und Shah Jahan feierte hier seinen 28. Geburtstag, dann wurde es still um die außergewöhnliche Stadt, die dadurch allerdings auch weitgehend vor der Zerstörung bewahrt blieb.

Zum Komplex der Moschee führt eine breite Freitreppe, an deren oberem Ende das mächtige Tor **Buland Dawarza** den Zugang zur Hofanlage bewacht. Der 54 m hohe Bau, der wahrscheinlich ebenfalls in Gedenken an den Sieg über Gujarat im Jahre 1573 entstand, gilt als Vorbild für spätere Torbauten, etwa in Sikandra und am Taj Mahal in Agra. Die Dominanz des hohen zentralen Bogens wird durch die aufgelockerte Gestaltung des tief zurückgesetzten Eingangs mit mehreren Bögen und einer darüber verlaufenden Galerie gemildert. Die Verwendung von Marmor ist hier noch recht sparsam und beschränkt sich auf Einfassungen und zwei Rosetten oberhalb des zentralen Bogens. Darüber sind in kunstvoller Naskhi-Schrift Verse aus dem Koran eingelassen. Die Hufeisen an Eingangstor haben wahrscheinlich erst Bauern im 18. Jh. als Dank für die Heilung ihrer Tiere hier angebracht, denn die Sufis sind, nicht anders als die Heiligen der katholischen Kirche, bis heute Ansprechpartner für hilfesuchende Gläubige.

Durch das Tor betritt man den von einem Säulengang umschlossenen Innenhof. Linker Hand wird er von der **Freitagsmoschee** begrenzt, die mit 90 m Länge und 20 m Breite damals als die größte des Subkontinents galt. Ein hoher zentraler Bogen (liwan) beherrscht die sich über die gesamte Breite des Hofs erstreckende Front. Er ist aus der Architektur der Timuriden, der Vorfahren der Moguln übernommen, und wurde zum Merkmal mogulischer Baukunst. Die Seitenflügel, nach Hindumanier flach gedeckt, ruhen auf zarten Säulen. Der Hinduarchitektur entnommen ist auch die Art und Weise der Kuppelkonstruktion als in Stein umgesetzte Imitation hölzerner Vorbilder. Die kleinen, entlang der Dachkante aufgereihten Pavillons (chattris) nehmen den mächtigen Kuppeln ihre ›erdrückende‹ Wirkung und verleihen dem Bau trotz seiner Größe eine ungeahnte Leichtigkeit.

In die Rückwand sind in jedem der insgesamt sieben Schiffe jeweils drei nach Mekka ausgerichtete Gebetsnischen (mihrab) eingelassen. Mit einer Einfassung aus Koranversen, Zierbögen und Einlegearbeiten ist der zentrale Mihrab besonders prachtvoll ausgestaltet. Von der rechts daneben stehenden, dreistufigen, aus Marmor gefertigten Gebetskanzel (minbar) wurde das Freitagsgebet, die khutba verlesen. Hier spielte sich auch das unerhörte Ereignis ab, das die Gemüter 1579 erregte. Kaiser Akbar maßte sich nicht nur an, das den Geistlichen vorbehaltene Gebet selbst zu lesen, sondern soll sich sogar zum Ausruf »Allahu akbar« verstiegen haben. Im Zusammenhang mit seiner Person könnte er damit nicht nur wie üblich »Allah ist groß« gemeint haben, sondern auch »Gott ist Akbar«.

Auffälligstes Bauwerk innerhalb der Hofanlage ist das kleine, vollständig aus Marmor gefertigte **Mausoleum des Salim Chishti,** das an jener Stelle errichtet wurde, an der er

Einlegearbeit in der Freitagsmoschee
von Fatehpur Sikri

früher zu predigen pflegte. Das nur
15 × 15 m messende, auf einer niedrigen Plattform ruhende Mausoleum, das erst 1581, fast zehn Jahre
nach dem Tod des Heiligen, fertiggestellt wurde, gilt als ein Meisterwerk der Mogularchitektur. Um die
innere Kammer verläuft ein Gang,
der nach außen durch Steingitterwerk *(jali)* abgegrenzt wird und zu
den schönsten Arbeiten in ganz Indien zählt. Das Vorbild dazu lieferte
die Grabstätte von Sheik Ahmad
Khattu, einem Sufi-Heiligen, der im
Sultanat von Gujarat großen Einfluss
hatte und in der Nähe von Ahmedabad begraben liegt. Die zentrale
Kammer, die mit ihrem Blumen-

schmuck und den Räucherstäbchen
fast der Cella eines Hindutempels
ähnelt, beherbergt den Kenotaph
des Verstorbenen. Das eigentliche
Grab liegt in einer zugemauerten
Gruft darunter. Über dem Kenotaph
spannt sich ein mit Perlmuttplätt-
chen verzierter Katafalk aus Ebenholz, über dessen künstlerischen
Wert sich streiten lässt. Nach wie
vor ist die Grabstätte Ziel zahlreicher Pilger, die hier auf die Erfüllung
ihrer Wünsche hoffen.

Rechts neben dem Mausoleum
ragt das **Jamaat Khana** in den Hof,
ein Sandsteinbau mit Jaligittern und
kleinen Pavillons als Abschluss. Zu
Lebzeiten des Sheiks war es Teil der
Klosteranlage, gedacht für Ver-
sammlungen und Unterkunft, ehe es
zur Grabstätte der Nachfolger Salim
Chishtis umfunktioniert wurde. Am
Ende des schmalen Gangs zwischen

dem Mausoleum und dem Jamaat Khana führt ein Tor zur **Zanana Rauza** (Grab der Frauen), in dem Salim Chishti seine letzten Lebensjahre verbrachte und Kaiser Akbar empfing. Hier fanden auch die für den Chishti-Orden typischen heiligen Gesänge und Musikdarbietungen *(sama)* statt, an denen nur Eingeweihte teilnehmen durften und von denen Frauen natürlich ausgeschlossen waren. Als die Tradition aufgegeben wurde, fanden hier die Frauen der Sufis ihre letzte Ruhe.

Wir verlassen das Geviert der Moschee durch das östliche Tor und gelangen auf einen kurzen Fußweg zum Eingang der Palastanlage. Nach Betreten rückt zunächst linker Hand der kompakte Bau des **Jodh Bai-Palastes** ins Blickfeld, der möglicherweise in der Frühphase als Harem angelegt wurde. Die fensterlosen Fassaden umschließen einen großen Innenhof, um den sich symmetrisch die Räume gruppieren. Ein gedeckter Gang führte früher vom ersten Stock hinüber in die Privatgemächer des Herrschers.

Als nächstes Gebäude liegt das so genannte **Haus der Maryam** am Weg. Es wurde eine zeitlang einer portugiesischen Gattin Kaiser Akbars namens Maria zugeschrieben, die es allerdings nie gegeben hat. Der Name rührt von der Mutter Akbars, Maryam Makani, die hier lebte. Heute macht das Gebäude einen strengen, abweisenden Eindruck, war früher aber mit großartigen Fresken verziert, die im 18. Jh. dem Wüten der Jats zum Opfer gefallen sind.

Man sollte sein Augenmerk auf die Konsolen der Dachtraufe richten. An einigen finden sich Hindumotive, etwa Rama mit dem Affengott Hanuman, aber auch Gänse und Elefanten.

Biegt man nun links ab, gelangt man, an der Nordseite des Jodh Bai-Palastes entlanggehend, zum so genannten **Haus des Raja Birbal.** Auch an diesem zweistöckigen Bau mit seiner hervorragenden Reliefkunst sind hinduistische Einflüsse unverkennbar, etwa der Lotos und die Säulendekorationen. Ungewöhnlich ist auch der Versuch, die traditionelle Holzbauweise mit Balken und ornamentierten Füllungen in Stein zu imitieren. Das Gebäude wird zwar dem Vertrauten Akbars zugeschrieben, es ist aber kaum anzunehmen, dass in unmittelbarer Nähe des Harems ein Mann residierte. Sehr wahrscheinlich lebten hier zwei von Akbars Frauen, Ruqaya Begum und Salima Sultan Begum. Auch der linker Hand sich öffnende rechteckige Hof trägt eine falsche Bezeichnung; aufgrund der in die Wand eingelassenen Ringe, die als Befestigungspunkte für Tiere interpretiert wurden, hielt man das Geviert für ›Stallungen‹. Die unmittelbare Nähe zum Harem schließt diese Funktion jedoch aus; sehr wahrscheinlich lebten hier die weiblichen Bediensteten der Haremsdamen. Etwa 5000 Frauen soll es am Hof gegeben haben, die meisten von ihnen Sklavinnen.

Wir kehren nun wieder zurück, passieren Maryams Haus und betreten durch eine Galerie den großen

Palasthof, der uns mit einer aufgelockerten, modern wirkenden Anordnung unterschiedlicher Bauwerke empfängt. Überwiegend bestimmen luftige, auf Säulen ruhende Hallenbauten nach hinduistischem Muster das Ensemble, aufgelockert durch zurückspringende Geschosse und baukastenartig aneinandergefügte Elemente, alles in dem warmen Ton des rötlichen Sandsteins, der in Fatehpur schon für das Fort von Agra gebrochen wurde. Akbar und seinen Baumeistern ist hier ein wahrhaft großartiger Wurf gelungen, der in der Abkehr von den strengen Regeln traditioneller Architektur auch als ein Beweis der Weltoffenheit des Herrschers gelten kann.

Die Südseite der 175 m langen Hofanlage wird von den **Privatgemächern** Akbars eingenommen, die früher, wie viele andere Bauten auch, mit Steingittern gegen fremde Blicke abgeschirmt waren. Im Erdgeschoss befand sich u. a. die Bibliothek mit in die Wände eingelassenen Nischen für die Bücher. Im Nebenraum pflegte der Kaiser, auf einer Plattform sitzend, seine Gäste zu empfangen, darunter auch drei portugiesische Jesuiten, die Akbar 1580 an den Hof geholt hatte, um mehr über das Christentum in Erfahrung zu bringen. Im Obergeschoss hatte der Herrscher seine prachtvoll ausgemalten Schlafgemächer, die früher durch einen gedeckten Gang und eine Brücke mit dem Harem verbunden waren.

Im Hof vor den Privatgemächern liegt das 30 m^2 große Wasserbecken

Anup Talao mit einer kleinen, durch Stege verbundenen Plattform im Zentrum. Hier soll der Kaiser mit islamischen Intellektuellen religiöse Fragen diskutiert haben, wobei es oftmals zu heftigen Auseinandersetzungen zwischen den einzelnen Fraktionen kam. Zeitgenössischen Quellen zufolge soll Akbar zuweilen sogar das Becken mit Goldmünzen gefüllt haben, die er an die Geistlichen verteilte, sicherlich nicht zuletzt, um sich das Wohlwollen der Ulema zu erkaufen, die ihm seine religiöse Toleranz als ein Abweichen vom traditionellen Islam vorwarf.

Hinter der nordöstlichen Kante des Wasserbeckens ragt das **Haus der türkischen Sultana** in den Hof, das Akbar seiner Lieblingsfrau, der aus der Türkei stammenden Ruqaya Begum errichten ließ. Sehenswert sind hier vor allem die hervorragend gefertigten Reliefs mit Pflanzen- und Vogelmotiven.

Jenseits des Hauses öffnet sich der weiträumige so genannte **Pachisi-Hof,** benannt nach den in den Boden eingelassenen Begrenzungslinien für das damals beliebte Spiel, bei dem zuweilen kostümierte Sklavinnen als Figuren agierten.

Rechter Hand folgt nun der **Diwan-i-Am** (öffentliche Audienzhalle). Von der überdachten Plattform konnte sich der Herrscher den jenseits der angrenzenden Mauer in einem Hof versammelten Untertanen zuwenden, um Streitfälle zu schlichten und Petitionen entgegenzunehmen.

Auf der gegenüberliegenden Hofseite ragt der **Panch Mahal** in den Himmel, ein sich stufenförmig an einer Seite verjüngender, aus Plattformen bestehender Turm, der sein Vorbild in Samarkand hat. Früher bestanden die Seitenwände aus Steingitterwerk, das den Blick ins Innere verwehrte. Möglicherweise war der Panch Mahal ein beliebter, von kühler Brise umfächelter Aufenthaltsplatz für die Haremsdamen.

Ein Stück nördlich schließt sich ein kleiner Kiosk an, der, wieder einmal falsch, als Sitz des Astrologen bezeichnet wird. Sehr wahrscheinlich aber wachte von hier aus der Eunuch Phul Malik über die Schätze des Kaisers. Ein Meisterwerk der Steinmetzarbeit ist der ganz in Hindumanier ausgeführte Torana-Bogen mit seinen schlangenförmigen Stützstreben, eine Konstruktion, die vor allem für die Jaintempel, etwa in Mount Abu, charakteristisch ist und einmal mehr die Toleranz Akbars unter Beweis stellt.

Das angrenzende Gebäude diente möglicherweise als Schatzhaus, vielleicht aber auch als eine Art Büro. Obwohl wir über das Leben Akbars durch seinen Hofchronisten bestens unterrichtet sind, fehlen Hinweise auf die tatsächliche Funktion der Gebäude in Fatehpur Sikri. Über das dominierend im Zentrum des nördlichen Hofabschnitts aufragende Gebäude besteht hingegen keine Unklarheit. Es handelt sich um den **Diwan-i-Khas** (private Audienzhalle), in dem sich der Kaiser mit seinen engsten Vertrauten zu versammeln pflegte. Vor allem die Ausgestaltung des Inneren wirft ein bezeichnendes Licht auf das Selbstverständnis Akbars. Im Zentrum des über zwei Stockwerke reichenden Raums wächst wie ein Baum eine reich verzierte Säule empor, die sich am oberen Ende mit schlangenförmigen Stützen wie eine Blüte entfaltet. Die dadurch geschaffene Plattform in Höhe des ersten Stockwerks wird durch vier Stege mit einer umlaufenden Galerie verbunden. Hier oben im Zentrum residierte Akbar – ein symbolträchtiger Platz, verkörpert doch der Baum in der hinduistischen Mythologie die Achse des Universums, von deren Spitze der Weltenherrscher Chakravartin regiert. Bereits der altindische Kaiser Ashoka hatte diesen Vergleich nicht gescheut.

Auch außerhalb des Moschee- und Palastkomplexes gibt es noch zahlreiche Gebäude mit interessantem historischem Hintergrund, die meisten aber in schlechtem Erhaltungszustand. Erwähnt sei der mit ›Stacheln‹ besetzte Turm Hiran Minar, der möglicherweise den Nullpunkt des Straßensystems in Akbars Reich markierte.

Goverdhan Tourist Complex ($), Tel. 0 56 19/88 26 48; saubere Unterkunft in großem Garten mit freundlichem Management, Restaurant. **Gulistan Tourist Complex** ($$$), Tel. 88 24 90; staatliche Unterkunft in weiträumiger Parkanlage, Restaurant.

Gute **Bus**verbindung mit Agra und Bharatpur.

Das nordöstliche Rajasthan

Keoladeo-Nationalpark Bharatpur

Deeg

Alwar

Sariska-Nationalpark

Jaipur

Amber

Ajmer

Pushkar

Ranthambore-Nationalpark

Palast der Winde in Jaipur, Teil der Fassade

Das nordöstliche Rajasthan

Vogelkonzerte im Sumpfland; Paläste und verspielte Lustschlösser; auf Tigerpirsch im Urwald; märchenhafte Exotik in der ›Rosaroten Stadt‹ Jaipur; Rajasthan im Festtagsgewand auf der Pushkar-Mela.

Der Nordosten Rajasthans, der sich von den Ausläufern der Aravalli-Kette bis hin zur Grenze des Bundesstaates Uttar Pradesh erstreckt, wird durch gewellte Hochplateaus, z. B. das von Mewar, bestimmt, in die größere Flüsse wie der etwa 900 km lange Chambal und der in ihn mündende Banas ihr Bett gegraben haben.

Durch die Aravallis werden die vom Arabischen Meer kommenden Monsunwolken zum Aufsteigen ge-

zwungen und bescheren der Landschaft reichere Niederschläge als den westlich liegenden Wüstenzonen, so dass die Landwirtschaft hier im östlichen Rajasthan eine bedeutendere Rolle spielt als jenseits der Berge.

Entlang der Randzone des Gebirges hatten sich in strategisch günstigen Lagen etliche rajputische Fürstentümer etabliert, die von hieraus die Ebenen und Handelswege nach Westen und Norden kontrollierten, damit aber auch in besonderem Maße den islamischen, von Norden anbrandenden Eroberungszügen ausgesetzt waren.

Nordöstliches Rajasthan

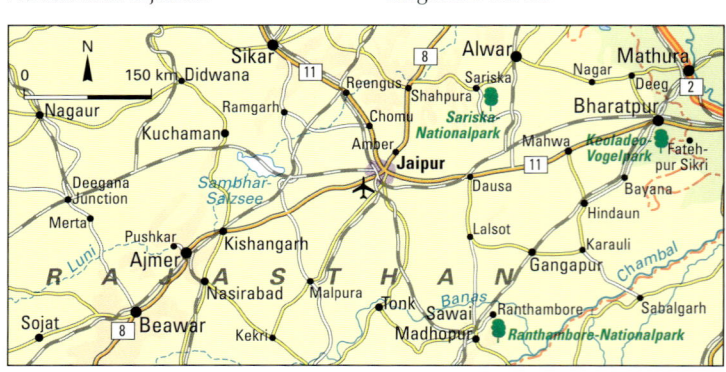

Keoladeo-Nationalpark und Bharatpur

Ausschlafen ist in Bharatpur nicht angesagt. Bereits in der Morgendämmerung sollte man sich mit einem hoffentlich einigermaßen funktionstüchtigen Mietfahrrad auf den Weg zum **Keoladeo-Nationalpark** machen. Die Luft ist noch erfrischend, über der Sumpflandschaft wabern Dunstfetzen. Mit dem ersten fahlen Licht am östlichen Horizont ist dort die Natur erwacht und empfängt den Besucher mit einem ohrenbetäubenden Konzert tausender von Vogelstimmen, noch ungetrübt vom Gelächter und Geplapper der später eintreffenden Besuchergruppen. In geradezu hektischer Betriebsamkeit sind die gefiederten Bewohner mit der Suche nach ihrem Frühstück beschäftigt. Der Tisch ist reich gedeckt. Im seichten Wasser wimmelt es von Fischen, Fröschen, Lurchen, Schnecken und anderen Delikatessen, zwischen den Bäumen und Büschen am Rande der Wasserflächen schwirren Insekten, aber auch die Vegetarier unter den Vögeln müssen nicht darben, Früchte und Samen gibt es im Überfluss.

Das durch Dammwege erschlossene Vogelschutzgebiet, das seinen Namen einem alten Shivatempel im Zentrum von Bharatpur verdankt, hat mit knapp 30 km² zwar nur bescheidene Ausmaße, zählt aufgrund seines Artenreichtums unter den Ornithologen jedoch zu den schönster der Welt.

So friedlich wie heute ging es im Park allerdings nicht immer zu. Noch in den 50er Jahren war die Luft vom Knallen der Gewehre erfüllt, mit denen die Jagdgesellschaften des Maharajas von Bharatpur, unter ihnen viele englische Gäste, die Enten vom Himmel holten. Nur zu diesem Zweck nämlich hatten die Herrscher im 19. Jh. die künstliche Sumpflandschaft angelegt und damit zahlreiche ahnungslose Wasservögel angelockt, von denen nicht wenige ihre Wahl mit dem vorzeitigen Tod bezahlen mussten. Auf einer Sandsteintafel im Park sind die ›Abschüsse‹ verewigt, bis zu 5000 Enten an einem Tag!

Im Jahre 1956 wurde der Park unter Naturschutz gestellt, aber erst 1972 durfte selbst der Maharaja hier seine Flinte nicht mehr benutzen. Neun Jahre später erhielt das Vogelschutzgebiet den Status eines Nationalparks und ist heute sogar in die Liste schützenswerter Naturdenkmäler der UNESCO aufgenommen.

Die Sumpf- und Wasserflächen, die während der Regenzeit bis zu 10 % des Areals bedecken, werden durch einen Kanal versorgt, der das benötigte Wasser vom Fluss Gambhir heranleitet und so auch während der winterlichen Trockenzeit die Niederungen vor Austrocknung bewahrt. Umgeben sind die Gewässer von einer artenreichen Flora, in der neben großen Bäumen, etwa dem Babul, vor allem dichtes Buschwerk vorherrscht, das den Vögeln hervorragende Brutplätze und Verstecke bietet.

Unter den hier ständig lebenden Arten fallen Reiher, Kormorane, Nimmersattstörche und Löffler sofort ins Auge, die hier zu Tausenden leben. Allein die Kolonie der Störche vertilgt während der Brutzeit etwa 5 t Fisch pro Tag. Besonders interessant ist der Besuch des Parks in den Wintermonaten, wenn seltene, in Zentralasien beheimatete Spezies hier die kalte Jahreszeit verbringen.

Jedermann ist dann mit dem Fernglas auf der Suche nach den vom Aussterben bedrohten sibirischen Schneekranichen, die eine 6400 km lange Anreise haben.

Majestätische Graugänse durchpflügen das Wasser, schillernde Eisvögel stürzen sich pfeilschnell auf einen ahnungslosen Fisch, bunt schillernde Enten gründeln mit unermüdlicher Ausdauer, die treuen Sa-

Morgendliche Bootsfahrt im Keoladeo-Nationalpark

fernt, um das sich heute die Mehrzahl der Unterkünfte etabliert hat, und wird nur selten besucht, da spektakuläre Bauten fehlen. Dennoch sollte man sich einen kurzen Rundgang gönnen, allein schon, um die mächtige Stadtmauer und den nach wie vor mit Wasser gefüllten Graben bewundern zu können.

Bharatpur, Hauptstadt eines kleinen, Ende des 17. Jh. gegründeten Fürstentums erlebte seinen Aufstieg unter der Herrschaft der Jats, die zeitweise bis nach Delhi und Agra reichte. Im Jahre 1805 wurde das Fort erfolgreich gegen vier britische Angriffe verteidigt. Etwa 20 Jahre später musste sich die Stadt den Kolonialherren ergeben, die diesmal kurzen Prozess machten, die Festung zerstörten und dem Fürstentum jegliche Bewegungsfreiheit nahmen.

So sind denn auch von dem ehemals ›eisernen Fort‹ nur noch der Wassergraben und der innere Mauerring erhalten, durch den im Norden und Süden je ein Tor ins Stadtinnere führt. Das nördliche Assaldati-Tor soll eine Kriegsbeute aus Delhi sein, das die Jats 1864 erobert hatten. An dieses Ereignis und den Sieg über die Engländer im Jahre 1805 erinnern die in die Befestigung eingelassenen Siegestürme Jawahar Burj und Fateh Burj. Eine eiserne Säule in der Nähe dokumentiert den Versuch der Herren von Bharatpur, ihre Herkunft von keinem geringe-

ruskraniche, die ihr Leben lang zusammenbleiben, gehen gemeinsam auf Jagd, und die zeternden Sittiche beschimpfen den Besucher lautstark aus dem Geäst. Ein Morgen reicht bei weitem nicht aus, all die Wunder des Keoladeo zu erleben, so dass sich der Abend zu einem erneuten Besuch empfiehlt.

Die Stadt **Bharatpur** liegt etwa 5 km vom Vogelschutzgebiet ent-

ren als Gott Vishnu abzuleiten und damit den Makel zu tilgen, der den Jats als Zusammenschluss gewalttätiger und kulturloser Emporkömmlinge aus den unteren Bevölkerungsschichten anhaftet.

Die Palastanlage auf einem Hügel im Zentrum ist nur noch in Fragmenten erhalten. In einem der recht bescheidenen Bauten, dem Kamrapalast, ist ein kleines Museum mit einigen hübschen Plastiken sowie Waffen und Trophäen untergebracht (Sa–Do 10–16.30 Uhr).

Öffnungszeit des Nationalparks tgl. 6–18 Uhr.

Tourist Reception Centre im Saras-Touristbungalow, Tel. 0 56 44/2 25 42, Mo–Fr sowie 1., 3. und 4. Sa 10–17 Uhr.

Folgend aufgeführte Hotels – außer Bharatpur Forest Lodge und Evergreen Guest House – liegen in Parknähe in der sog. Hotelzone. Ihre zur Straße hin liegenden Zimmer sind nachts durch starken LKW-Verkehr sehr laut.
Evergreen Guest House ($), Tel. 2 73 40; Billigunterkunft im Privathaus hinter Hotel Saras. **Sunbird** ($$), Tel. 2 57 01; in Parknähe an der Straße, saubere Zimmer und freundliche Atmosphäre, ordentliches Restaurant im Freien. **Eagles Nest** ($$), Tel. 2 51 44, Fax 2 31 70; gegenüber Hotel Saras. **RTDC Hotel Saras** ($$), Tel. 2 37 00; staatliche Unterkunft mit abgewohnten Zimmern und trägem Personal, an lauter Kreuzung ca. 1 km vom Parkeingang gelegen. **Bharatpur Forest Lodge** ($$$$), Tel. 2 27 22, Fax 2 28 64; einzige im Park gelegene Unterkunft (staatlich), sehr ruhig und gemütlich, allerdings etwas in die Jahre gekommen und überteuert.

Günstige **Bahn**verbindung von New Delhi (*Golden Tempel Mail* und *Paschim Express*) aus. Die Strecke Jaipur-Bharatpur-Agra wird derzeit auf Breitspur umgestellt. Der Bahnhof von Bharatpur liegt ca. 5 km von der Hotelzone entfernt. Häufige **Bus**verbindungen mit Agra (1,5 Std.) und Fatehpur Sikri (1 Std.). Die Busse halten vor dem Hotel Saras. Vom Busbahnhof im Zentrum auch Verbindungen mit Deeg und Jaipur (1 bzw. 5 Std.).

Deeg

In die staubige, typisch indische Kleinstadt abseits der Hauptrouten verirrt sich nur selten ein Tourist. Wer aber etwas Zeit mitbringt und Interesse für historische Architektur, sollte den Abstecher, am einfachsten von Bharatpur aus, nicht versäumen, erwartet ihn doch hier eine der schöns-

ten kleinen Palastanlagen der späteren Rajputenzeit (tgl. 8–17 Uhr).

In Deeg hatte die Jatdynastie von Bharatpur ihren Ursprung. Suraj Mal verlegte 1733 zwar aus strategischen Gründen seine Residenz nach Bharatpur, sein Herz schlug jedoch nach wie vor für seinen Heimatort, so dass er mit dem Bau einer Residenz begann, die von seinen Nachfolgern erweitert wurde. Als Vorbilder dienten natürlich auch hier die Paläste der Mogulherrscher, und so entstand eine Anlage, in der sich Gebäude, Wasserbecken und Gartenanlagen zu einem harmonischen Ensemble zusammenfügen. Entlang des Westufers des Stauteichs **Gopal Sagar** reihen sich die Hauptgebäude. Im Zentrum erhebt sich unmittelbar aus dem Wasser der mit kleinen Erkern und vorspringendem Zentralteil aufgelockerte, dreistöcki-

ge **Gopal Bhawan,** flankiert von den Pavillons Savan und Bhadon, die mit ihren bengalischen Dächern die Harmonie der Palastfront wirkungsvoll unterstreichen. Da der Palast bis 1970 noch von der Familie des Maharajas bewohnt war, gewinnt man einen guten Einblick in das höfische Leben. Natürlich dürfen Jagdtrophäen nicht fehlen, es gibt aber auch erlesenes Porzellan und exquisite Möbel zu bewundern, darunter ein Bett mit den gigantischen Ausmaßen von 3,60 × 2,40 m. Südlich des Hauptpalastes schließt sich mit dem **Suraj Bhawan** und **Hardev Bhawan** ein weiterer kleiner Gebäudekomplex an, der die Gesamtsymmetrie etwas beeinträchtigt und deshalb vielleicht die Urzelle der Anlage bildet. Für den aus Marmor gefertigten Suraj Bhawan wurden möglicherweise Originalteile aus den Palästen Agras verwendet.

Heute nicht mehr ohne weiteres zu erkennen sind die aufwändigen Wasserspiele, an denen sich die Hofgesellschaft damals erfreute. In große Tanks wurde mühsam mit Ledersäcken Wasser gefüllt, das für einige Stunden die etwa 500 Springbrunnen versorgte. Im **Kesav Bhawan** lief das Wasser aus Reservoirs auf dem Dach durch mit Steinkugeln gefüllte Hohlräume und erzeugte ein donnerartiges Geräusch – zusammen mit den Kaskaden eine perfekte Illusion des lebensspendenden Monsuns.

Palastanlage von Deeg

Weitaus martialischer wirkt das von Bastionen und Wassergraben umschlossene, auf einer kleinen Erhebung liegende Fort, von dem jedoch nur noch bescheidene Reste erhalten sind.

 Busverbindungen mit Bharatpur (30 km) ca. alle 30 Min. (1 Std.).

Alwar

Die vom Hauch des Verfalls umwehte Palastanlage in Alwar erstreckt sich unterhalb des steilen Felsmassivs am Rande eines künstlichen Stauteichs und nimmt sich aus wie die perfekte Kulisse für einen historischen Spielfilm über das extravagante Leben der Maharajas. Und in der Tat galt der Hof von Alwar als einer der berüchtigtsten ganz Indiens.

Wie Bharatpur entstand das Fürstentum Ende des 17. Jh., als sich die Moguldynastie bereits im Niedergang befand und lokale Herrscher sich ihre eigenen kleinen Reiche schufen. Die Herren von Alwar, die sich von Jaipur gelöst hatten, suchten schon früh den Schutz der Briten und waren somit aller militärischen Sorgen enthoben. Es blieb den Maharajas – die sich wie in Jaipur Sawai nannten – genug Zeit und Geld, sich den schönen Dingen des Lebens zuzuwenden und im Luxus zu schwelgen. Dazu gehörte eine wertvolle Waffensammlung ebenso wie Möbel aus massivem Silber und in den späteren Jahren ein Rolls Royce

in Gestalt Queen Victorias königlicher Kutsche.

Schillerndste Persönlichkeit war der letzte Herrscher Jai Singh (reg. 1892–1937), der sich hinter einer Maske aus Weltgewandtheit, Charme und Bildung als dämonischer und grausamer Despot gebärdete. So benutzte er für seine berühmten Tigerjagden Kinder als lebende Köder, ließ sein Reich nach jungfräulichen Mädchen durchsuchen und veranstaltete Orgien mit zuweilen tödlichen Folgen für einige der Beteiligten. Was genau sich am Hofe zutrug, wird leider für immer verborgen bleiben, da die Briten ihre akribisch geführten Aufzeichnungen über den Lebenswandel der Maharajas nach der Unabhängigkeit Indiens vernichtet haben. Den Bogen überspannt hat der exzentrische Herrscher, als er sein Polopferd im Zorn mit Benzin übergoss und anzündete. Die pferdeliebenden Briten bestraften ihn mit dem Verlust seiner Ämter und der Deportation. Seither sind im Palast Büros der Stadtverwaltung untergebracht, vor denen Schreiber im Schatten ausladender Bäume auf Kunden warten.

Im oberen Stockwerk des **Stadtpalastes Vinay Vilas** befindet sich das **Museum** (tgl. 10–16.30 Uhr) mit einer sehenswerten Sammlung teils wertvoller Kunstwerke, wie einer Vishnuskulptur aus dem 11. Jh. und einer Kopie des persischen Gulistan, aber auch kurioser Gegenstände, z. B. Sandalen aus Elfenbein und ein Tisch aus massivem Silber, mit de-

Stadtpalast Vinay Vilas in Alwar

nen die Herrscher ihren Reichtum demonstrieren wollten. Beeindruckend ist auch der große Durbarsaal, zu dem man nur mit Genehmigung Zutritt hat. Derartige, auf englische Vorbilder zurückgehende Repräsentationssäle fügten viele Fürstenhäuser im 19. Jh. ihren Palästen hinzu, als moderne Baustoffe größere Spannweiten der Deckenkonstruktion ermöglichten.

Besonders beeindruckend ist der Blick vom Ufer des künstlich angelegten **Sees** an der Rückseite. Gesäumt wird er von Badetreppen und im Wasser stehenden Pavillons. Davor der 1815 aus Sandstein und Marmor errichtete **Kenotaph** von Bakhtawar Singh und seiner Frau Moosi Rani, die sich mit ihm verbrennen ließ.

Unmittelbar hinter dem See steigen die Ausläufer der Aravalli-Kette aus der Ebene, vom gewaltigen **Fort Bala Qila** gekrönt, das noch aus der Mogulzeit stammt. Zeitweilig hielt hier Akbar seinen aufmüpfigen Sohn Salim, den späteren Herrscher Jahangir, unter Hausarrest. Auf Grund der militärischen Nutzung ist die Anlage heute nur mit Sondererlaubnis zu betreten.

In der Neustadt zu Füßen der Palastanlage entstand im 19. Jh. in Erinnerung an die Tochter des damaligen britischen Vizekönigs der stupaartige **Hope Circus,** ein überbauter Verkehrskreisel.

ⓘ Tourist Reception Centre, Tel. 01 44/2 18 68, Vivekananda Marg, im Zentrum am Company-Park, Mo–Sa

119

8–17 Uhr; sehr hilfsbereit, hier kann man auch die Unterkünfte für den Sariska-Park buchen.
Internet: www.alwarnet.com

 Ashoka ($$), Manu Marg, nahe Busbahnhof, Tel. 2 17 80; einfache, recht ordentliche Unterkunft mit um einen Innenhof angeordneten Zimmern. **Alwar Hotel** ($$), 26, Manu Marg, Tel. 2 03 41, Fax 33 22 50, e-mail: ukrustagi@hotmail.com; hübsche Zimmer, üppiger Garten und gutes Restaurant. **Hotel Arya Niwas** ($$), Tej Mandi Alwar, zwischen Bahnhof und Busbahnhof, Tel. 33 29 85; passables Mittelklassehotel. **Aravali** ($$–$$$), 1, C.E.B., nahe Bahnhof, Tel. 33 28 83, Fax 33 93 54, e-mail: hotelaravali@redift.mail.com; ordentliches Hotel mit gutem Restaurant, Bar und Pool.

 Restaurants gibt es in den Hotels **Aravali** und **Alwar.**

  Gute **Bahn**verbindung mit New Delhi und Jaipur *(Shatabdi Express)* sowie Agra, Varanasi und Jodhpur *(Jodhpur-Varanasi Marudhar Express)*. Häufig **Busse** nach Delhi, Jaipur, Deeg und zum Nationalpark Sariska. Der Busbahnhof liegt im Zentrum nahe der State Bank of Bikaner.

Sariska-Nationalpark

Nur etwa 30 km südwestlich von Alwar kann man mit etwas Glück wild lebende Tiere durchs Unterholz streifen sehen. Das romantische, sich zwischen zwei Gebirgszüge der Aravallis schmiegende ehemalige Jagdrevier der Maharajas von Alwar wurde in einen Nationalpark und der Jagdpalast in ein Hotel verwandelt.

Insgesamt umfasst der Park 800 km^2, davon 450 km^2 als besonders geschützten Kernraum. Etwa 30 Tiger leben hier, lassen sich aber im Gegensatz zu denen in Ranthambore nicht allzu oft blicken, da sie bevorzugt im Schutz der Nacht jagen. Auch andere seltene Tiere beherbergt der Park, so etwa den fast ausgestorbenen Rothund. Weiter verbreitet sind hingegen Axis-Hirsche und Nilgaur-Antilopen, dazu eine aus 300 Arten bestehende Vogelwelt. Gute Chancen für Tierbeobachtungen bieten sich in den frühen Morgenstunden an den über den Park verteilten Wasserlöchern, die sich auf einer Jeepsafari ansteuern lassen.

Tief im Wald verstecken sich das ehemalige Fort Kangwari und der in Ruinen liegende Shivatempel Neelkanth. Die nördliche Parkgrenze wird vom Siliserh-See eingenommen, einem Paradies für Wasservögel mit einem ehemaligen, zum Hotel umfunktionierten Palast an seinen Ufern.

🕐 **Öffnungszeit** des Nationalparks: im Sommer 6–17 Uhr, im Winter 7–16 Uhr.

🛏 **RTDC Hotel Lake Palace** ($$), Tel. 01 44/8 63 22; ehemaliger Jagdpalast am Siliserh-See. **RTDC Tiger Den Sariska** ($$), Tel. 01 44/4 13 42. **Sariska Palace** ($$$$), Tel. 4 13 22; ehemaliger Jagdpalast in großartiger Lage.

🚌 **Bus**verbindung von Alwar (1 Std.) und Jaipur (3 Std.) bis zum Parkeingang am Forest Reception Center, dort Mietjeeps für die Fahrt durch den Park.

Jaipur

Die zum Markenzeichen geworde-
ne Farbe der ›pink city‹ ist nicht erst
ein Werbeeinfall der Tourismusma-
nager unserer Tage, sondern geht
auf eine Verordnung des 19. Jh. zurück. Anlass war der Besuch des
Prince of Wales, des späteren König
Edward VII., am Hof des Maharajas.

Jaipur:
Sehenswürdigkeiten   1 Stadtpalast (Textil- und Waffenmuseum)   2 Jantar Mantar
3 Palast der Winde   4 Sanganer Pol   5 Prince Albert Hall (Central Museum)
Hotels H1 Arya Niwas   H2 Atithi Guest House   H3 Karni Niwas   H4 Jaipur Inn
H5 Bissau Palace   H6 Evergreen Guest House   H7 Rambagh Palace   H8 Samo-
de Haveli   H9 Trident
Restaurants R1 Geetanjali   R2 LMB   R3 Niro's   R4 Chanakya   R5 Copper
Chimney

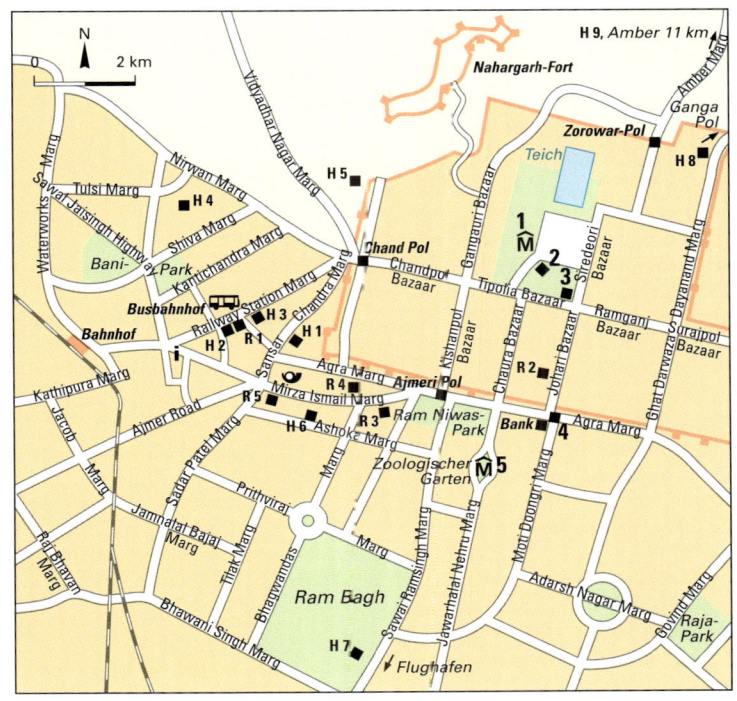

Nach dem Motto ›Unsere Stadt soll schöner werden‹ ließ der Herrscher alle Häuser einheitlich in Rosa streichen. Die Tradition wurde bis heute beibehalten und ist sogar gesetzlich fixiert.

Aber nicht nur deshalb strömen die Besucher nach Jaipur. Im Gegensatz zu vielen anderen Städten Indiens blieb das historische Zentrum von urbanem Wildwuchs verschont und präsentiert sich heute fast so wie zu Zeiten seiner Gründung. Nahezu vollständig umschließt die Stadtmauer, durchbrochen von malerischen Toren, den Palast und die ihn umgebenden Wohn- und Geschäftsviertel.

Wie kaum eine andere Stadt ist Jaipur mit dem Namen eines einzigen Herrschers verbunden: Maharaja Jai Singh II. (reg. 1699–1744). Bereits mit 12 Jahren hatte er den Thron von Amber bestiegen und beeindruckte den Mogulherrscher derart, dass dieser ihm den Ehrentitel Sawai (der Titel bedeutet: eineinviertel mal besser als alle Zeitgenossen) verlieh. Durch Heirat war das Haus von Jaipur bereits seit dem 16. Jh. eng mit dem Hof der Moguln liiert und galt als einer seiner verlässlichsten Vasallen. Belohnt wurde diese Bündnistreue mit hohen Ämtern und erheblichem Reichtum. Jai Sing vermochte sein Reich zu vergrößern und gründete 1727 eine neue, repräsentative Hauptstadt.

Dem Stadtplan zu Grunde liegt ein aus zehn quadratischen Vierteln bestehendes Schachbrettmuster wie wir es von römischen Anlagen oder den Kolonialstädten in Lateinamerika kennen. In Jaipur allerdings handelt es sich wahrscheinlich um die Abbildung des Universums in Gestalt eines Mandalas, eines kosmischen Diagramms. Demzufolge symbolisieren neun Quadrate das neungeteilte Universum, wobei das nördliche als Verkörperung des heiligen Bergs Meru dem Palast vorbehalten war. Das zehnte Quadrat wurde als Wohnviertel der Muslime im Südosten angefügt und weist im Gegensatz zu den anderen einen für islamische Städte typischen unregelmäßigen Verlauf der Straßen und Gassen auf.

Zwar hatte der Stadtgründer mit dem Bau der hoch gelegenen Festung Nahargarh die Verteidigung nicht außer Acht gelassen, genutzt haben die Bastionen allerdings wenig. Im Jahre 1748 plünderten die Marathen Jaipur, zwei Jahre später der Rajputenführer Jaswant Rao Holkar. Erst das Bündnis mit den Briten im Jahre 1818 verhalf Jaipur zu Sicherheit und einem gewissen Maß an Autonomie.

Wichtigste Sehenswürdigkeit ist der noch heute vom Maharaja bewohnte und deshalb nur teilweise für die Öffentlichkeit zugängliche **Stadtpalast (1),** der in einzigartiger Weise Einblick in die Prachtentfaltung der indischen Herrscherhäuser vermittelt (9.30–16.30 Uhr, an Feiertagen geschl.). Zunächst erwartet den Besu-

Pfauentor im Stadtpalast von Jaipur

cher inmitten eines weiträumigen Hofs der Mabarak Mahal, ein durch seine zarten Säulen grazil wirkender, zweistöckiger Bau mit umlaufender Veranda, der erst 1900 von dem Engländer Samuel Swinton Jacob als Gästehaus entworfen wurde. Heute ist hier im ersten Stock das **Textilmuseum** mit einer Auswahl kostbarer Stoffe und Gewänder untergebracht, darunter eine wertvolle Brokatrobe für den schwergewichtigen Madho Singh I. (reg. 1880–1922), der sich eines Bauchumfangs von 1,80 m rühmen konnte.

In der östlichen Ecke des Hofs befindet sich der Zugang zur **Waffenkammer** mit einer Sammlung Furcht erregender Tötungswerkzeuge wie Keulen, Schwertern, Lanzen und Schusswaffen. Dass die Rajputen in den Waffen mehr sahen als nur Instrumente für das Kriegshandwerk, beweisen die kostbaren, mit Edelsteinen besetzten Dolche und die kunstvoll ziselierten Klingen.

Durch das prachtvolle Rajender Pol, flankiert von zwei Marmorelefanten, die Man Singh II. (reg. 1922–70) anlässlich der Geburt seines Sohnes, des jetzigen Herrschers Bhawani Singh, hier hatte aufstellen lassen, betreten wir den zweiten Hof. Beherrscht wird er von dem ursprünglichen **Diwan-i-Am** (öffentliche Audienzhalle), der zwar der Mogultradition entspricht, von deren handwerklicher Perfektion jedoch weit entfernt ist. Ins Auge fallen die beiden 1,50 m hohen Silbergefäße, in denen der strenggläubige Madho Singh II. bei seinem

Besuch Englands geheiligtes Gangeswasser für das rituelle Bad transportieren ließ.

Die neue Audienzhalle an der Nordostseite des Hofs beherbergt heute die **Kunstgalerie** mit einer Sammlung von Miniaturmalereien und schönen alten Teppichen aus Kabul und Lahore.

Westlich schließt sich der **Pfauenhof** an, über dem sich an der Nordseite der zentrale, für Touristen unzugängliche Teil des Palastes erhebt. Der sich in sieben Stufen verjüngende Bau stammt noch aus der Gründungszeit und zeigt daher eine engere Verwandtschaft zu den damals üblichen Rajputenpalästen als die späteren Erweiterungen, die sich eher an der Architektur der Moguln orientierten. Besonders schön und beliebtes Motiv für die Kamera sind die Pfauendarstellungen über dem Zugangstor, die dem Hof ihren Namen geben.

Vor dem Palast ließ Jai Singh II. ein Observatorium, das **Jantar Mantar (2)** anlegen, das noch heute vollständig mit Instrumenten ausgestattet ist (9–16.30 Uhr). Zum besseren Verständnis der teilweise recht komplizierten Messverfahren empfiehlt es sich, einen der zahlreichen (offiziellen) Führer anzuheuern, die ihre Dienste anbieten (Preis aushandeln).

Die beiden in die Erde eingelassenen halbkugelförmigen Marmorschalen (Jai Prakash Yantra) stellen den gewissermaßen auf den Kopf gestellten Himmel dar. In die einzelnen Segmente sind Azimutlinien und der Himmelsäquator eingeritzt.

Über sie wandert der Schatten eines kleinen Rings, der von Drähten im Zentrum gehalten wird. Davor steht die Doppel-Sonnenuhr Narivalaya Yantra. Zwischen März und September wird die südliche, im folgenden Halbjahr die nördliche beschienen. Am höchsten ragt das futuristisch wirkende Brihat Samrat Yantra in den Himmel, eine 44 m lange und 27 m hohe Sonnenuhr. Der Schatten wandert mit 4 m pro Stunde über die Bögen zu seinen Füßen, vormittags über den westlichen, nachmittags über den östlichen. Von der Spitze der Sonnenuhr hat man eine schöne Aussicht über die Gesamtanlage und den Palast bis hinüber zur Tigerfestung.

Der in die südöstliche Palastumfriedung eingebaute **Palast der Winde (3)**, Hawa Mahal, gehört zu den bekanntesten Bauten nicht nur Jaipurs (tgl. 9–16.30 Uhr). Wie im Taj Mahal manifestiert sich in ihm die europäische Vorstellung des exotischen, fernen Indiens. Nüchtern betrachtet handelt es sich um eine potemkinsche Kulisse, denn hinter der stufenförmig aufragenden, mit unzähligen Erkern durchsetzten Fassade verbergen sich nur schmale Balustraden, von denen aus die Haremsdamen früher durch die vergitterten Fenster einen Blick aus ihrem goldenen Käfig auf das Treiben der Bürger und die Festumzüge werfen konnten. Einen besonders schönen Blick hat man am frühen Morgen von der Dachterrasse der gegenüberliegenden Souvenirgeschäfte (kein Kaufzwang).

Wendet man sich nach Süden, gelangt man über die breite Straße **Lohari Bazaar** zum **Sanganeri Pol (4)**, einem der Stadttore. Jenseits beginnt der **Ram Niwas-Park**, beherrscht von der mächtigen **Prince Albert Hall (5)**, zu der der Prince of Wales anlässlich seines Besuchs im Jahre 1876 (als die Stadt ihren Anstrich in Rosa erhielt) den Grundstein legte. Der von Swinton Jacob entworfene Bau beherbergt heute das **Central Museum** (Sa–Do 10–16.30 Uhr), eines der bedeutendsten Kunstmuseen Indiens mit umfangreicher Miniaturensammlung der unterschiedlichen Malschulen. Eine besondere Kostbarkeit ist ein 9 m langes phad-Gemälde, mit dem die Barden die Ballade des helderhaften Pabuji illustrierten. Wie in vielen indischen Museen üblich, dürfen aber auch Kuriosa nicht fehlen. In der ›wissenschaftlichen‹ Abteilung findet man denn auch Skelette, ausgestopfte Tiere und ein liebevoll gestaltetes Modell mit Folterszenen britischer Kolonialherren an den Einheimischen. Im Erdgeschoss werden einige Szenen in Form lebensgroßer Dioramen präsentiert, darunter das Holifest und eine Hochzeitsgesellschaft. Auch dem rajasthanischen Kunsthandwerk ist breiter Raum gewidmet.

Südwestlich des Museums liegt, eingebettet in den **Ram Bagh-Park**, der Ram Bagh-Palast, den Maharaja Ram Singh für die Jagd errichten ließ, ehe ihn Man Singh zur luxuriösen Unterkunft wählte und zum Treffpunkt der Reichen, Berühmten und

Markt in Jaipur

Schönen machte. Eleanor Roosevelt war hier ebenso zu Gast wie Jacqueline Kennedy und Nikita Chruschtschow. Seit 1958, als der Palast zum Hotel umgewandelt wurde, kommen auch normal Sterbliche, einen gut gefüllten Geldbeutel vorausgesetzt (in der königlichen Suite zahlt man über 27 500 Rupien pro Nacht), in den Genuss des Luxus. Zumindest einen Tee, serviert von Kellnern in Turbanen, sollte man sich hier gönnen, auf das auf europäischen Geschmack abgestimmte, überteuerte Essen aber lieber verzichten.

Überhaupt ist Jaipur eine Stadt, die zum Geldausgeben verleitet. Fast unüberschaubar ist das Angebot an Souvenirs, hervorragendem Kunstgewerbe und wertvollem Schmuck.

Kaum einen Schritt kann der Tourist unbehelligt tun, ohne von einem zunächst freundlichen, dann aufdringlichen Schlepper zum Besuch eines Geschäfts animiert zu werden. Man sollte sich aber keinesfalls zum Kauf drängen lassen, sondern sich mit einem Lächeln verabschieden, wenn man nicht das Gewünschte gefunden hat. Besondere Vorsicht ist beim Erwerb von Edelsteinen und Schmuck geboten, ist doch der unkundige Käufer in besonderem Maße Betrügereien ausgesetzt.

Wie in den orientalischen Ländern üblich, ist das Angebot nach Branchen zusammengefasst. Im Johari Bazaar findet man Silber und Minakari-Arbeiten (Emaille), im Kishanpol Bazaar hat man sich auf Messingwaren spezialisiert, die Bapu und Indira Bazaare auf Textilien, der Tripolia Bazaar auf die für Jaipur typischen blauen Keramiken.

Und dazwischen immer wieder die Stände mit fremdartigen Gewürzen, Früchten, Artikeln des täglichen Bedarfs und Heiligenbildern. Ein Streifzug durch Jaipurs Basare ist ein Genuss für alle Sinne.

ℹ Rajasthan Tourist Office, im RTDC Tourist Hotel, Tel. 01 41/ 36 52 56, Mo–Sa 8–19 Uhr; Infostand auf dem Bahnhof tgl. 7–18 Uhr.

🛏 Evergreen Guest House ($–$$), M.I. Rd., gegenüber Hauptpost, Tel. 36 34 46, Fax 37 19 34; trotz einiger Mängel nach wie vor sehr beliebter Treffpunkt der Rucksacktouristen. **Karni Niwas** ($$–$$$), Motilal Atal Marg, Tel. 36 54 33, Fax 37 50 34, e-mail: karniwas@hotmail.com; hübsche Unterkunft in altem Privathaus mit viel Atmosphäre. **Atithi Guest House** ($$–$$$), 1, Park House Scheme Rd., gegenüber All India Radio, Tel. 37 86 79, Fax 37 94 96, e-mail: tanmay@jp1.dot.net.in; sehr empfehlenswerte, extrem saubere und freundliche Unterkunft, schöne Dachterrasse. **Arya Niwas** ($$–$$$), Sansar Chandra Marg, Tel. 37 24 56, Fax 36 43 76, e-mail: aryahotl@jp1.dot.net.in; seit langem sehr beliebtes Touristenhotel, vegetarisches Selbstbedienungsrestaurant. **Bissau Palace** ($$$–$$$$), Chandpol, Tel. 3 04 37, Fax 3 04 39, e-mail: sanjai@jpl.vsnl.net.in; in parkähnlichem Garten im Basarviertel gelegene ehemalige Residenz eines Edelmanns – schön sind vor allem die teuren Zimmer im Obergeschoss, Dachrestaurant, Pool, Tennisplatz. **Samode Haveli** ($$$$), Ganga Pol, Tel. 63 23 70, Fax 63 24 07; ebenfalls in einem ehemaligen Stadtpalast untergebrachtes Hotel mit exquisit eingerichteten Zimmern. **Trident** ($$$$$), Amber Fort Rd., Tel. 63 01 01, Fax 63 03 03 e-mail: pseth@tridentjp.com; luxuriöses

neues Hotel zwischen Jaipur und Amber gegenüber dem Wasserpalast Jal Mahal. **Rambagh Palace** ($$$$$), Bhawani Singh Marg, Tel. 38 19 19, Fax 38 10 98; stilvolles Wohnen im ehemaligen Palast des Maharajas von Jaipur.

🍴 LMB ($$), Johari Bazaar, nahe Palast der Winde; alteingesessenes vegetarisches Restaurant. **Geetanjali** ($$–$$$), im Hotel Maharani Palace; bei Einheimischen sehr beliebt. **Chanakya** ($$–$$$), 4 AB. Kashi Bhawan, M.I. Marg; nordindisch/europäisch mit zuvorkommendem Service. **Copper Chimney** ($$$), M.I. Marg; gepflegt mit angenehmer Atmosphäre, indisch/europäisch/chinesisch. **Niro's** ($$$), M.I. Marg; populäres Restaurant mit großem Angebot.

🎭 Elefantenfest: 09. März 2001, 28. März 2002, 17. März 2003; Umzug mit geschmückten Elefanten. **Gangaur:** 28./29. März 2001, 15./16. Apr. 2002, 04./05. Apr. 2003; Prozession zu Ehren Parvatis. **Teej:** 23./24. Juli 2001, 11./12. Aug. 2002, 01./02. Aug. 2003; Beginn des Monsuns.

🌴 Jaipur ist Zentrum der Schmuckherstellung. Die größte Auswahl findet man im **Johari Bazaar.** Drucke und Stoffe gibt es in den **Chaupar Stalls.** Sachkenntnis und hartes Feilschen sind notwendig. Schlepper sollte man wegen der hohen Provision *(commission)* meiden.

✈ 🚂 🚌 Flugverbindungen mit Delhi, Jodhpur, Aurangabad und Mumbai. **Bahn**verbindung mit New Delhi und Ajmer *(Shatabdi Express,*

Das Wasserschloss Jal Mahal in der Nähe von Amber ▷

sehr schnell); Züge auch nach Mumbai *(Jaipur-Mumbai Express),* Jodhpur, Alwar, Agra und Varanasi *(Marudhar Express),* Bikaner *(Jaipur-Bikaner Intercity Express),* Udaipur *(Chetak Express),* Ahmedabad *(Delhi Sarai Rohilla-Ahmedabad Express).* Der **Bus**bahnhof liegt etwa 1 km von der Bahnstation entfernt. *Deluxe-Busse* starten von eigenem kleinen Terminal an der hinteren Ecke des Platzes u. a. nach Delhi, Jodhpur, Udaipur und Agra. Busse nach Amber halten vor dem Palast der Winde.

❗ Achtung: Reisende, die mit dem Zug ankommen, fallen in die Hände der Rikscha-Mafia, die bestrebt ist, die Touristen in Hotels zu bringen, die den Fahrern eine Provision zahlen. Alle oben aufgeführten Hotels sind dazu nicht bereit, so dass sich viele Fahrer weigern, die Touristen dort abzusetzen oder überhöhte Preise verlangen. Man bestehe auf dem gewählten Hotel und bevorzuge die staatlich kontrollierten Rikschas, die man im Voraus bezahlt *(prepaid riksha).*

Amber

Auf dem Weg nach Amber passiert man das in einem künstlichen See errichtete Wasserschloss **Jal Mahal,** das ein hübsches Fotomotiv bietet, architektonisch aber weniger gelungen ist. Ein Stück dahinter zweigt nach rechts eine Stichstraße zum **Jai**

Pavillon Jass Mandir in der Palastanlage von Amber

ner Bergflanke der Aravelli-Kette empor, wobei der am höchsten gelegene Teil der älteste ist. Auf einem breiten Serpentinenweg gelangt der Besucher (auf Wunsch per Elefant) durch das Vorwerk Suraj Pol in den ersten Hof Jaleb Chowk, in dem früher die Palastwache untergebracht war. Er wurde erst kurz vor der Verlegung der Residenz nach Jaipur hinzugefügt.

Interessant ist hier nur der rechts neben der zum nächsten Hof hinaufführenden Treppe liegende Shila Devi-Tempel, geweiht der grausamen Gottheit Kali, deren Figur im Heiligtum Anfang des 17. Jh. als Kriegsbeute hierher gelangte (strenges Fotoverbot).

Eine breite Treppe führt hinauf zum Singh Pol, durch das man die zweite, Mitte des 17. Jh. errichtete Hofanlage betritt. Zur leichteren Verteidigung wurde der Zugang geknickt angelegt. Prunkstück des Hofs ist der Diwan-i-Am (öffentliche Audienzhalle) nach Vorbild der Moguln. Für die Säulen wurden wie in Delhi und Agra roter Sandstein und Marmor verwendet, und auch das pultförmige Dach und die der Hinduarchitektur entlehnten, von den Kapitellen ausgehenden Konsolen findet man bereits in den Bauten Akbars in Fatehpur Sikri.

Als der Mogulherrscher Jahangir von der gelungenen Arbeit hörte,

Mahal Talev ab, einem hervorragend restaurierten Mogulgarten.

Bevor Jai Singh II. sich entschloss, seine Residenz nach Jaipur zu verlegen, herrschte der Rajputenclan in der Festung von Amber, ca. 11 km nördlich von Jaipur. Bereits die Minas hatten sich an der strategisch günstigen Stelle im frühen 10. Jh. niedergelassen, mussten jedoch um 1150 den Kachawah-Rajputen weichen.

Der **Palast** von Amber (tgl. 9–16.30 Uhr) beeindruckt schon von weitem. Treppenförmig ansteigend zieht sich die aus vier großen Höfen bestehende Burganlage an ei-

soll er den Abriss angeordnet haben. Noch ehe seine Abgesandten zur Überprüfung eintrafen, ließ der Herrscher von Amber die Säulen mit hässlichem Stuck überziehen. So konnten die aus Agra angereisten Hofbeamten Jahangir melden, dass man in Amber wohl doch nicht so viel von der Baukunst verstand – die Empfangshalle war gerettet.

Zugang zum nächsten Hof bildet das reich geschmückte Ganesh Pol, das mit seinem Zentralbogen und den beiden angrenzenden übereinander liegenden Portalnischen den großen Torbauten der Moguln ähnelt, in vielen Details wie der Malerei und den vorspringenden Erkern jedoch auf rajputische Traditionen zurückgreift. Die Abbildung des Ganesh dokumentiert nicht nur die Verehrung des Herrscherhauses für diese Gottheit, sondern markiert in vielen Rajputenpalästen die Grenze zwischen öffentlichem und privatem Bereich.

So ist denn auch der angrenzende Hof besonders prächtig ausgestattet. Im Zentrum liegt ein kleiner Garten, durch den ein in Marmor gefasster Kanal aus dem westlichen Bau Suk Niwas (Halle der Zufriedenheit) fließt. An der Ostseite befindet sich der Jai Mandir (private Audienzhalle). Der Wechsel von kantigen Pfeilern und zarten Säulen, verbunden durch dekorative Zackenbögen, verleihen der Halle Standfestigkeit und Harmonie zugleich. Auf dem als Terrasse ausgeführten Dach ruht unmittelbar an die Festungsmauer gebaut der Pavillon Jass Mandir, durch

dessen rückwärtige Gitterfenster man einen herrlichen Blick in die Ebene hat. Ausgesprochen gelungen ist die Kombination von bengalischem Dach im Zentrum und angrenzenden Chattri-Hauben. Ergänzt wird dieses Ensemble durch einen ähnlichen, auf gleicher Ebene liegenden Pavillon über dem Ganesh Pol, der durch seine Dekoration aus farbigem Glas auffällt, eine Besonderheit rajputischer Innenraumgestaltung.

Durch einen schmalen Gang erreicht man die düster wirkende Urzelle des Palastes, der heute als Zenana (Harem) bezeichnet wird. Auffallend ist hier nur der im Hof stehende, wohl später hinzugefügte Pavillon.

Unterhalb des Palastes liegt die königliche Verbrennungsstätte **Gaitor** mit schönen, aus Marmor gefertigten Kenotaphen der Herrscher. Die Frauen hatten ihren eigenen ›Friedhof‹ nahe dem Südende des Stausees.

Oberhalb der Palastanlage wurde zum Schutz das **Fort Jaigarh** errichtet, das erst seit kurzem für die Öffentlichkeit zugänglich ist und sich auf einer kurvenreichen Bergstraße erreichen lässt, die etwa 2 km südlich von Amber, nahe dem Norden de des Stausees, von der nach Jaipur führenden Straße abzweigt. Der Ausflug lohnt sich allein wegen des großartigen Blicks auf den Palast von Amber. Bemerkenswert ist allenfalls noch die an höchster Stelle aufgestellte Riesenkanone Jaivan, die allerdings nie abgefeuert wurde.

Ajmer

Man sollte sich der Altstadt kurz vor der Dämmerung nähern, wenn Scheinwerfer den Zugang zum Dargarh, Indiens wichtigstem Heiligtum der Muslime, aus dem Abendhimmel herausmodellieren und der ihn umgebende Basar mit seinen kleinen, von flackernden Glühbirnen und zischenden Gaslampen erhellten Ständen wie die Bühne eines orientalischen Theaterstücks wirkt.

Heute sieht man der Stadt ihr hartes Schicksal nicht mehr an. Um 1024 hatte der beutehungrige Mahmud von Ghazni die hier vor der offiziellen Stadtgründung existierende

---

Ajmer:
Sehenswürdigkeiten   1 Arhai-Dinka-Jhonpra-Moschee   2 Fort Taragarh
3 Dargarh-Bezirk   4 Akbars Palast (Museum)   5 Nasiyan-Tempel
Hotels   H1 Khadim Tourist Bungalow   H2 Regency   H3 Mansingh Palace
H4 Hill Top Cottage
Restaurants   R1 Honeydew   R2 Sheesh Mahal   R3 Tandoor

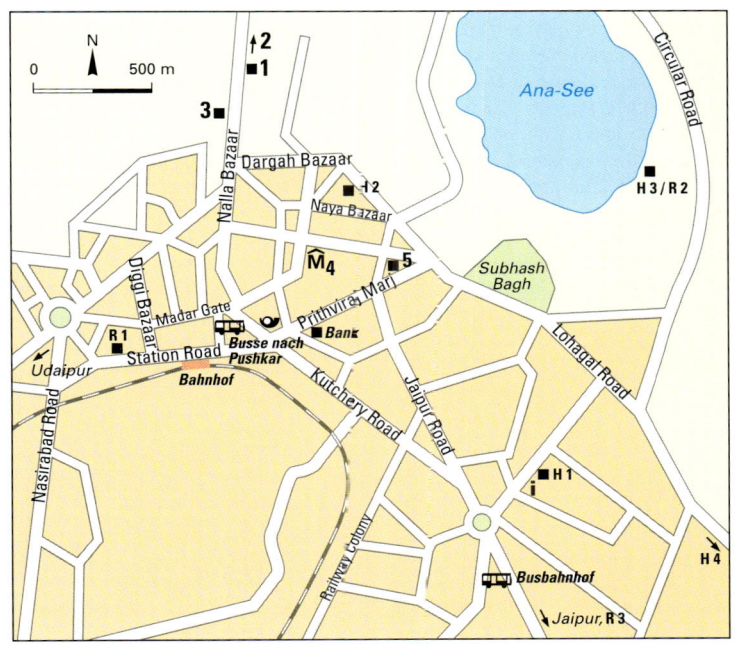

Siedlung überfallen, und 1192 geriet Ajmer unter islamische Herrschaft. Wiederholt wechselte die Stadt im Laufe der Geschichte ihre Machthaber: Rajputen, Moguln und Marathen stritten um die Herrschaft.

Ajmers Bedeutung als Hort des Islams auf indischem Boden geht auf den hier 1256 verstorbenen und bestatteten Sufi-Heiligen Muin-ud-Din Chishti zurück, der sich aus Persien kommend schon 1192 in Ajmer niedergelassen und die Stadt zu einem wichtigen Zentrum des islamischen Mystizismus entwickelt hatte. Im 16. Jh. hatte der Orden einen großen Einfluss vornehmlich auf die Mogulherrscher.

Ältestes Zeugnis islamischer Präsenz ist jedoch die am Rande der Altstadt liegende **Arhai-Dinka-Jhonpra-Moschee (1),** die bereits im Jahr 1193 auf den Grundmauern eines Hindutempels errichtet wurde, wobei sich die Baumeister großzügig der vorhandenen Bausubstanz bedienten. Die Errichtung dürfte deshalb recht zügig vonstatten gegangen sein, wenn auch nicht so rasch wie der Name ›Hütte der zweieinhalb Tage‹ suggeriert. Die Bezeichnung könnte aber auch von einem zweieinhalb Tage dauernden Fest im 18. Jh. herrühren und nicht von der dank überirdischer Hilfe kurzen Bauzeit.

Die Architekten bezogen die Halle des Tempels mit in den Komplex ein und verblendeten die Front mit einer typischen, aus sieben Kragbögen bestehenden, 60 m langen Moscheefassade, die sie mit Kufibän-

dern auflockerten. Den überhöhten zentralen Bogen flankieren heute nur noch als Torsi vorhandene Minarette. Im Innern besteht die Moschee aus vier Schiffen, deren Kuppeln man ebenfalls in Kragbauweise durch Aufeinanderschichten kleiner werdender Steinringe fertigte.

Im großen, ummauerten Hof lassen sich noch überall Reste des Hindutempels ausmachen, dessen Figurenschmuck mutwillig zerstört wurde, um der islamischen Forderung nach bildloser Darstellung gerecht zu werden.

Oberhalb der Moschee thront auf vorgeschobenem Posten das um 1100 vom Rajputenfürsten Ajapal Chauhan errichtete **Fort Taragarh (2).** Erhalten geblieben ist wenig, so dass sich der Ausflug nur wegen der Aussicht lohnt.

Unterhalb der Moschee liegt im Zentrum der Altstadt der als **Dargarh (3)** bezeichnete Bezirk mit dem Grab des Sufiheiligen, der es verstanden hatte, asketische Lebensweise mit Musik und Poesie zu verbinden. Auf ihn gehen die an den Gräbern von Heiligen bis heute gepflegten religiösen Gesänge *(qawali)* zu Ehren Gottes, des Propheten und des Verstorbenen zurück.

Nach Durchschreiten des großen Torbogens, an dem der Tourist mittels Spendenbuch um einen großzügigen Obolus gebeten wird (ob jemand wirklich 100 oder gar 1000 Rupien gespendet hat, wie im Buch vermerkt, sei dahingestellt, auch mit 10 oder 20 Rupien wird sich der Spendeneintreiber, wenn auch murrend, zufrieden geben), betritt man den mit zahlreichen interessanten Bauwerken ausgestatteten heiligen Bezirk.

Zunächst fallen zwei große Kessel ins Auge, in denen während des Urs-Festes gespendeter Reis gekocht und dann als geheiligte Speise an die Pilger verkauft wird. Es handelt sich um Nachbildungen, die von den Mogulherrschern Akbar und Jahangir gestiftet worden waren – sie hatten eine besonders enge Beziehung zum Chishti-Orden.

Rechter Hand schiebt sich nun die von Akbar 1570 erbaute, heute als Koranschule genutzte, schlichte Moschee ins Blickfeld. Farbige

Steinbänder nach dem Vorbild Fatehpur Sikris schmücken den zentralen Bogen des Bauwerks.

Auch Jahangirs Sohn Shah Jahan, Schöpfer des einzigartigen Taj Mahal, verewigte sich hier mit einer großartigen, natürlich aus Marmor errichteten Freitagsmoschee. Zierliche Säulen tragen den nur zweischiffigen, aber 45 m langen, mit 11 elegant geschwungenen Bögen versehenen Bau. Unmittelbar davor erhebt sich recht unscheinbar die Grabstätte des Heiligen, ein quadratischer Marmorbau, dessen Kuppel erst später im Auftrag Shah Jahans hinzugefügt wurde.

Akbars regelmäßige Besuche am Grab haben ihren Niederschlag auch in dem außerhalb der Altstadt liegenden **Akbar-Palast (4)** gefunden, in dem heute ein staatliches **Museum** untergebracht ist, auf des-

Detail an der Arhai-Dinka-Jhonpra-Moschee in Ajmer

sen Besuch man aber durchaus verzichten kann (Sa–Do 10–16.30 Uhr).

Einen Blick sollte man hingegen in den nicht weit davon entfernten, 1864 erbauten **Nasiyan-Tempel (5)** werfen, in dessen Heiligtum ein Modell aus vergoldetem Silber den Besucher in Erstaunen versetzt. Vor dem Hintergrund einer Palastanlage wird hier das Leben des ersten Furtbereiters der Jainreligion illustriert, der von einem Palast in Ayodhya aus seine Missionstätigkeit begonnen haben soll.

Am nordöstlichen Stadtrand liegt der bereits im Rahmen der Stadtgründung künstlich aufgestaute **Anar Sagar,** den die Moguln besonders schätzten, die – wie ihre Paläste in Delhi und Agra zeigen – ja eine besondere Vorliebe für Gartenanlagen am Rande von Seen oder Flüssen hatten. So finden sich denn auch im ufernahen Park Dault Bagh einige von Shah Jahan errichtete Marmorpavillons *(baradaris),* die in Handwerkskunst und Ausgewogenheit der Proportionen zu den schönsten Bauwerken in Ajmer zählen.

Tourist office im Khadim Tourist Bungalow, Tel. 0141/52462, Mo–Sa 8–12 und 15–18 Uhr.

Man wohnt besser im nahe gelegenen Pushkar, deshalb nur eine kleine Auswahl: **Khadim Tourist Bungalow** ($$), Savitri Girls College Rd., nahe Busbahnhof, Tel. 52490; etwas abgewohnte staatliche Unterkunft. **Hotel Regency** ($$–$$$), Dargah Bazaar, Tel.

620296. **Hill Top Cottage** ($$–$$$), 164, Shastri Nagar, Tel. 623984; hübsch am Hang gelegene Privatunterkunft. **Mansingh Palace** ($$$$$), Ansagar Circular Rd., Tel. 425855, Fax 425858; schön am Ufer des Stausees gelegen, aber etwas vernachlässigt und überteuert.

 Honeydew ($$); ältestes Restaurant der Stadt mit großer Auswahl und kleinem Garten schräg gegenüber dem Bahnhof. **Tandoor** ($$), Jaipur Rd.; auf Tandoori-Küche spezialisiertes Restaurant. **Sheesh Mahal** ($$$–$$$$), im Hotel Mansingh Palace.

Urs-Fest: 6. Tag des 7. Monats im islamischen Kalender.

Gute **Bahn**verbindungen mit New-Delhi und Jaipur *(New Delhi-Ajmer Shatabdi Express),* Abu Road und Ahmedabad *(Delhi Sarai Rohilla-Porabandar Express)* und Udaipur *(Chetak Express,* nachts). Schnelle und häufige **Bus**verbindungen nach Jaipur und Delhi, Busse auch nach Udaipur, Bikaner und Jaisalmer. Nach Pushkar alle 30 Min. (Fahrzeit 30 Min.) von der Haltestelle am Gandhi-Denkmal, schräg gegenüber dem Bahnhof.

Pushkar

Vielleicht ist es nur ein Zufall, dass die heiligste Stelle des Islam auf indischem Boden nur wenige Kilometer von einem seit Urzeiten verehrten religiösen Zentrum hinduistischer Religion entfernt liegt. In knapp 45 Min. windet sich der Bus vom Bahnhof Ajmers über einen kleinen Pass, um dann an einem der bezauberndsten Orte Rajasthans seine Fahrgäste zu entlassen. Entlang der Nordseite des kleinen **Pushkar-Sees** reihen sich die weiß getünchten Häuser und die davor gelagerten Badetreppen *(ghats)*, eine Oase der Beschaulichkeit und religiöser Kontemplation ohne den sonst üblichen Verkehrslärm und -gestank. Einmal im Jahr allerdings, zur großen Mela im November, quillt der Ort über von Touristen aus aller Welt und farbenprächtig gekleideten Einheimischen, die mit ihren Herden anreisen. Für sie stehen der Besuch des Brahmatempels, der Handel und die Unterhaltung durch Tanz und Gesang im Mittelpunkt, während sich die Fremden vom Rausch der Farben betören lassen.

Der See, benannt nach der Lotosblüte *(pushkara)*, ist als geheiligter Ort tief in der indischen Mythologie verwurzelt und wird bereits im Mahabharata erwähnt.

Der Gründungslegende Pushkara-Mahatyma zufolge soll sich der oberste Gott Brahma den Platz für sein Opferritual auserkoren haben, indem er eine Lotosblüte auf den Boden warf, die dreimal hochsprang und so drei Seen hinterließ. Umgeben sind diese von drei Bergen, wodurch sich das topografische Abbild des vedischen Opferrituals ergibt: Der See ist die Opfergrube, die Berge verkörpern das Feuer, hinter dem sich der Luftraum auftut. Zu Herzen geht die Geschichte des vierten hier vorhandenen Hügels Ratna Parvata. Er ist gewissermaßen der ›Schmollwinkel‹ der stolzen Savitri, der Gemahlin Brahmas, die von ihm verstoßen wurde, als sie zu spät zum Opferritual erschien. Der Gott nahm sich kurzerhand die gefügige Gayatri, nach lokaler Überzeugung eine Kuhhirtin vom Stamm der Gujars. Den Berg krönt heute ein Tempel, von dem aus sich vor allem frühmorgens ein großartiger Blick bietet (ca. 1 Std. Aufstieg).

Wichtigstes Heiligtum ist der am westlichen Ortsrand liegende **Brahmatempel,** eines der wenigen Heiligtümer Indiens, das der obersten Gottheit geweiht ist. Denn im Gegensatz zu Shiva und Vishnu hat Brahma seine führende Rolle im religiösen Ritual schon lange eingebüßt.

Gesäumt wird der See von zahlreichen weiteren, den unterschiedlichen Gottheiten des indischen Pantheons geweihten Heiligtümern. Es gibt Tempel für Shiva, Vishnu, Hanuman und Ganesh. Auch auf Gedenksteine für Satis und rajputische Helden trifft man, denen durch ihren Opfertod übernatürliche Kräfte nachgesagt werden.

Durch Stiftung von **Ghats,** auf denen unmittelbar am Wasser die Opferzeremonien *(puja)* durchgeführt werden, haben sich auch die Fürstenhöfe Nordindiens in Pushkar verewigt. So gibt es ein Kota-, Jaipur- und Bundighat. Den Andrang meist jugendlicher Rucksacktouristen nutzen einige echte oder unechte Priester, die Besucher zu einer Puja zu überreden, in deren Verlauf sie dann übermäßig hohe Geldforderungen stellen. Auch ein Inder zahlt für die

Dienstleistung des Brahmanen, allerdings nur wenige Rupien und nicht mehrere Hundert, wie sie von den Touristen verlangt werden. Das Eintauchen in den See verspricht dieselbe spirituelle Reinigung wie das Bad im Ganges bei Varanasi.

Die in Ajmer residierenden islamischen Herrscher ließen sich natürlich auch den Besuch Pushkars nicht nehmen, weniger, um ihre Toleranz unter Beweis zu stellen, als ihre Macht und Abscheu gegenüber der ›Götzenverehrung‹ zu demonstrieren. Jahangir beispielsweise frönte hier seiner Jagdleidenschaft, in den Augen der Hindus eine Gotteslästerung ohnegleichen, und ließ sogar eine Plastik der Eberinkarnation des Gottes Vishnu *(vahana)* in den See werfen.

Zunehmend wird die religiöse Atmosphäre eines Wallfahrtsortes heute durch die Tourismusindustrie überlagert. Wo früher Devotionalien und Opfergaben angeboten wur-

Blick auf den See und die Ghats
von Pushkar

mandu und Goa hat Pushkar vor allem
ein großes Angebot an Billigunterkünften. **Payal Guest House** ($), Tel.
01 45/7 2⁻ 63; sehr beliebte Billigunterkunft inmitten des Basars. **White House**
($–$$), Tel. 7 21 47; gepflegte, alteingesessene Unterkunft mit schönem Blick
von der Dachterrasse. **Sarovar (Tourist
Bungalow)** ($$–$$$), Tel. 7 20 40; sehr
schön am Ufer in einem großen Garten
gelegene staatliche Unterkunft, hat in
den letzten Jahren leider etwas nachgelassen, ist aber dennoch häufig ausgebucht. **Pushkar Palace** ($$–$$$$), Tel.
7 20 01, Fax 7 22 26; trotz der kleinen
Zimmer aufgrund der bevorzugten Lage
unmittelbar am See sehr populär, hübscher Garten. **Jagat Singh Palace**
($$–$$$$), Tel. 7 29 53, Fax 7 29 52; etwas außerhalb gelegenes, neues Hotel in
traditionellem Stil unter dem Management von Pushkar Palace mit geräumigen
Zimmern; leider lassen Service und Küche (noch) zu wünschen übrig.

Gute Restaurants in den Hotels
Pushkar Palace und **Sarovar,** zahlreiche kleine, auf westliche Besucher
eingestellte Restaurants im Bazaar. **Zu
beachten:** Es herrscht striktes Alkoholverbot.

Pushkar Mela: 27.–30. Nov. 2001,
16.–19. Nov. 2002, 05.–08. Nov.
2003; über die Grenzen hinaus berühmter Kamelmarkt; die Übernachtungspreise steigen erheblich, für Touristen werden zusätzlich Zeltstädte errichtet (teuer).

In kurzen Abständen **Busse** nach
Ajmer (45 Min.), die meisten Langstreckenbusse starten in Ajmer.

den, reihen sich heute Stände mit
Modeschmuck, Musikkassetten und
Souvenirs, und viele Gebäude wurden mit Dachrestaurants aufgestockt, die zum allabendlichen Treffpunkt der Traveller werden. Auf
Alkohol- und Fleischgenuss müssen
sie aber ebenso verzichten wie auf
Spiegeleier und Omeletts: In Pushkar herrscht strenger Vegetarismus.

Als Treffpunkt der Rucksacktouristen auf ihrem Weg zwischen Kath-

Ranthambore-National-park

Vom Jagdfieber gepackt hält man mit feuchten Händen die Kamera im Anschlag, jeden Moment zum ›Schuss‹ bereit. Das Auge sucht das niedere Buschwerk beiderseits der Piste ab, über die der Jeep holpert. Dann plötzlich ein gelber Schatten, der über den Weg huscht – zu spät.

Tigerbeobachtung ist aufregend und selbst in Ranthambore nicht immer erfolgreich, obwohl wilde Geschichten im Umlauf sind. Da ist der arglose Tourist, der enttäuscht nach der zweiten erfolglosen Tour zur Festung emporsteigt und unvermittelt einer Raubkatze Auge in Auge

Einst gingen die Maharajas auf Tigerjagd, kolorierte Fotografie von 1932

gegenübersteht, der glücklicherweise der Schreck ebenso in die Knochen gefahren ist. Zuweilen macht es sich ein Tiger auch auf der warmen Kühlerhaube eines Jeeps gemütlich und genießt offenbar den Anblick der zur Salzsäule erstarrten Touristen hinter der Frontscheibe. Zu ernsthaften Zwischenfällen soll es bis heute aber noch nicht gekommen sein.

Der etwa 100 km südöstlich von Jaipur und 10 km von der Bahnstation Sawai Madhopur entfernt liegende Nationalpark steht im Ruf, weltweit die beste Möglichkeit zur Beobachtung der scheuen Raubkatzen zu bieten und wird daher auch von indischen Touristen gern aufgesucht. Das ursprünglich 400 km^2 große Naturschutzgbiet, das 1991 um das Kaladevi Sanctuary auf 1300 km^2 erweitert wurde, ist wie die meisten Naturparks des Landes aus einem Jagdrevier der Maharajas hervorgegangen und beherbergt derzeit etwa 28 Tiger. Im Laufe der Jahre haben die Raubkatzen ihre Aktivitäten auf den Tag verlegt und jegliche Scheu vor dem Menschen verloren, so dass sich sehr gute Beobachtungsmöglichkeiten ergeben. Leider haben Angestellte der Parkverwaltung in jüngster Zeit ihre Position dazu missbraucht, einige Tiere abzuschießen, um die Kadaver für horrende Summen nach Fernost zu verkaufen, wo sie begehrter Bestandteil der chinesischen Medizin sind.

Natürlich bevölkern nicht nur Tiger Ranthambore. Mit etwas Glück bekommt man auch Leoparden und

Hyänen zu Gesicht, mit Sicherheit aber die majestätischen Sambar- und Axis-Hirsche. In den flachen Gewässern leben Sumpfkrokodile, und die Luft ist erfüllt vom Gesang und Krächzen unzähliger Vögel – 270 Arten soll es hier geben.

Der Park ist mit seinem dichten Wald, den Hügeln und Flüssen landschaftlich außerordentlich reizvoll, zumal sich noch die Ruinen einer Festungsanlage im Grün verstecken. Das Fort wurde bereits im 11. oder 12. Jh. als Residenz eines kleinen Hindukönigreichs der Chauhanrajputen errichtet und 1301 von Ala-ud-Din Khilji eingenommen. Dabei soll es zum ersten *jauhar*, dem kollektiven Selbstmord der Frauen auf dem Scheiterhaufen gekommen sein, eine rajputische Tradition, die auch bei späteren Belagerungen anderer Festungen, etwa von Chittaurgarh, üblich war. 1599 stürmte Akbar die Festung, ehe sie an den Kachwaha-Clan von Amber überging, der die Bauten als Jagdpavillons nutzte. Die Mauern sind heute verfallen, nur noch drei Tempel im Innern, den Gottheiten Shiva, Ganesh und Ramalaji geweiht, werden von den Gläubigen nach wie vor aufgesucht und geschmückt.

 Öffnungszeit des Nationalparks: 1.10.–31.5. tgl.

Tourist Office, im RTDC Vinayak Tourist Complex, Mo–Sa 10–13.30 und 14–17 Uhr.

Ausflüge: Tourbuchungen im **Project Tiger Information Office,** Sawai Madhopur, etwa 400 m westlich des Bahnhofs, schräg gegenüber dem Touristenbüro, Tel. 07 46 21/2 02 23, Mo–Sa 10–13 und 14–17 Uhr. Es werden zwei Touren pro Tag angeboten, früh morgens und am frühen Nachmittag. Wegen der besseren Beobachtungsmöglichkeiten ist die Morgentour vorzuziehen. **Achtung:** Da nur eine begrenzte Zahl von Fahrzeugen (Jeeps und offene Lkw) pro Tour den Park befahren darf, hat sich eine Mafia gebildet, die ganze Fahrzeuge von der Parkverwaltung anmietet und die Plätze dann in den Hotels zu stark überhöhten Preisen an zahlungswillige Touristen weiterverkauft. Deshalb sollte man sich zunächst an das Park-Büro (s. o.) wenden, das die Fahrzeugkontingente vergibt.

Die zahlreichen Unterkünfte reihen sich entlang der Zufahrtsstraße von Sawai Madhopur zum Park (Ranthambore Rd.). **Pink Palace** ($), Al Bal Mandir Colony, Tel. 2 07 22; populäre Billigunterkunft im Zentrum. **Ankur Resort** ($$–$$$), Ranthambore Rd., ca. 3 km vom Ort, Tel. 2 07 92, Fax 2 06 97; saubere Unterkunft zwischen Sawai Madhopur und dem Parkeingang. **RTDC Jhoomar Baori** ($$$), Tel. 20 95; ein aus einem Jagdpalast hervorgegangenes staatliches, auf einem Hügel liegendes Hotel. **Tiger Moon** ($$$$$), Bungalow-Hotel ca. 11 km vom Ort in Parknähe, Tel/Fax 5 20 42. **Sawai Madhopur Lodge** ($$$$$), etwa 3 km östlich des Orts, Tel. 2 05 41, Fax 2 07 18; luxuriöse Unterkunft im ehemaligen Jagdpalast des Maharajas von Jaipur.

Diverse **Bahn**verbindungen: New Delhi (*Paschim Express,* 7 Std. *Golden Tempel Mail,* 6 Std.), Jaipur (*Jaipur-Mumbai Express, Jaipur-Indore Express,* jeweils 2.15 Std.), Jodhpur (*Howrah-Jodhpur Express,* 9 Std.). **Busse** nach Jaipur (4 Std.), Kota (4 Std.), Bundi (2 Std.).

Skekhavati

Sikar

Lakshmangarh

Fatehpur

Ramgarh

Churu

Bissau

Jhunjhunu

Mandawa

Nawalgarh

Fresker in Mandawa

Shekhavati

Fatehpur, Churu, Jhunjhunu, Mandawa oder Nawalgarh – Handelsstädte entlang einstiger Karawanenrouten; Havelis – kunstvoll ummauerte Herrensitze der reichen Marwari-Kaufleute; Götter, Mythen und moderne Technik – bunte Fresken allerorten.

Die zwischen Jaipur und Bikaner liegende Region rückte erst recht spät ins Blickfeld des Tourismus, obwohl sie mit ihren bemalten Handelshäusern, den Havelis, und den zahlreichen Palästen ausgesprochen interessante Sehenswürdigkeiten zu bieten hat und nach wie vor einen Blick in das dörfliche Leben Rajasthans ermöglicht.

Zunächst teilten sich die Fürstentümer Bikaner und Jaipur das östlich der Aravalli-Kette liegende Gebiet. Als dann der Stern der Moguln im 17. Jh. zu sinken begann, formierten sich im Shekhavati-Gebiet kleine, zunächst in einer Allianz miteinander verbundene Fürstentümer, die ihre gemeinsame Herkunft auf Rao Shekha, einen Krieger aus dem 15. Jh. zurückführten. Das Machtvakuum nach dem Tod Aurangzebs nutzten Sardul Singh und sein entfernter Verwandter Shiv Singh, um sich den größten Teil des Territoriums einzuverleiben.

Da mit dem Niedergang der Mogulherrschaft auch die Geldquellen für die Vasallen zu versiegen drohten, die lokalen Fürsten aber nicht

gewillt waren, ihr luxuriöses Leben aufzugeben, versuchten sie vor allem durch Besteuerung von Handelswaren ihre Kasse zu füllen. Besonders Jaipur und Bikaner taten sich hier hervor, schreckten damit aber die zwischen Afghanistan und Nordwestindien verkehrenden Handelskarawanen ab. Diese suchten sich nunmehr einen Weg durch den schmalen Korridor zwischen der Einflusssphäre von Bikaner und Jaipur. Immer mehr Kaufleute ließen sich im Laufe der Zeit hier nieder und nutzten ihren Reichtum zum Bau herrschaftlicher Havelis. Angeregt durch die Malereien an den Höfen von Amber und Jaipur, wurde die Fassadenmalerei bald zur Modeerscheinung. An Künstlern herrschte kein Mangel, waren doch viele, ehemals am Mogulhof beschäftigte Maler nunmehr arbeitslos und wanderten in die Orte des Shekhavati-Gebiets ab. Da der Islam auch auf dem Gebiet der Kunst seine dominierende Stellung einbüßte, begannen Hindugottheiten und Szenen aus beliebten Balladen, wie die von Dhola und Maru, die Wände der

Havelis zu schmücken. Im 19. und 20. Jh. ließen sich die Kaufleute vornehmlich von den Errungenschaften der modernen Technik faszinieren, die mit den Engländern ins Land kamen. Den fremden Kolonialherren stand man in Shekhavati durchaus nicht ablehnend gegenüber, waren sie doch Garanten für einen friedlichen Handel und damit für gute Gewinne. So illustrieren die Wände denn auch englische Soldaten zu Fuß und zu Pferd, umgeben von Autos, Eisenbahnen und Flugzeugen. Große Kunst wird hier gewiss nicht geboten, aber ein höchst interessanter Einblick in die Epoche tief greifender kultureller Wandlungen.

Als sich unter britischer Herrschaft die Zentren der Wirtschaft in die Küstenstädte von Bombay und Calcutta verlagerten und Handelskarawanen zunehmend vom Dampfschiff verdrängt wurden, ver-

Shekhavati

Havelis

Handelshäuser des Shekhavati

Einer der vielen Havelis im Shekhavati

Havelis, der Name bedeutet ›abgeschlossen‹, sind Varianten des im Mittelmeerraum und im Orient verbreiteten Fonduk und der persischen Karawanserei. Kennzeichen ist ein großer, allseitig von einem zweistöckigen Bau umschlossener Innenhof, dessen unterer Teil als Lagerraum und Stallung, der obere zur Unterbringung der Menschen diente. Im Gegensatz zur Karawanserei, die als eine Art Hotel entlang der Karawa-

legten die Marwari-Händler ihre Tätigkeit in die neuen Metropolen, ließen die Havelis verfallen oder von Pächtern bewachen.

Die schönsten Malereien haben sich im nördlichen Shekhavati, insbesondere in den Orten Mandawa, Fatehpur, Bissau und Jhunjhunu erhalten.

Eine zweitägige Rundfahrt, für die man am besten in Jaipur einen Wagen mit Fahrer mietet (z. B. im Hotel Arya Niwas), erschließt die wichtigsten Sehenswürdigkeiten der Region. Beschrieben wird die Fahrt im Uhrzeigersinn. Vor Ort ist es durchaus ratsam, sich einem der meist jugendlichen ortskundigen Führer

nenrouten fungierte, beherbergten die Havelis die Privat- und Geschäftsräume eines Händlers unter einem Dach. Nach dem Vorbild rajputischer Paläste vermitteln sie mit ihren im Erdgeschoss meist fensterlosen Fassaden nach außen hin einen wehrhaften Charakter und rechtfertigen ihren Namen. Größere Havelis verfügten über zwei oder sogar drei hintereinander angeordnete Höfe, von denen der hintere den Familienangehörigen vorbehalten war.

Der Zutritt zum vorderen Innenhof erfolgt durch ein hohes, auch von beladenen Kamelen passierbares, fest zu verschließendes Tor. In der Nähe des Eingangs hatte der Handelsherr seinen Geschäftsraum, den *baithak*. Um die Partner und Gäste zu beeindrucken, wurde der spärlich möblierte, häufig jedoch zweischiffige Raum mit besonderer Sorgfalt ausgemalt und mit einem geschnitzten Deckenbalken versehen, der die beiden ›Schiffe‹ trennt. Zuweilen verläuft erhöht eine Galerie um den Empfangsraum. Vor fremden Blicken durch Jali-Gitter geschützt konnten die Frauen von hier einen Blick auf die Männergesellschaft werfen.

Vom Hof führt gegenüber dem Haupteingang eine oftmals reich verzierte Tür in den privaten Teil der Anlage. Über der Tür werden für jede Heirat einer Tochter *torans* angebracht, flache Objekte mit Vogeldarstellungen. Nicht fehlen darf das Bildnis eines Ganesh, das ja bereits bei den Rajputenpalästen die Grenze zwischen der öffentlichen und privaten Sphäre markierte. Um den sich anschließenden privaten Hof verläuft im ersten Stock eine Galerie, von der man in die einzelnen Räume des zweiten Stocks gelangt. Treppen führen auch hinauf auf die Dachterrasse, die gegen fremde Blicke von einer durchbrochenen Wand umschlossen wird und in den heißen Sommernächten auch zum Schlafen dient.

Die frühesten Havelis aus dem 18. Jh. waren noch aus Lehm erbaut, da Steine in der wüstenhaften Region Mangelware sind. Der überwiegende Teil der noch erhaltenen Handelshäuser stammt aus dem 19. Jh., als die Besitzer mit der künstlerischen Gestaltung der Fassaden begannen.

anzuvertrauen (Preis vorher aushandeln), da viele Havelis auf eigene Faust nur schwer zu finden sind. Anzumerken ist auch, dass einige Gebäude geschlossen sind, andere sich im Privatbesitz befinden, so dass man vor dem Betreten des Innenhofs um Erlaubnis bitten muss, die leider nicht immer gewährt wird.

Sikar

Obwohl die 115 km nördlich von Jaipur gelegene Distrikthauptstadt im 19. Jh. unter Rao Raja zu den reichsten Handelsposten des Staates Jaipur zählte, haben nur recht wenige Havelis die unruhigen Zeiten überdauert.

Die etwa 700 × 300 m messende Altstadt wird noch von mehreren Toren gesäumt, die den Verlauf der ehemaligen Stadtmauer markieren. Der im Zentrum liegende Palast ist weitgehend verfallen, in der Umgebung gibt es jedoch einige interessante Havelis und Tempel. Am zentralen Platz liegt das **Chini Mahal,** Teil der ehemaligen Palastanlage, der heute als Bürokomplex genutzt wird. Seinen Namen (China) verdankt es den gemalten blauen und weißen Kachelimitationen mit Darstellungen eines Pferdehändlers, einer Elefantenprozession und etlichen Portraits. Zu den herausragenden Arbeiten gehört die Stadtansicht im angrenzenden **Shesh Mahal** (meist geschlossen). Sehenswert ist auch der aus dem Jahre 1884 stammende **Chhotallal Sodhani-Haveli** gegenüber dem nördlichen Stadttor Fatehpur Pol, der im Eingangsbereich Tänzerinnen und im Innenhof Themen aus dem Mahabharata-Epos zeigt.

Ein Stück nordöstlich des östlichen Stadttors Bowri Pol hat ein gut erhaltener **Stufenbrunnen** aus dem Jahre 1750 seinen Platz, bei dessen Bau Spolien eines Hindutempels Verwendung fanden.

 Hotel Natraj ($$–$$$), am Bahnhof.

 Bahnverbindung mit Jaipur (*Bikaner-Ajmer Express, Shekhavati Express,* ca. 3 Std.), Bikaner (*Bikaner-Ajmer Express* 8,5 Std.) und Delhi (*Delhi Serai Rohilla-Shekhavati Express,* 9 Std.). **Busse** nach Jaipur (2,5 Std.).

Lakshmangarh

Die 30 km nördlich von Sikar gelegene Ortschaft geht auf eine Gründung von Lakshman Singh, des Rajas von Sikar, im Jahre 1806 zurück. Nach dem Vorbild Jaipurs wurde sie in Schachbrettform angelegt und mit einer Mauer und einem Fort gegen feindliche Angriffe gesichert. Nach wie vor dominiert das auf einer Anhöhe thronende **Fort** das Stadtbild und gewährt vom Eingang einen schönen Blick, kann selbst aber nicht besichtigt werden.

Wichtigste Sehenswürdigkeit ist der zu Füßen der Festung liegende **Char Chowk-Haveli,** der, wie der Name (vier Höfe) besagt, aus vier Höfen besteht und neben seiner Größe auch durch seine architektonischen Details, etwa die pavillonartigen Abschlüsse der Treppenaufgänge, besticht. Die Malereien des Mitte des 19. Jh. in zwei Bauabschnitten entstandenen Haveli haben vor allem religiöse Themen zum Inhalt.

Schöne, teilweise aber bereits stark verblichene Malereien zieren auch die südliche Fassade des **Jamnadas Jawahar Mal Pansari-Haveli** unweit des Busbahnhofs. Besonders gelungen ist das Bildnis des Raja von Sikar in einer von einem Dromedar gezogenen Kutsche, begleitet von einer berittenen Eskorte. Aber auch modernere Verkehrsmittel wie ein Motorrad haben als Beweis für die Weltoffenheit der Kaufleute ihren Platz gefunden.

Nicht versäumen sollte man den **Chetram Sanganeria-Haveli** im

Nordosten der Stadt mit lebendigen Darstellungen von Soldaten, Kaufleuten, Bauern und Jagdszenen.

Fatehpur

Etwa 20 km nördlich von Lakshmangarh, an der von Jaipur nach Bikaner führenden Hauptstraße liegt Fatehpur. Bereits im 15. Jh. bauten hier die muslimischen Nawabs von Kaimkhani eine Festung. Zu Beginn des 18. Jh. warf der Herrscher von Sikar einen begehrlichen Blick auf den Ort und eroberte ihn. Im Jahre 1799 hielt der irische Abenteurer George Thomas, der mit den Marathen paktierte, Einzug, wurde aber bald von den Truppen des Maharaas von Jaipur zum Rückzug gezwungen. An die kriegerischen Ereignisse erinnert heute nichts mehr, sowohl die Stadtmauer wie die Tore sind verschwunden. Die zu Beginn des 19. Jh. einsetzende britische Herrschaft begünstigte den friedvollen Handel, so dass der einflussreiche und vermögende Poddar-Clan sich auch in Fatehpur etablierte und entscheidenden Anteil an der künstlerischen Ausgestaltung der Handelshäuser hatte.

Zu den schönsten Bauten zählt der aus dem Jahre 1880 stammende **Nand Lal Devra-Haveli** etwas abseits der Hauptstraße. Im vorderen Hof erwarten den Besucher Fresken von Lakshmi, der Göttin des Reichtums, zusammen mit ihren Elefanten. Eine ähnliche Thematik findet sich an der Fassade des **Jagannath**

Europäische Elemente in der Freskenmalerei: hier in Fatepur die Darstellung der englischen Kolonialherren.

Singhania-Haveli auf der anderen Seite der Hauptdurchgangsstraße.

Der Besitzer des **Gopiram Jalan-Haveli** war hingegen eher von Europa und seiner Technik fasziniert. An der Außenwand sind frühe Autotypen dargestellt, im Hof der Raja von Sikar im Kreis englischer Adliger. Vor allem im Shekhavati konnte man der Kolonialherrschaft durchaus positive Seiten abgewinnen, da die Briten die durch den Niedergang des Mogulreichs bedingte Anarchie beendeten und somit wieder einen lukrativen Fernhandel ermöglichten. Der im 20. Jh. immer stärker werdende Unabhängigkeitsdrang fand allerdings auch hier seinen Niederschlag, so etwa in einem Fresko (30er Jahre) am **Devra-Haveli** an der Südseite der Municipality Road: König Georg V. händigt ›Mother India‹ ein Dokument aus, umgeben von verdienten Freiheitskämpfern.

Mit etwas Glück kann man einen Blick in den ›Golden Room‹ des **Mahavir Prasad Goenka-Haveli** an der nördlichen Begrenzung des Basarviertels werfen, wo den Betrachter außer den für Rajasthan typischen Spiegelverzierungen Darstellungen von Krishna sowie von Frauengestalten geformte Elefanten und Tiere erwarten.

 RTDC-Tourist Bungalow Hotel Haveli ($), Tel. 01571/2 02 93; sauber und preiswert, gutes Restaurant.

Busverbindungen u. a. mit Jaipur (4 Std.), Delhi (6 Std.), Churu (1 Std.), Mandawa, Ramgarh (jeweils 30 Min.).

Ramgarh

Die Gründungsgeschichte dieser etwa 20 km nördlich von Fatehpur liegenden Stadt erinnert ein wenig an Tarifauseinandersetzungen unserer Tage, wenn Großkonzerne im Falle zu hoher Lohnforderungen mit Abwanderung ins Ausland drohen.

Im Jahre 1790 versuchte der Herrscher von Churu, das zum Staat Bikaner gehörte, die Steuern auf den Wollhandel zu erhöhen. Er hielt die Drohung der einflussreichen Poddar-Familie, die Stadt zu verlassen, für Bluff, bis er eines Besseren belehrt wurde und mit leeren Händen dastand. Ein Jahr später verließen die Poddars Churu und gründeten mit Hilfe des Rajas von Sikar 16 km südlich die Ortschaft Ramgarh, die bald florierte und Churu zur Bedeutungslosigkeit degradierte.

Heute gehört Ramgarh zu den Orten mit den meisten Wandmalereien in ganz Shekhavati, die allerdings nicht alle zugänglich sind. Dazu zählen die **Poddar-Chattris,** die Begräbnisstätten der einflussreichen Händlerfamilie unweit des Busbahnhofs, die allein über 500 Malereien aufweisen. Betreten kann man hingegen den **Natwar Niketan,** einen um 1844 von den Poddars gestifteten Tempel ganz in der Nähe der Grabstätten, an dessen Außenwänden sich einige hübsche Malereien von Kamelen und Elefanten erhalten haben. In einer Parallelstraße fand ein kleiner, mit geometrischen Mustern reich geschmückter **Pod-**

dar-Haveli seinen Platz, der durch die Verwendung von Naturfarben besticht, die vor 1850 üblich waren. Ungefähr 200 m nördlich davon liegt der **Ram Lakshmana-Tempel,** der 1860 auf einem älteren, heute als Kellergeschoss erhaltenen Heiligtum errichtet wurde. Dadurch haben sich frühe religiöse Malereien aus den 20er Jahren des 19. Jh., für die auch das wertvolle Indigo Verwendung fand, in ihrer ganzen Farbenpracht erhalten. Durchaus lohnend ist auch der Bummel durch die von Ost nach West und Richtung Norden verlaufenden Basarstraßen mit ihren kleinen, teilweise ausgeschmückten Läden.

Wir setzen unsere Rundfahrt in nördlicher Richtung fort und erreichen nach 16 km den nördlichsten Punkt der Rundreise.

 Busverbindungen mit Churu und Fatehpur.

Churu

Von Dünenketten der Wüste Thar umgeben, macht der bereits im Jahre 1563 von einem Jat-Krieger gegründete Ort einen fast oasenhaften Eindruck. Kein Wunder, dass er sich schnell zum Umschlagplatz für den Karawanenhandel entwickelte. Noch einmal konnten sich hier Mensch und Tier versorgen, ehe sie sich auf die lange Reise nach Norden machten.

Die Poddars und andere Kaufleute verließen die Stadt, als der unersättliche lokale Herrscher Sheo Singh die Steuern auf Wolle drastisch anhob, um seine Privatschatulle zu füllen. Nicht genug damit, einige Jahre später überwarf er sich mit seinem Herren in Bikaner, der kurzen Prozess machte, Churu angriff und das Fort und die Mauern schleifte. Die Stadt fand niemals mehr zu ihrer alten Blüte zurück, obwohl sich während der britischen Kolonialherrschaft wieder etliche Kaufleute hier niederließen.

Deutlichster Ausdruck dieser neuen Epoche ist der am südlichen Ortsrand gelegene **Surana Doppel-Haveli,** der wegen seiner vielen Fenster in Anlehnung an den Palast der Winde in Jaipur den Beinamen Surana Hawa Mahal erhalten hat. Ganz in der Nähe errichtete die Kothari-Familie zu Beginn des 20. Jh. mehrere Havelis. Einige Gassen weiter nordwestlich kann man an der Nordwand des **Surajmal Banthia-Haveli** das Bildnis eines Zigarre rauchenden Jesus bewundern. Mit der christlichen Ikonografie nicht vertraut, hatte der Künstler ihn bei seiner Kopierarbeit für einen normalen, bärtigen Westeuropäer gehalten und ihm eine Zigarre ›gegönnt‹.

Gut 200 m nördlich trifft man auf einen sehr ausdrucksvollen Fries an der Südfassade des **Kanhaiyalal Bagla-Haveli,** der die bekannte Ballade von Dhola und Maru illustriert. Die beiden Liebenden fliehen auf einem Kamel vor dem Bösewicht Umra. Wie der **Sita Ram-Tempel** an der vom Fort Richtung Westen führen-

Dhola und Maru

Späte Erfüllung in der Wüste

Die Geschichte der beiden Liebenden gehört bis heute zu den bekanntesten Balladen Rajasthans und wurde immer wieder auch in den Malereien der Handelshäuser Shekhavatis thematisiert.

Bedroht durch eine Trockenperiode suchte der Herrscher von Pugal mit seiner zweijährigen Tochter Maru Zuflucht beim befreundeten Maharaja in Gwalior, der einen Sohn namens Dhola hatte. Bevor der Raja von Pugal nach drei Jahren mit seiner Tochter in die Heimat zurückkehrte, schlossen die Väter einen Heiratsvertrag zwischen ihren Kindern.

20 Jahre später war dieses Abkommen jedoch an beiden Höfen in Vergessenheit geraten und Maru dem Adligen Umra versprochen. Als ein Barde am Hof von Gwalior die Schönheit Marus besang, entschloss sich Dhola, die Prinzessin zu besuchen. Und natürlich verliebten sich beide unsterblich ineinander und flohen zusammen auf einem Kamel, verfolgt vom Heiratskandidaten Umra.

Die beiden Liebenden entkamen den Verfolgern und fanden Unterschlupf in einem Wald, wo Dhola jedoch von einer Schlange gebissen wurde und starb. Gerührt von den Tränen Marus, erweckte das Götterpaar Parvati und Shiva den Prinzen wieder zum Leben. Und wenn sie nicht gestorben sind …

Beliebtestes Motiv dieser zu Herzen gehenden Episode ist die Verfolgungsjagd durch die Wüste Rajasthans mit dem Paar auf einem Kamel und Umra zu Pferd ihnen dicht auf den Fersen.

den Basarstraße beweist, beschränken sich die Wandmalereien keineswegs auf die Handelshäuser. Von den Wänden des 1890 entstandenen Heiligtums blicken Hanuman, Garuda, Vishnu und Krishna auf die Besucher.

Bahnverbindungen mit Bikaner (6 Std.) und Jaipur (ca. 5 Std.); die Züge (*Bikaner Express* und *Jaipur Sriganga Nagar Express*) erreichen/fahren von Churu aber zu nachtschlafender Zeit.

Bissau

Auf dem Weg zurück nach Jaipur erreichen wir als nächste Station Bissau, das 1746 von einem Sohn Sardul Singhs an der Stelle eines bereits bestehenden Dorfs gegründet wurde. Shyam Singh, der Enkel des Gründers, vergraulte 1788 die Kaufleute durch Forderungen überzogener Steuern. Um seinen aufwändigen Lebensstil zu finanzieren, verlegte sich der Herrscher nunmehr auf den Karawanenraub und hielt sich eine kleine, von zwei französischen Söldnern befehligte Armee. Erst unter seinem Nachfolger kehrten wieder geordnete Verhältnisse ein, die die Kaufmannschaft durch ihre Rückkehr honorierte.

Eine ganze Gruppe interessanter Bauten liegt gegenüber der Busstation am Südende der von Nord nach Süd verlaufenden Basarstraße. Dazu zählt die Begräbnisstätte **Sarkari Chattri** mit der Abbildung einer auf einem Kamel transportierten Kanone, und der an der Nordwestecke platzierte **Jainarayan Gopiram Tibrevala-Haveli** mit überwiegend religiösen Motiven wie Bildnissen von Ganga und Vishnu. Auch der 50 m östlich liegende **Motiram Jasrai Sigtia-Haveli** greift auf religiöse Themen zurück; besonders gelungen die Episode, in der Gott Krishna den badenden Hirtenmädchen die Kleider stiehlt.

Die Reise geht nun in südöstlicher Richtung weiter, wo man nach etwa 40 km die stattliche Ortschaft Jhunjhunu erreicht.

🚌 Regelmäßige **Bus**verbindungen mit Jhunjhunu (ca. 45 Min.) und Fatehpur (ca. 30 Min.).

Jhunjhunu

Das genaue Gründungsdatum der am Fuße eines Hügels gelegenen Stadt ist unbekannt, aber von 1450 bis 1730 wurde sie vom Clan der Kaimkhani regiert, dann von dem Rajputen Sardul Singh, der Jhunjhunu zur Metropole des Shekhavati ausbaute. 1835 wählten die Briten Jhunjhunu als Garnison zur Bekämpfung des Bandenunwesens. Auf Grund der zentralen Lage, der guten Verkehrsanbindung und der Existenz eines angenehmen Hotels empfiehlt sich Jhunjhunu als Standort zur Erkundung der Region.

Folgt man der vom Hotel Shiv Shekhavati nach Westen verlaufenden Basarstraße, trifft man im Zentrum auf den beeindruckenden **Mohanlal Ishvardas Modi-Haveli** (1896), an dem sich vor allem in den Arkaden beiderseits des Eingangs und über dem Tor schöne Motive mit Kamelen sowie Portraits der englischen Könige Edward VII. und Georg V. erhalten haben.

Ein Stück weiter westlich liegt inmitten des Gemüsemarkts der noch recht gut erhaltene **Kaniram Narasinghdas Tibrevala-Haveli.** Eisenbahnen gibt es hier zu bewundern, englische Soldaten und Bilder aus der reichen Folklore Rajasthans.

Der aus zwei Höfen bestehende **Nuruddin Farooqi-Haveli** etwa 100 m westlich beweist, dass auch die muslimischen Kaufleute, obwohl in der Motivwahl auf abstrakte und geometrische Muster beschränkt, sich durchaus nicht vor ihren hinduistischen Kollegen verstecken mussten. Wie viele islamische Bauten gewinnt der Haveli seinen Reiz durch die ausgewogene Harmonie von Architektur und Dekoration.

Einen besonders schönen Blick über die Stadt genießt man vom Dach des **Khetri Mahal,** einem Palast, der auf das Jahr 1770 datiert wird und mit einer bis zum Dach führenden Rampe ausgestattet ist, über die der Besitzer einst bis zur Dachterrasse hinaufreiten konnte.

Shiv Shekhavati ($$$), zentral ein Stück östlich des Zentrums, Tel. 01592/32651, Fax 38168; sehr sauber. Der Eigentümer ist ein ausgezeichneter Kenner der Region und betreibt ein Informationsbüro im Hotel. **Jamuna Resort** ($$$), zentral, Tel. 32871; Bungalows im Garten mit Pool und sehr gutem Restaurant, gleicher Eigentümer wie bei Shiv Shekhavati. **Shekhavati Heritage** ($$$), nahe Busbahnhof, Tel. 35757.

Busverbindungen u. a. mit Jaipur (ca. 4 Std.), Delhi (ca. 5 Std.) und Bikaner (ca. 6 Std.).

Mandawa *Kesri Singh*

Dieser Ort im Herzen des nördlichen Shekhavati, 23 km südlich von Bissau und 24 km südwestlich von Jhunjhunu gelegen, zählt zu den schönsten der gesamten Region und ist zudem aufgrund seines hervorragenden Palasthotels zum bevorzugten Standort der Reisegruppen geworden.

Mit den ungepflasterten, sandigen Gassen, gesäumt von bemalten Havelis scheint hier die Zeit stehen geblieben zu sein, das die Fantasie der

Europäer im 19. Jh. beflügelte und nach wie vor in seinen Bann zieht.

Den Schritt vom unbedeutenden Wüstenort zur Stadt vollzog 1756 Nawal Singh, ein Sohn Sardul Singhs, durch den Bau eines Forts und einer Stadtmauer. Im Jahre 1828 vermochte man die Festung erfolgreich gegen den Raja von Sikar zu verteidigen, der keine Gelegenheit ausließ, sein Reich auf Kosten seiner Nachbarn zu vergrößern. Der Bau von Havelis ist hier vor allem den Kaufmannsfamilien der Dhandhan, Harlakas, Ladias und Goenkas zu verdanken, die mit der Ausgestaltung ihrer Handelshäuser im frühen 19. Jh. begannen.

Venopyronum® N forte

Mandawa (18 J.
Kesri Singh ♂
Asha Sing ♀ mit 18 J. ...
Kevi Singh 23 J. Juvashka

...aft bei Mandawa

Das die Hauptbasarstraße überspannende **Sonthliya-Tor** mit einer Krishnafigur als Abschluss trägt zwar entscheidend zum exotischen Flair Mandawas bei, bereichert das Stadtbild aber erst seit 1930. Gegenüber flankiert der üppig dekorierte **Rameshwarlal Sundarmal-Haveli** die Hauptstraße. An seiner Südwand das Treffen des Herrschers mit einem englischen Offizier.

Zu den schönsten Bauwerken zählt der um 1870 entstandene **Gulab Rai Ladia-Haveli** ein Stück südwestlich des Forts. Neben Motiven aus dem Leben des Besitzers Gulab Rai finden sich Abbildungen von Maschinen, eine Eisenbahn und die ...nel- und Elefantendar- ...nst zierten auch eroti- ...die Außenwände, wur- ...urch Bilderstürmer mit ...ncht oder von der ...zt. Nebenan liegt der ...h bemalte **Lakshmina-...Haveli,** der bereits 1851 ...de, aber erst um 1890 ...n Fresken erhielt. Ne- ...n Motiven fallen zwei ... ins Auge, die mögli- ...ungarji und Jawahirji ...kale, bis heute in Balladen besungene Robin Hoods.

Besonders lohnend ist der frühmorgendliche Ausflug zum **Harlakla-Brunnen** ein Stück südlich des Busbahnhofs. Er wurde 1850 gegraben und erfüllt, wie die Schar der buntgekleideten Frauen beweist, noch immer seine Funktion. Angesichts des ›exotischen‹ Ambientes sollte man sich allerdings fragen, ob man sich selbst mit dieser Rolle abfinden würde, zumal, wenn man gerade der heißen Dusche des nur wenige hundert Meter nördlich liegenden Hotels entstiegen ist.

Heritage Mandawa ($$$), nahe Subsh Circle, Tel. 01592/23742, Fax 23243; in traditionellem Haveli liebevoll gestaltetes Hotel mit Restaurant. **Castle Mandawa** ($$$$), im Zentrum, Tel. 23124, Fax 23171, Internet www.planetindia/net./castlemandawa; von Reisegruppen bevorzugtes Palasthotel mit sehr gutem

Service und viel Atmosphäre. Dazu gehört auch das etwas außerhalb liegende **Desert Resort Mandawa** in gleicher Preislage.

🚌 **Bus**verbindungen mit den benachbarten Orten Fatehpur, Nawalgarh und Jhunjhunu.

Nawalgarh

Die etwa 25 km südöstlich von Mandawa gelegene Stadt gehört aufgrund ihrer vielen Havelis zu den lohnendsten Zielen im Shekhavati. Wie viele Ortschaften der Region wurde auch sie von einem der Söhne Sardul Singhs Mitte des 18. Jh. gegründet. Da der Herrscher sich in seinen Steuerforderungen gemäßigt zeigte, ließen sich bald etliche Kaufleute in Nawalgarh nieder und verhalfen der Stadt zu einer wirtschaftlichen Blüte, die ihren Niederschlag in über 100 Havelis fand. Noch heute gibt es einen, aus Mandawa stammenden, lokalen Herrscher, Rawal Sahib, der einen Teil seiner Residenz zu einem wunderschönen Hotel ausgebaut hat.

Im Herzen der Ortschaft erhebt sich das **Fort Bala Qila** über den lebhaften, farbenfrohen Markt. In einem der leider nur selten zugänglichen, in Privatbesitz befindlichen Räume ist die Kuppel mit Stadtansichten Jaipurs und Nawalgarhs ausgemalt. Weiter östlich liegen die 1890 erbauten vier **Dungaichi-Havelis,** die von Binja, einem der besten Freskenmaler seiner Zeit, gestaltet wurden. Neben dem Zugang begrüßt Saraswati auf ihrem Pfau den Besucher, und an der Nordwand rufen die beiden edlen Räuber Dungarji und Jawahirji die Erinnerung an unruhige Tage wach. Reich mit Malereien ausgeschmückt sind auch die Havelis östlich des Bowri Tors, durch das die Ausfallstraße nach Mandawa führt. Am **Jodhraj Patodia-Haveli** spannt sich der Bogen von religiösen Motiven bis zu Darstellungen englischer Soldaten. Schräg gegenüber liegt an der Kreuzung der hübsche **Gangadas Jamnadhar Goenka-Haveli** aus dem Jahre 1905. Einträchtig nebeneinander finden sich hier Abbildungen aus dem Mahabharata-Epos, der Göttin Ganga und einer Eisenbahn, ein Beweis, dass Indien die Errungenschaften der westlichen Zivilisation durchaus mit den traditionellen Werten seiner Kultur zu verbinden wusste – ein Tatbestand, der im Übrigen bis heute Geltung hat.

Etwa 200 m weiter östlich reihen sich unweit des Poddar-Tors weitere interessante Handelshäuser. Zunächst trifft man auf den **Ram Kumar Chokhani-Haveli** mit einer schönen Darstellung des beliebten Dhola-Maru-Motivs. Im angrenzenden **Pannalal Mansingh-Haveli** wurden eine Gangaur-Prozession verewigt und beliebte Helden der Folklore porträtiert. Noch ein Stück weiter liegt auf derselben Straßenseite das **Shyoarayan Bansidhar-Haveli,** an dessen Fassaden Züge, ein Dampfschiff und eine von Pferden gezogene Straßenbahn ein neues Zeitalter einläuten.

Chattris bei Nawalgarh

Sehr gut restaurierte Malereien, von einer Gangaur-Prozession bis zu ›modernen‹ Verkehrsmitteln reichend, findet man außerhalb der Altstadt, im etwa 200 m östlich des Poddar-Tors liegenden **Anandi Lal Poddar-Haveli,** das 1920 entstand und heute eine Schule beherbergt.

Shekhavati Guest House ($$), am Stadtrand neben Roop Niwas Palace, Tel. 01594/22058, Fax 22558; Privatunterkunft mit nur wenigen Zimmern hervorragende Verpflegung aus eigenem Garten. **Eco-Farm Apani Dhani** ($$$), nahe der nach Jaipur führenden Hauptstraße, Tel. 22129, Fax 22491; ländliches Anwesen, der Eigentümer betreibt auch noch eine preiswerte Pension. **Roop Niwas Palace** ($$$–$$$$), am Stadtrand, Tel. 22008, Fax 23388; ruhig gelegene ehemalige Residenz des Fürsten von Nawalgarh.

Busverbindungen mit Sikar, Jhunjhunu und Mandawa (jeweils ca. 1 Std.), Jaipur (ca. 3,5 Std.), Delhi (8 Std.), Jodhpur (9 Std.).

Das südliche Rajasthan

Kota

Baroli

Bundi

Menal und Bijolia

Chittaurgarh

Udaipur

Eklingji und Nagda

Kumbhalgarh

Ranakpur

Mount Abu

Am Palast von Udaipur

Das südliche Rajasthan

Wehrhafte Rajputenpaläste in Kota und Bundi; Chittaurgarh – Ort grausamer Selbstverbrennung; Inselträume des Maharajas von Udaipur; Mount Abu und Ranakpur – filigrane Steinmetzkunst im Dienst der Jain-Religion.

Karte s. S. 162/163

Der Süden des indischen Bundesstaates wird in seiner westlichen Hälfte von der Aravalli-Kette geprägt, die sich mit mehreren parallelen Zügen weit auffächert und am Mount Abu ihre südliche Grenze und ihren höchsten Punkt erreicht. Dem Gebirgszug östlich vorgelagert sind von Tälern durchschnittene Plateaulandschaften, begrenzt vom zerklüfteten Mewar-Becken im Süden und der sich anschließenden Chappan-Ebene, die den Südostzipfel des Bundesstaates ausfüllt. Die immer wieder unmittelbar aus den Ebenen aufsteigenden Bergrücken waren auch in dieser Region willkommene, natürliche Bastionen für die Anlage von Festungen und damit die Leitlinien für die Besiedlung durch die rajputischen Clans.

Kota

Als beeindruckend kann man die Stadt am Chambal auf den ersten Blick kaum bezeichnen – eine weitläufige Industriemetropole mit einem Atomkraftwerk an seiner Peripherie. Immerhin hat sich ein kleiner historischer Kern erhalten, durch den man ohne Belästigung von Schleppern auf Entdeckungsreise gehen kann. Obwohl bereits im 14. Jh. gegründet, gewann Kota erst recht spät an Bedeutung. Erst als Rao Ratan Singh, der Herrscher von Bundi, 1625 einen Teil seines Territoriums seinem Sohn Madho Singh abtrat, entstand ein kleines Fürstentum. Unter dem Protektorat der Moguln konnte der Herrscher von Kota auf eine starke Befestigung verzichten, wenngleich er die Stadt mit einer Mauer umgab, die über weite Strecken noch erhalten ist.

Statt vorspringender Bastionen erwarten den Besucher im **Palast,** der sich über die Dächer der Innenstadt erhebt, verspielte Erker, luftige Galerien und bengalische Dächer nach dem Vorbild der Mogularchitektur. Heute beherbergt die Residenz das **Rao Madho Singh-Museum** (Sa–Do 10–16.30 Uhr). Durch das hübsche Hathi Pol mit seinen Elefantenskulpturen, die sich die Rüssel reichen, eine Anlehnung an das gleichnamige Tor in Bundi, betritt man die ausgedehnte, aus Gebäuden unter-

Tänzer bei einem Fest in Kota

schiedlicher Epochen bestehende Anlage. Zunächst begrüßt den Besucher ein großes Wandgemälde mit der Huldigung an Krishna, dann gelangt man in den von Ausstellungsräumen umschlossenen Innenhof. Zu sehen gibt es Kinderspielzeug aus Metall, Keramik, die obligatorische Waffensammlung, recht gelungene Miniaturen (leider ohne Beschriftung) und im Tiefgeschoss die mottenzerfressenen Jagdtrophäen des Maharajas. Die wahren Kostbarkeiten allerdings befinden sich in Räumen des Obergeschosses, in die man gegen ein zusätzliches ›Bakschisch‹ geführt wird. Hervorragend gearbeitete Glasintarsien, Türen aus Ebenholz und Elfenbeinarbeiten

zeugen vom erlesenen Geschmack des Herrscherhauses.

Am Ufer des künstlichen **Kishor-Sees** liegt unmittelbar außerhalb der Stadtmauern in einem Park die Begräbnisstätte der Herrscher. Dicht drängen sich hier die von Chattri-Kuppeln überwölbten Plattformen. An einigen der Treppenaufgänge gibt es sehr schöne Götterreliefs zu bewundern – Sarasvati auf ihrem Reittier, der Gans, Shiva mit dem Nandi-Bullen und der Elefantengott Ganesh.

 Touristenbüro im Chambal Tourist Bungalow, Mo–Sa 10–17 Uhr.

Unterkunft: Navrang ($$), Civil Lines, nahe Hauptpost, Tel. 0744/323294, Fax 450044; modernes Mittelklassehotel mit gepflegten, großen Zimmern. **Palkiya Haveli** ($$$), Mokha Para, Tel. 328797, Fax 327275; restaurierter Haveli mit 6 geschmackvoll einge-richteten Zimmern im Zentrum. **Sukh-dam Kothi** ($$$), Civil Lines, Tel. 32 00 81, Fax 32 77 81; neues, in traditio-nellem Gebäude untergebrachtes Hotel mit angenehmer Atmosphäre und gro-ßem Garten. **Brijrai Bhawan Palace** ($$$$), Civil Lines, Tel. 45 05 29, Fax 45 00 57; ehemaliger Palast am Ufer des Chambal mit persönlicher Note, Restau-rant mit Menü.

 Restaurants in den Hotels **Nav-rang** und **Brijrai Bhawan Palace.**

Dusshera Fair: 24.–26. Okt. 2001, 13.–15. Okt. 2002, 03.–05. 2003; farbenprächtiger Umzug, sehr ursprüng-lich.

Gute **Bahn**verbindungen mit Delhi und Mumbai *(Janata Express).* Etwa alle 30 Min. **Busse** nach Bundi, Verbindungen auch nach Ajmer, Chittaurgarh und Udaipur.

Baroli

Nicht nur dem an Architektur und Geschichte interessierten Reisenden sei der Besuch der 42 km südwest-lich in Richtung Rana Pratap Sagar (Busverbindung) liegenden Tempel-anlage von Baroli ans Herz gelegt. In einem Wäldchen, abseits großer Verkehrswege und Siedlungen, dämmert das Heiligtum noch immer im Dornröschenschlaf, obwohl es zu den ältesten Rajasthans zählt und eindrucksvoll die hohe Kunst der Chauhana-Epoche des 9.–11. Jh. do-kumentiert. Bedauerlicherweise war aber auch dieses abgelegene Hindu-heiligtum nicht den fanatischen Bil-derstürmern unter dem Mogulherr-scher Aurangzeb entgangen, die in ihrer Intoleranz viele der herrlichen Figuren beschädigten oder ganz zer-schlugen.

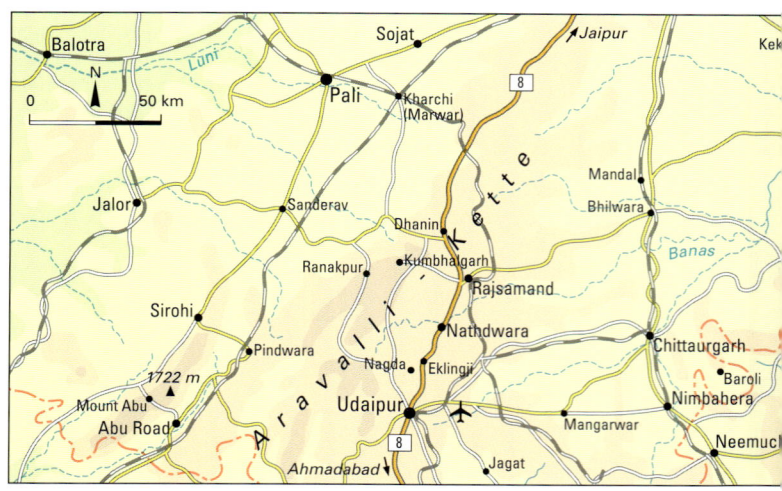

Im Zentrum des heiligen Bezirks steht der **Ghateshvara-Tempel.** Ein Vorraum verbindet die Kultzelle mit einer nach allen Seiten offenen Versammlungshalle, deren Zugang ein geschwungener Toranabogen bildet, der von einem Fabelwesen *(makara)* zusammengehalten wird. In der Bauplastik der Tempelanlage begegnet uns die ganze Vielfalt des hinduistischen Pantheons, wenngleich die Außenwände eine recht sparsame figürliche Dekoration tragen. Von Shiva als kosmischem Tänzer und Vernichter der Dämonen bis zur grausamen Chamunda, einer Inkarnation der blutrünstigen Göttin Kali, spannt sich der Bogen. Viel lebensbejahender sind da die von den Säulen und Dachsegmenten herabblickenden Liebespaare und himmlischen Nymphen. Den Eingang bewachen, wie bei vielen Hindu-

heiligtümern üblich, die Göttinnen Ganga und Yamuna.

Über dem Heiligtum steigt ein schlanker Sikhara-Turm empor, an dessen Rückseite unterhalb der Spitze ein kletternder Mann zu erkennen ist. Es handelt sich um einen Bannerträger, in dessen gefalteten Händen der Flaggenstock befestigt wurde.

Rings um den Tempel gruppieren sich kleine Schreine, die Ganesh, Shiva und der Trinität (Shiva, Vishnu, Brahma) geweiht sind. Die ein Stück vom Haupttempel entfernt stehende große Versammlungshalle entstand erst in späterer Zeit und zeigt sehr schöne Reliefbänder über den Säulen.

Bundi

Wäre da nicht der Fernsehturm hoch auf dem Bergrücken, könnte man sich in Bundi fast um ein Jahrhundert zurückversetzt fühlen, in eine Zeit, als Rudyard Kipling über die Stadt ins Schwärmen geriet. Der malerisch zwischen zwei Hügelketten eingebettete Ort war Zentrum des gleichnamigen Fürstentums der Hara-Chauhana-Rajputen, die ihren Ursprung auf die vier aus dem Feuer in Mount Abu geschaffenen Stämme zurückführen. Mitte des 14. Jh. hatte Rao Deva hier ein kleines Reich gegründet.

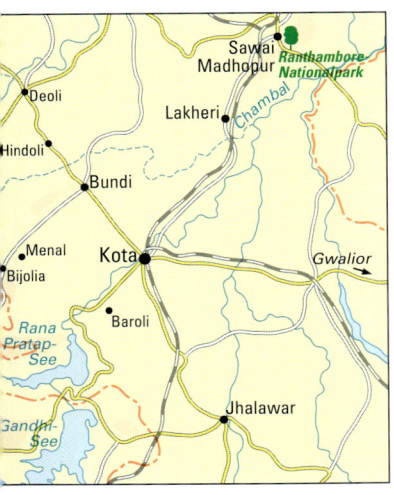

Südliches Rajasthan

Blick über den Nawal Sagar auf den Palast von Bundi, im Vordergrund der Varuna-Tempel

Die Beziehungen zum mächtigen Nachbarn, dem Reich der Mewar, waren häufig angespannt und entluden sich zuweilen in kriegerischen Auseinandersetzungen und der Tributpflicht Bundis. Andererseits aber stand man sich im Kampf gegen die islamischen Invasoren bei. Schon auf Grund der geringen Größe musste sich Bundi auch den Moguln beugen und erwies sich als getreuer Vasall. Nicht nur mit materiellen Privilegien wurden die Herrscher aus Bundi bedacht, auch die Sicherheit des verwundbaren Fürstentums war damit garantiert, und so konnte man sich der verfeinerten höfischen Lebensart zuwenden und dem Vorbild der Moguln in Agra nacheifern.

Der sich den Hang hinaufziehende **Palast** vermittelt mit seinen glatten Außenmauern allerdings noch den Charakter einer Festung. Nur an der Oberkante schieben sich kleine Erker und Balkons über den Rand. Aufgrund bereits lange andauernder Erbstreitigkeiten ist der Palast heute leider nur teilweise zugänglich und sehr vernachlässigt.

Über eine steil ansteigende, gepflasterte Rampe gelangt man zum Hathi Pol mit Elefantenskulpturen über dem Portal. Es schließt sich ein kleiner Hof an, der als Versammlungsplatz für die öffentlichen Audienzen diente. Der Herrscher nahm vom Balkon des Ratan Daulat, der über den ehemaligen Stallungen liegenden Audienzhalle, die Huldigung seiner Untertanen entgegen, wobei die höher gestellten Honoratioren in der Halle Platz nehmen durften, während die weniger privilegierten sich im Hof drängen mussten.

Mitte des 17. Jh. ließ Maharana Chatar Sal den nach ihm benannten Flügel errichten, bestehend aus einem Hof mit der privaten Audienzhalle und den sich anschließenden Wohntrakten. Leider haben Besucher heute keinen Zutritt zu den mit Wandmalereien ausgestatteten Privatgemächern. Zugänglich ist nur der Hof Chitra Shali. Gegen ein Trinkgeld kann man auch einen Blick auf die an Miniaturen erinnernden herrlichen Wandmalereien in den angrenzenden Räumen werfen. In panoramaartigen Ansichten wird das Leben bei Hofe großartig in Szene gesetzt; immer wieder schieben sich Elefantendarstellungen ins Bild, aber auch Krishnas Spiele mit den Gopis nehmen breiten Raum ein. Die Malschule von Bundi gehörte mit ihren etwas archaisch anmutenden Figuren und den leuchtenden Genreszenen zu den herausragenden künstlerischen Zentren Nordindiens.

Der steile Aufstieg zum **Fort Taragarh** lohnt nur wegen der Aussicht. Die verfallene Befestigung entstand bereits in der Frühzeit als Schutz gegen unliebsame Nachbarn, ausgerüstet mit einer gewaltigen Kanone namens Garbh Gunjam (Donner, der den Leib erzittern lässt). Statt mit imposanten Bauten kann das Fort heute nur mit einem angeblich verborgenen Schatz und geheimnisvollen unterirdischen Gängen die Fantasie beflügeln.

Zu Füßen des Palastes erstreckt sich der **Nawal Sagar,** ein künstlicher See, aus dem sich ein Tempel des Wassergottes Varuna erhebt.

Über das Stadtgebiet verteilen sich etliche der für Rajasthan und Gujarat typischen Stufenbrunnen. Sie dienten früher nicht nur der Wasserversorgung, sondern waren während der heißen Jahreszeit auch angenehm kühle Aufenthaltsorte, zu denen man auf breiten Treppen hinabstieg. Der Zugang zum schönsten Brunnen, dem aus dem 17. Jh. stammenden, über 40 m in die Tiefe reichenden **Raniji-ki-Baoli,** ist leider durch ein Gitter versperrt, sodass man mit einem Blick auf die schönen Skulpturen an den Wänden und Torbögen des Zugangsportals vorlieb nehmen muss.

Vom Südufer des Stausees **Jait Sagar,** etwa 2 km nördlich des Stadtzentrums, überblickt der kleine, Ende des 18. Jh. entstandene **Sukh-Niwas-Palast** die weite Wasserfläche. Im 19. Jh. war hier Rudyard Kipling, der Verfasser des weltberühmten Dschungelbuchs, zu Gast. Heute dient das Schlösschen als Gästehaus des Irrigation Department und beherbergt allenfalls einige Wasserbauingenieure. Am anderen Ende des Stausees dokumentieren am verwilderten Kesar Bagh die noch immer recht gut erhaltenen

Kenotaphe der Herrscher von Bundi die lange Geschichte des Fürstentums. Auf dem Weg dorthin passiert man das ehemalige Jagdhaus **Shikar Burj.** Bis in unser Jahrhundert hinein waren Bundis Herrscher für ihre Jagdgesellschaften bekannt, zu denen auch Fürsten der benachbarten Staaten anreisten.

Ein Palast neueren Datums ist der etwa 4 km außerhalb des Ortes in Richtung Ajmer liegende **Phool Sagar,** den sich der im Dienst des britischen Oberbefehlshabers Mountbatten stehende Maharaja während des Zweiten Weltkriegs mit tatkräftiger Unterstützung von Kriegsgefangenen bauen und mit europäischen Wandmalereien ausschmücken ließ. In der herrschaftlichen Residenz, um die sich die Erben seit Jahren streiten, soll demnächst ein Luxushotel seine Pforten eröffnen.

ℹ️ **Tourist Office,** neben dem Circuit House, Tel. 0747/2697.

🛏️✕ **Royal Retreat** ($$–$$$), am Palasteingang, Tel. 34426; relativ neue, ruhig gelegene Unterkunft mit Innenhof und Restaurant. **Haveli Braj Bhushanjee** ($$–$$$), unterhalb des Palastes, Tel. 32322, Fax 32142; traditionelles Handelshaus mit geschmackvoll eingerichteten Zimmern und Restaurant, geleitet von einem Nachfahren des ehemaligen Premierministers.

🚆🚌 **Bahn**verbindungen mit Kota und Chittaurgarh. **Bus**verbindungen u.a. mit Kota, Jaipur und Udaipur. Der Busbahnhof liegt etwas südlich des Zentrums an der nach Kota führenden Straße gegenüber dem Krankenhaus.

Menal und Bijolia

Für Reisende mit besonderem Interesse an hinduistischer Tempelbaukunst empfiehlt sich ein kurzer Halt auf dem Weg nach Chittaurgarh. In **Menal,** etwa 30 km von Bundi entfernt, säumen den Rand einer romantischen bewaldeten Schlucht die Reste einer weiträumigen Tempel- und Palastanlage, die von den ehemals bedeutenden, in Ajmer beheimateten Chauhan-Rajputen für den Shiva-Kult errichtet wurde. Besonders gut erhalten ist der aus dem Jahre 1170 stammende Mahanala-Tempel mit seinem fünfstöckigen Turm und den hervorragend gearbeiteten Figuren und Ornamenten. Tänzer, Diener, Musikanten und himmlische Nymphen bevölkern die Friese und bezaubern den Besucher auch nach 800 Jahren. Ergänzt wurden die Heiligtümer durch eine Klosteranlage und einen Palast des legendären Prithvi Raj, der 1190 einen muslimischen Angriff auf Delhi abwehren konnte, zwei Jahre später aber im Kampf gegen Muhammed von Ghur fiel, wodurch Nordindien für Jahrhunderte unter islamische Herrschaft geriet.

In **Bijolia,** etwa 16 km weiter in Richtung Chittaurgarh verstecken sich etwas abseits der Straße am Ortsrand weitere Zeugnisse früher Hindubaukunst. Von den ehemals über 100 Tempeln dieses heiligen Bezirks, der ebenfalls von den Chauhan-Rajputen im 12. Jh. errichtet wurde, haben nur drei Bauten die unruhigen Zeiten überdauert. Auch hier kann man sich anhand der geschmackvoll ausgeführten· Details, etwa der anmutigen Musikantinnen an der Außenwand des Zugangs zum Udesvar-Tempel, vom hohen Niveau der damaligen Kunst überzeugen. Etwas abseits liegt hinter dem Tempeltank ein dem Elefantengott Ganesh geweihtes Heiligtum, das durch seine aufgesetzten Chattri-Pavillons aus dem Rahmen fällt und durch eine schöne Skulptur des Gottes bewacht wird.

Chittaurgarh

Für die Hindus ganz Indiens ist die hoch auf einem Felssporn liegende Festungsanlage (tgl. von Sonnenaufbis Sonnenuntergang) eine geweihte Stätte, Ort rajputischer Heldentaten im Kampf gegen die muslimischen Invasoren. Vor allem in unseren Tagen des wieder aufkeimenden hinduistischen Nationalbewusstseins, geschickt durch die Hinduparteien geschürt, hat sich Chittaurgarh fast zu einer Pilgerstätte entwickelt, deren Besuch Emotionen wachruft und damit auch gefährlichen Zündstoff

für religiöse Konflikte in sich birgt. Aber auch für den unvoreingenommenen Besucher ist das weiträumige Plateau mit seinen zahlreichen Relikten der muslimisch-hinduistischen Konfrontation ein überaus lohnendes Ziel.

Die Besiedlung des 5 km langen Plateaus mit seinen allseits steil abfallender Felswänden reicht bis ins 3. Jh. zurück, als sich hier der Clan der Guh lot niederließ und die rajputische Kultur über die gesamte Region verbreitete, die später als Reich von Mewar in die Geschichte einging. Im Jahre 1303 wurde Chit-

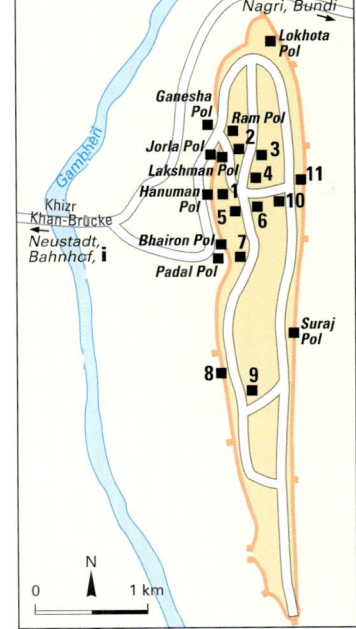

Festungsanlage Chittaugarh: 1 Palast des Rana Kumbha 2 Naulakja Bandhar und Shringara Chauri-Tempel 3 Museum 4 Sat Bees Deori 5 Kumbha Syana-Tempel 6 Yaya Stambha 7 Mokulji-Tempel 8 Kalika Mata-Tempel 9 Palast der Padmini 10 Nilakantha Mahadeva-Tempel 11 Kirthi Stambha

taurgarh zum ersten Mal durch Ala-ud-Din Khilji, den Herrscher aus Delhi, belagert. Der Legende nach soll er die hübsche Fürstentochter Padmini begehrt haben, nachdem er ihr Bildnis in einem Spiegel gesehen hatte. Mit einem Trick hatte er Padminis Onkel Bhim Singh gefangen genommen, woraufhin sich die Rajputen zur Auslieferung der Prinzessin mit ihrem Hofstaat bereit erklärten. Statt der Damen sprangen jedoch aus den verhängten Sänften bewaffnete Krieger, die Bhim Singh befreiten, dadurch aber die Rache Ala-ud-Dins auf sich zogen. Als die Eingeschlossenen die Aussichtslosigkeit ihrer Lage erkannten, entschlossen sie sich zum *jauhar,* dem kollektiven Selbstmord. Während die Frauen und Kinder den Scheiterhaufen bestiegen, legten die Männer ihre safrangelben Gewänder an, öffneten die Tore und suchten den Tod im Zweikampf.

Die zweite Belagerung erfolgte 1535 durch Bahadur Shah, den islamischen Herrscher von Gujarat, der die Schwäche Mewars zur Ausweitung seines Einflussgebietes nutzen wollte. Wieder loderten die Scheiterhaufen und tausende rajputischer Kämpfer verloren in der Schlacht ihr Leben. Trotz des hohen Blutzolls vermochte sich Chittaurgarh von den beiden Belagerungen wieder zu erholen. Erst 1567 bescherte der Mogulherrscher Akbar der Festung den endgültigen Untergang. Allerdings hatte sich sein Widersacher Rana Udai Singh II. bereits zuvor nach Udaipur in Sicherheit ge-

bracht, wo nach dem Fall Chittaurgarhs das Reich der Mewar eine neue Blüte erlebte.

Eine breite, als Fahrstraße ausgebaute Rampe führt hinauf zum Plateau, gesichert durch neun Zugangstore und gesäumt von Gedenkstätten für die im Kampf gefallenen Helden. Zwischen dem zweiten und dritten Tor liegen rechter Hand die Chattris für Jaimal und Kalla, die bei der Belagerung Akbars den Tod fanden. Am letzten Tor steht der Kenotaph für den 16-jährigen Patta, der zusammen mit seiner Mutter und Braut an der Seite Jaimals kämpfte und bis heute unvergessen ist.

Nach Betreten des Geländes trifft man zunächst auf den heute weitgehend in Ruinen liegenden **Palast des Rana Kumbha (1),** in dessen unterirdischen Gewölben die Massenverbrennungen stattgefunden haben sollen. Auf der gegenüberliegenden Seite des Hauptwegs erhebt sich der weitgehend zerfallene **Naulakja Bandhar,** eine Bastion, in der einst der Staatsschatz aufbewahrt wurde. An ihn grenzt die Mitte des 15. Jh. entstandene Jaintempel **Shringara Chauri (2)** mit zahlreichen schön gearbeiteten Figuren von Nymphen, Wächtern und Löwenwesen.

Ein Stück weiter trifft man auf das **Museum (3,** Sa–Do 10–17 Uhr) dessen Besuch kaum lohnt. Zeit lassen sollte der Besucher sich hingegen im benachbarten Tempelkomplex **Sat Bees Deori (4),** der die Reste von 27 Jainheiligtümern aus dem 15. Jh. vereint, vor allem aber im schräg gegenüber liegenden **Kumbha Sy-**

Die gewaltige Festungsanlage Chittaurgarh steht für das Heldentum und den Kampfesmut der Rajputen

ana-Tempel **(5),** der bis ins 8. Jh. zurückreicht und besonders ausdrucksvolle Ornamente aufweist. An der Südwand haben Rama und die Nagas ihren Platz, an der Nordwand der Totengott Yama und Kali in ihrer schreckenserregenden Form als Chamunda.

Einige Schritte sind es nur noch bis zum hoch aufragenden Siegesturm **Yaya Stambha (6),** mit dem Rana Kumbha seinen Sieg über Mohammed Khilji von Malwa im Jahre 1440 feierte, wobei Anleihen an die Jainarchitektur des Kirthi Stambha (s. u.) unverkennbar sind. Von der

Spitze hat man einen weiten Blick über die Festungsanlage. Im etwa 50 m westlich liegenden **Mokulji-Tempel (7)** verdient die große Trimurti-Plastik (Shiva, Vishnu, Brahma) im Heiligtum besondere Beachtung. Unterhalb des Heiligtums liegen einige in den Fels geschlagene, von weiteren Tempeln begrenzte Staubecken, darunter das große, von einem steinernen Kuhmaul gespeiste Gaumukh-Becken (Kuhmaul-Becken).

Die nächste bedeutende Sehenswürdigkeit liegt etwa 600 m weiter südlich rechts des Hauptweges. Der äußerlich recht unscheinbare **Kalika Mata-Tempel (8)** stammt wahrscheinlich aus dem späten 7. Jh. und ist damit eines der ältesten Bauwerke auf dem Plateau. Früher einmal wurde hier der Sonnengott Surya

Jauhar

Der gemeinsame Tod im Feuer

Durch fortwährende Bruderkriege und den lange währenden Kampf gegen die muslimischen Eroberer, von denen die Rajputen als Bewohner des Grenzlandes unmittelbar betroffen waren, rückten die an das europäische Mittelalter erinnernden ritterlichen Tugenden wie Kampfbereitschaft, Treue, Opfertod und Heldenverehrung immer mehr in den Mittelpunkt rajputischer Lebensweise.

Da Frauen eine beliebte Beute waren, wurden sie in den Zenanas, den streng bewachten Frauengemächern, wie Augäpfel gehütet. Für die Frauen bedeutete die Gefangennahme den Beginn unsäglicher Leiden als rechtlose Sklavinnen und für ihre überlebenden Männer war es eine kaum zu ertragende Erniedrigung.

So bedurfte es wohl keiner großen Überredungskunst, sich im Fall einer aussichtslosen Situation der Gefangennahme durch den kollektiven Selbstmord, Jauhar genannt, zu entziehen. Der Tod auf dem Scheiterhaufen zusammen mit dem verstorbenen Gatten hatte ja ohnehin Tradition.

In die Geschichte eingegangen sind vor allem die Selbstverbrennungen im Palast von Chittaurgarh, aber auch bei anderen Belagerungen, etwa der von Jaisalmer im 14. Jh., suchten die Frauen und Kinder den gemeinsamen Tod im Feuer. Zu gleicher Zeit legten die Männer safrangelbe Gewänder an, öffneten die Tore ihrer Festung und versuchten, so viele Gegner zu töten wie möglich, ehe sie selbst der Schwerthieb der übermächtigen Belagerer niederstreckte.

Über die Anzahl der bei derartigen Belagerungen Getöteten kursieren Zahlen, die in die Zigtausende gehen, durch die Legendenbildung aber wohl übertrieben sein dürften. So sollen beim Angriff auf Chittaurgarh im Jahre 1535 durch Bahadur Shah 12 000 Frauen und 32 000 Männer den Tod gefunden haben. Da sich die Festung sehr schnell wieder erholte und schon 1567 erneut, dieses Mal durch Akbar, angegriffen wurde, dürfte die Zahl wesentlich geringer gewesen sein. Bei der Belagerung durch Akbar, suchten nicht alle den freiwilligen Tod. Vor allem die gefürchteten Bogenschützen, die den Angreifern hohe Verluste zugefügt hatten, sollen ihre Frauen gefesselt und sie, sich als wilde Muslime gebärdend, durch die Reihen des Feindes in die Freiheit getrieben haben, woraufhin Akbar 30 000 Bauern, die hinter den Mauern Zuflucht gesucht hatten, niedermetzeln ließ.

verehrt, dessen Embleme noch an den Säulenschäften sichtbar sind, später diente die Kultstätte der Göttin Kali. Ungewöhnlich ist der Eingang zur Cella, dessen hochgezogenes Giebelfeld, geschmückt mit einem großartigen Relief des Sonnengottes, frühen Höhlenheiligtümern nachempfunden wurde. In den Nischen an den Außenwänden des Sanktuariums haben Plastiken der Gottheiten Ishana, Indra (rechts und links neben dem Eingang), Surya (Zentrum linke Seitenwand), Niriti (Rückwand) und Surya (Zentrum rechte Seitenwand) ihren Platz.

Auf der anderen Seite des Weges erwartet den Besucher der in einem Staubecken liegende so genannte **Palast der Padmini (9),** der in seiner heutigen Form allerdings erst im 19. Jh. entstand. Ob die schöne, aus Sri Lanka stammende Fürstentochter allerdings hier jemals residiert hat, ist nicht belegt.

Der Rundgang führt nun zur Ostseite der Festungsanlage hinüber, wo man zunächst auf das Tor Suraj Pol, den einzigen Zugang an dieser Flanke trifft. Vorbei am viel besuchten Shivatempel **Nilakantha Mahadeva (10)** mit schwarzem Lingam in der Kultzelle, gelangen wir zum **Kirthi Stambha (11),** einem im 12. Jh. errichteten Ruhmesturm der Jains. Die stark reliefierte Fassade des siebenstöckigen Bauwerks ist reich mit Figuren aus der Jainmythologie geschmückt. In einem Bogen erreichen wir den Ausgangspunkt des Rundgangs, der zu Fuß mehrere Stunden in Anspruch nimmt.

 Tourist Office im Panna Tourist Bungalow, Tel. 0 14 72/4 10 89.

  Panna Tourist Bungalow ($$–$$$), in der Nähe des Bahnhofs, Tel. 4 12 38; ordentliche, in einem Garten gelegene staatliche Unterkunft, Restaurant. **Pratap Palace** ($$$), in der Nähe des Bahnhofs, Tel. 4 00 99, Fax 4 10 42; ehemals sehr schönes Hotel, nunmehr etwas abgewohnt mit schlechtem Service, das Restaurant ist nach wie vor zu empfehlen. **Padmini** ($$$), Chanderiya Rd., am Ufer des Bearch, ca. 3 km von der Altstadt, Tel./Fax 4 17 18; derzeit beste Unterkunft, Restaurant.

  Gute **Bahn**verbindungen mit Delhi Sarai Rohilla, Jaipur, Ajmer und Udaipur *(Rewari Express* und *Chetak-Express),* Ahmedabad *(Delhi Sarai Rohilla-Ahmedabad Express).* **Bus**verbindungen mit Bundi, Kota, Udaipur und Jaipur. Der Busbahnhof liegt zwischen Neu- und Altstadt nahe der Brücke über den Gambheri-Fluss.

Udaipur

Stadtplan s. S. 172

Ohne Zweifel gehört die an einem künstlichen See liegende, von Bergen umgebene Stadt zu den schönsten Rajasthans. Mit ihren grandiosen Palastanlagen, weiträumigen Parks und einer verwinkelten Altstadt erfüllt Udaipur in vielerlei Hinsicht das Klischee des exotischen Indien, wie es sich in den Köpfen der Europäer seit dem 19. Jh. festgesetzt hat.

Der Aufstieg der Stadt ist eng mit dem Niedergang Chittaurgarhs verbunden. Bei der letzten Belagerung der Festung durch den Mogulherrscher Akbar im Jahre 1567 hatte sich der Herrscher Udai Singh an das Ufer des bereits bestehenden Stausees von Udaipur geflüchtet, wo ihm der Legende nach bereits im Jahre 1559 ein Weiser zur Errichtung einer neuen Metropole geraten hatte.

Die Arbeiten an der neuen Residenz gingen nur langsam voran, war doch Udai Singhs Nachfolger Rana Pratap in erster Linie bemüht, den Kampf gegen die Moguln fortzusetzen. Nach der Schlacht von Haldighat musste er 1576 allerdings die Stadt den islamischen Truppen überlassen und den Kampf aus dem Untergrund fortsetzen. Bis heute wird er als unvergessener Held rajputischer Traditionen gefeiert und selbst sein Pferd Chetak, das ihm das Leben rettete, hat zumindest als Namensgeber von Plätzen, Restau-

rants, Hotels und sogar eines Expresszuges überlebt. Erst 1614 musste sich das Geschlecht der Mewar den Moguln endgültig beugen. Die Freiheit war verloren, aber es herrschte Frieden, in dem sich nun Kunst und Kultur entfalten konnten und jenes Udaipur Kontur gewann, das die Touristen heute magisch in seinen Bann zieht.

Hauptanziehungspunkt ist die recht kleine, an der Westseite vom Pichola See begrenzte Altstadt, die von der ausgedehnten Anlage des **Stadtpalastes (1)** beherrscht wird. Nur ein Teil, das **City Palace Museum,** ist für das Publikum zugänglich (tgl. 9.30–16.30 Uhr), ein anderer dient dem amtierenden Oberhaupt der Mewar als Residenz, ein weiterer als Luxushotel. Im Gegensatz zu vielen Palastanlagen Rajasthans fehlt hier auf den ersten Blick der wehrhafte Charakter. Die Fassade – luftig und leicht, mit ihren

---

Udaipur:
Sehenswürdigkeiten 1 Stadtpalast (City Palace Museum) 2 Jagdish-Tempel 3 Palast Jag Niwas 4 Palast Jag Mandir 5 Moti Magri 6 Bhartiya Lok Kala-Museum
Hotels H1 Sai Niwas H2 Jheel Guest House H3 Jagat Niwas Palace H4 Mahendra Prakash H5 Rang Niwas Palace H6 Shiv Nivas Palace H7 Lake Palace Hotel H8 Lake Pichola
Restaurants R1 Chez Maxim's R2 Ambrai R3 Shiv Niwas Palace R4 Lake Palace R5 Samor Bagh R6 Sunset View Terrace

Balkons und Erkern zuweilen sogar verspielt mit einem Hauch von Dekadenz – lässt jahrhundertelange Bautätigkeit in ganz unterschiedlichen Stilen erkennen.

Von der Altstadt her gelangt man durch das Hathi Pol (Elefantentor) und das dreibogige Tripoliator in den weiträumigen, als Terrasse angelegten Hof, den heute (überteuerte) Souvenirläden säumen. Am südlichen Ende des Hofs schließt sich der ehemalige Harem an. Der nicht zugängliche Komplex war die um 1570 entstandene Urzelle des Palastes und weist mit seinen hohen, fensterlosen Mauern und vorspringenden Bastionen an der Ostseite durchaus wehrhafte Züge auf.

Am Erker über dem Tor in der Palastfront (Toran Pol) leuchtet das Sonnenemblem, Zeichen edelster rajputischer Herkunft. Die Dynastie der Mewar führt ihre Abstammung auf die von Sonne und Mond abstammende Kriegerkaste der Kshatriyas zurück und beansprucht daher eine Führungsposition unter den insgesamt 36 Rajputenstämmen. So trägt der Herrscher auch nicht den üblichen Ehrentitel Maharaja (großer Führer), sondern Maharana (großer Krieger), womit nicht zuletzt auf die führende Rolle der Mewar im Kampf gegen die islamische Eroberung und den hohen Blutzoll bei der Verteidigung Chittaurgarhs verwiesen wird.

Das Innere des zugänglichen Teils bietet sich heute als ein verschachtelter, vierstöckiger Bau mit zahlreichen Räumen, Galerien und

Garuda, das mythologische Reittier
Vishnus, im Jagdish-Tempel in Udaipur

Innenhöfen dar. Zunächst gelangt
man in den Hof Rajaya Angan, der
noch zur ursprünglichen Palastanlage gehört. In den angrenzenden
Räumen wird mit zahlreichen Exponaten vor allem dem Helden Pratap
Singh (reg. 1572–97) gehuldigt, der
aus dem Untergrund den Kampf gegen die Expansion der Moguln führte. Hier befindet sich auch eine sehenswerte Waffensammlung, die
den Besucher angesichts des Ein-
fallsreichtums im Erfinden möglichst
grausamer Tötungsinstrumente er-
schauern lässt.

Durch die darüber liegenden Privatgemächer gelangt man auf den
mit Bäumen bepflanzten Hof Badi
Mahal, der über einem mächtigen
Felsen liegt. Von den mit bunten
Glasscherben verzierten kleinen
Balkons geht der Blick weit über die
Stadt Udaipur bis zur Kette der Aravallis. Der Rundgang berührt nun
eine Galerie mit großformatigen Miniaturmalereien und den mit Spie-
gelmosaiken ausgestatteten Aufent-
haltsraum des Maharana. Er öffnet
sich zum Innenhof Badi Chatur
Chowk, der aus der letzten Baupha-
se stammt und durch seine blauen
Kacheln und großflächigen, der rajputischen Tradition entlehnten Einlegearbeiten auffällt. Einzigartig ist
von hier aus der Blick über den Pichola-See mit der Insel Jag Niwas.

◁ Figurenfries am Jagdish-Tempel
in Udaipur

Über eine steile Treppe geht es wieder hinunter zu den Frauengemächern, in denen Spiegel und Glas für eine fast surrealistische Atmosphäre sorgen. Im Erdgeschoss öffnet sich der Mor Chowk (Pfauenhof). Die verschwenderische Dekoration, die auch das darüberliegende Surya Chowk mit einbezieht, stammt allerdings erst aus dem 19. Jh. Ins Auge fallen die jugendstilartig anmutenden Pfauendarstellungen in Glaseinlegetechnik.

An den Hof grenzen der Thronraum und die Empfangshalle des Maharana. Bevor man den Palast verlässt, kann man noch einen Blick in die so genannten Queens Palace (ausgeschildert) werfen, bestehend aus einem großen rechteckigen Hof mit ihn umschließenden Zimmerfluchten, in denen Miniaturmalereien und Porträts britischer Kolonialoffiziere ihren Platz haben. An der Rückseite ist der ehemalige, in bedauernswertem Zustand befindliche Fahrzeugpark des Maharana aufgereiht, darunter ein Rolls Royce aus dem Jahre 1922.

Etwas unterhalb des Palastes liegt an der Hauptzugangsstraße auf erhöhter Plattform der von einer wehrhaften Mauer umschlossene **Jagdish-Tempel (2)**, ein Vishnuheiligtum im traditionellen Stil, das Jagat Singh I. (reg. 1628–52) hat errichten lassen (tgl. 5–14 und 16–22 Uhr). Besondere Aufmerksamkeit verdienen die in Bändern um den Tempel verlaufenden Figurenfriese mit ausdrucksvollen Darstellungen von Elefanten, Tänzerinnen und Musikan-

ten. Aus einem kleinen Schrein blickt Garuda, das Reittier Vishnus, auf den Eingang zum Heiligtum. In kleinen Nebenschreinen werden die Gottheiten Radha und Krishna verehrt, ein Tempel ist Surya, Shiva und Ganesh gewidmet.

Zum Wahrzeichen luxuriösen Ambientes hat die Tourismusindustrie den traumhaft mitten im Pichola-See gelegenen ehemaligen **Palast Jag Niwas (3)** erkoren, der heute eines der schönsten Hotels des Landes beherbergt und sogar als Kulisse für den James Bond-Film ›Octopussy‹ diente. Auch weniger betuchte Reisende können beim abendlichen Dinner im Lake Palace (sofern das Hotel nicht ausgebucht ist) ein wenig von der einzigartigen Atmosphäre genießen (Abfahrt zur Insel von der Anlegestelle unterhalb des Stadtpalastes). Einen nicht minder bezaubernden Blick auf die dem See zugewandte Front des Stadtpalastes hat man vom Freiluftrestaurant Ambrai auf der gegenüberliegenden Landzunge, die man nach Überqueren der Brücke Chandpol erreicht – der rechte Ort, einen ereignisreichen Tag bei einer Tasse Tee oder einem kalten Bier angesichts der von der Abendsonne beschienenen Fassade zu beschließen.

Der zweite, etwas weiter südlich, ebenfalls auf einer Insel liegende **Palast Jag Mandir (4)** hat seinen Charakter noch unverfälscht erhalten, wenngleich viele Bauten in bedauernswertem Zustand des Verfalls begriffen sind. Im Jahre 1623 versteckte hier der Maharana den jungen

Udaipur, Luxushotel Lake Palace auf der
Insel Jag Niwas

Mogulprinzen Khurram, den späteren Herrscher Jahan und Erbauer des
Taj Mahal. In seiner Jugend hatte er
sich wiederholt gegen seinen Vater
Jahangir aufgelehnt und war in Un-
gnade gefallen. Die Insel kann man
heute im Rahmen einer Bootstour
besuchen (Abfahrt von der Anlegestelle unterhalb des Stadtpalastes).

Durch einen Damm mit Brücke
getrennt, schließt sich nördlich der
schmale See Swaroop Sagar an, der
in den Fateh Sagar überleitet. Am
Ostufer erhebt sich dort inmitten eines gepflegten Parks (tgl. 7.30–19
Uhr) **Moti Magri (5)**, der Perlenhü-
gel, mit einer Statue des Volkshel-
den Rana Pratap.

Einen tieferen Zugang zur boden-
ständigen Volkskultur vermittelt der
Besuch des **Bhartiya Lok Kala-Mu-
seums (6)** in der Neustadt, das mit
Gebrauchsgegenständen, Trachten
und Musikinstrumenten aufwarten
kann, vor allem aber für seine
Sammlung von Puppen aus aller
Welt bekannt ist (tgl. 9–17.30 Uhr,
abends Puppenspielvorführungen).

Im **Museumsdorf Shilpgram,** etwa 3 km westlich des Fateh Sagar-
Sees steht die traditionelle Lebensweise Rajasthans, Gujarats und
Goas im Mittelpunkt, wobei der Besucher den Handwerkern über die
Schultern schauen kann und auch
Folklore geboten bekommt (tgl.
11–19 Uhr).

Am östlichen Rande der Neustadt
liegen die **Begräbnisstätten** *(chattris)*
der Herrscher von Udaipur, die auf
Veranlassung des Maharana derzeit
restauriert werden. Vor allem die älteren der bis auf das Jahr 1620 zu-
rückreichenden Bauwerke und das
künstliche Staubecken zeigen schöne Reliefs. Den Besuch vermittelt
das Hotel Mahendra Prakash, dessen Besitzer mit der Restaurierung
beauftragt wurde. Ganz in der Nähe
der Nekropole bewahrt das **Ahar-
Museum** die bescheidenen Reste
der bis 4000 Jahre zurückreichen-

den vorhinduistischen Epoche (Sa–Do 10–16.30 Uhr).

Der Ausflug zum so genannten **Monsunpalast,** den man von Udaipur aus hoch auf einer Bergspitze jenseits des Pratap Sagar Sees liegen sieht, lohnt nur bei klarer Sicht, zumal man neben der Taxifahrt auch noch den hohen Eintritt zum Nationalpark zu seinen Füßen zahlen muss.

Tourist Office, Fateh Memorial Building, Tel. 02 94/41 15 35, Mo–Sa 10–13.30 und 14–17 Uhr.

Jheel Guest House ($–$$), 56, Gangaur Ghat, Tel. 42 13 52; aus zwei Gebäuden bestehendes Hotel, einige Zimmer mit herrlichem Blick über den See, schönes Dachrestaurant. **Mahendra Prakash** ($$), Lake Palace Rd., Tel. 42 20 90; nette Unterkunft mit Innenhof, kleinem Garten und Pool. **Rang Niwas Palace** ($$$), Lake Palace Rd., Tel. 52 38 91, Fax 52 78 84; ruhig in großem Garten gelegen, Restaurant und Pool. **Sai Niwas** ($$$), nahe Stadtpalast, Tel./Fax 52 49 09; sehr angenehme Unterkunft mit hübsch dekorierten Zimmern. **Jagat Niwas Palace** ($$$), 25, Lal Ghat, nahe Jagdish-Tempel, Tel. 42 01 33, Fax 52 00 23; seit langem bewährte Unterkunft in historischem Haveli, großartiger Blick vom Dachrestaurant. **Lake Pichola** ($$$–$$$$), gegenüber dem Palast nahe Chand Pol, Tel. 42 11 97, Fax 41 05 75; Unterkunft mit einzigartigem Blick auf den Palast und den See. **Shiv Niwas Palace** ($$$$$), Stadtpalast, Tel. 52 80 16, Fax 52 80 06; Luxushotel in einem Flügel des Stadtpalastes, exquisit ausgestattete Räume. **Lake Palace Hotel** ($$$$$), Insel Jag Niwas, Tel. 52 88 00, Fax 52 87 00, lange Warteliste, wohl Indiens berühmtestes Luxushotel mitten im See.

Chez Maxim's ($), Jagdish Chowk; kleines sauberes Lokal mit südindischer und chinesischer Küche. **Samor Bagh** ($$), Lake Palace Rd.; von Indern gern aufgesuchtes Gartenrestaurant. **Ambrai** ($$$), Chandpol, neben Hotel Lake Pichola; gutes Essen (indisch, chinesisch) im Freien mit umwerfendem Blick auf den Palast vor allem am Nachmittag. **Sunset View Terrace** ($$$), im Palasthotel Fateh Prakash Palace; Dachrestaurant mit dem wohl schönsten Blick, abendliche Live-Musik. **Shiv Niwas Palace** ($$$$), im gleichnamigen Hotel; man speist hervorragend am Pool zu klassischer Live-Musik im Schatten des Palastes. **Lake Palace** ($$$$), im gleichnamigen Hotel; auch wer hier nicht wohnt, kann sich am Büffet verwöhnen lassen, sofern das Hotel nicht belegt ist, im Preis ist die Bootsfahrt eingeschlossen, Vorausbuchungen und ordentliche Kleidung sind obligatorisch.

Mewar Festival: 28./29. März 2001, 15./16. April 2002, 05./06. April 2003; Folklorefest mit Musik und Tanz.

Flugverbindungen mit Delhi, Jaipur, Aurangabad und Mumbai. Gute **Bahn**verbindungen mit Delhi Sarai Rohilla (*Chetak Express*) und Ahmedabad (*Ahmedabad Express*). **Bus**verbindungen u. a. mit Ahmedabad, Agra, Bikaner, Delhi, Jaipur, Pushkar und Mount Abu.

Eklingji und Nagda

Der 22 km nördlich liegende, von hohen Mauern umgebene Tempelkomplex (strenges Fotoverbot) von **Eklingji** mit seinen 108 Heiligtümern ist bis heute eng mit dem Herrscherhaus Mewar verbunden, soll er doch auf Bappa Rawal, den Begründer des Clans der Sisodia-Rajputen im 8. Jh. zurückgehen. Nach wie vor vollzieht hier der Maharana von Udaipur jeden Montag, dem heiligen Tag Shivas, seine religiösen Rituale in dem für ihn reservierten Teil der Anlage.

Wiederholt wurden die Tempel, in denen neben Shiva auch Vishnu, Ganesh und Durga verehrt werden, durch muslimische Bilderstürmer zerstört. Hauptheiligtum ist der 977 errichtete Lakulisha-Tempel mit einer aus schwarzem Marmor gefertigten Figur des Sri Eklingji, einer Inkarnation Shivas. Vor dem Haupteingang wacht ein großer Nandibulle aus Messing zusammen mit einer Figur des Bappa Rawal. Im Giebelfeld über dem Hauptzugang ist der Heilige Harita Rishi dargestellt, bei dem Bappa Rawal seine religiösen Unterweisungen erhalten hat.

Auf dem Rückweg nach Udaipur zweigt kurz nach Verlassen Eklingjis rechts eine Straße ab, die zwischen einem fast verlandeten See linker

Festungsanlage Kumbhalgarh

Hand und einer mit einigen Tempeln besetzten Hangkante zur Rechten in einem Bogen zu den selten besuchten Tempeln von **Nagda** führt (ca. 5 km, Richtung Hotelanlage).

Der Tempelkomplex mit seinen beiden noch erhaltenen Sas-Bahu-Heiligtümern (Schwiegertochter-Schwiegermutter-Tempel) war einst religiöses Zentrum einer größeren, heute vom Erdboden verschwundenen Stadt, in der oben erwähnter Bappa Rawal residiert haben soll, ehe er Chittaurgarh zur Residenz der Sisodia-Rajputen machte. Obwohl die muslimischen Eroberer auch dieses Heiligtum nicht verschont haben, vermittelt der Figurenschmuck der Tempel einen nachhaltigen Eindruck von der außerordentlichen Handwerkskunst des 9. Jh. Ein Relief im Inneren der Vorhalle des größeren Tempels illustriert das Ramayana-Epos. Sehr schön auch die Darstellungen von Liebespaaren *(mithunas)*. Im kleineren Bahu-Tempel blicken die acht Muttergottheiten von der Kuppelrosette auf die Besucher. Den Hauptzugang bildete früher das unterhalb der Plattform stehende dreibogige Toranator.

Kumbhalgarh

Schon von weitem sieht man die gewaltigen Mauern sich über die Hügel der Aravalli-Vorberge schlängeln. Mit 36 km Länge umschließen sie ein Areal von 84 km². Bis auf die eindrucksvollen Bastionen ist allerdings von dieser etwa 85 km nördlich von Udaipur gelegenen, einst größten **Festungsanlage** Rajasthans wenig geblieben.

Rana Kumbha hatte sie im 15. Jh. an strategisch günstiger Stelle auf einem Pass zwischen den Fürstentümern Mewar und Marwar errichtet. Nur einmal musste sich die als unbezwingbar geltende Festung unter Rana Pratap dem Mogulherrscher Akbar ergeben, da die Belagerer das Trinkwasser vergifteten.

Noch heute windet sich der Zufahrtsweg auf der alten Route durch bewaldete Hügel und sieben befestigte, mehrere Kilometer auseinanderliegende Tore. Am zweiten scheiterte 1567 Akbars erster Angriff, am dritten, dem Hanuman-Pol, wurde dem Affengott ein kleiner Schrein errichtet, vom sechsten führte ein geheimer Fluchttunnel ins Freie. Von den ursprünglichen Bauten, es soll allein 365 Tempel gegeben haben, sind nur noch bescheidene Reste erhalten. Der auf der höchsten Erhebung liegende Bada Mahal (Wolkenpalast) stammt erst aus dem 19. Jh. und ist allenfalls durch die Echoeffekte im Schlafgemach und den weiten Blick über die teilweise als Naturpark ausgewiesene Bergwelt besuchenswert.

Ratnadeep ($$–$$$), im Ort Kelwara, Tel. 02954/42217. **Aodhi-Hotel** ($$$$), an der Zufahrt zum Fort, Tel. 528016, Fax 528006; sehr ruhig, am Waldrand gelegene gepflegte Unterkunft mit Restaurant, Bar und Pool.

 Busverbindung mit Udaipur (ca. 4 Std.).

Ranakpur

In einem außerordentlich lieblichen, noch immer dicht bewaldeten Flusstal, knapp 100 km nördlich Udaipurs, haben die Anhänger der Jainreligion im 15. Jh. in 60-jähriger Bauzeit eine der schönsten Tempelanlagen Rajasthans errichtet. Die Bauwerke gehen, wie in der Jaingemeinde üblich, auf eine Stiftung zurück, in diesem Fall eines reichen Kaufmanns und Ministers am Hofe Rana Khumbhas.

Der dem ersten Furtbereiter Adinatha geweihte **Haupttempel** (Zutritt ab 12 Uhr bis spät in die Nacht) bedeckt die gewaltige Fläche von nahezu 4000 m², getragen von 1444 Säulen. Um den zentralen Schrein mit dem viergesichtigen Marmorkultbild gruppieren sich in symmetrischer Ordnung Tanz- und Versammlungshallen in teils mehrstöckiger Anordnung sowie kleine Schreine. Ein Wald von Säulen trägt die mit komplizierten geometrischen Mustern und Figuren von Göttinnen verzierten Kuppeln. Dazwischen blickt immer wieder der Himmel durch und verleiht so dem Heiligtum durch die einzigartige Lichterführung eine Aura, der sich auch der fremde Besucher nicht zu entziehen vermag. Die Ausstattung mit wertvollen Materialien, insbesondere rosafarbenem Marmor, wirft auch ein Licht auf die sozialen Verhältnisse der Jaingemeinschaft in der damaligen Zeit. Unter Rana Kumbha herrschten stabile politische Verhältnisse, von denen auch die Wirtschaft profitierte, so dass genügend Mittel für aufwändige Bauvorhaben zur Verfügung standen.

Der Haupttempel wird von weiteren Heiligtümern umschlossen, darunter dem **Parshvanatha-Tempel** aus dem 15. Jh., der auch einige erotische Motive zeigt. Einen kurzen Besuch verdient überdies der etwas südlich oberhalb der Straßenbrücke liegende **Narayana-Tempel** mit seinen überaus reichen Schmuckfriesen.

 RTDC Hotel Shilpi ($–$$), Touristbungalow neben dem Tempel, Tel. 0 29 34/8 50 74; etwas abgewohnt. **Roopam** ($$$), ca. 2 km vom Tempel, Tel. 39 21; ruhig gelegen, kleine saubere Zimmer, sehr gutes vegetarisches Essen. **Orchard Retreat** ($$$$), ca. 4 km außerhalb, Tel. 02 91/43 33 16, Fax 63 53 73; Bungalows im Grünen.

 Gute **Bus**verbindung mit Udaipur (ca. 3 Std.).

Mount Abu

Über 1700 m steigt die Aravalli-Kette an ihrem südlichen Ende aus der hitzeflimmernden Ebene und ist damit die höchste Erhebung zwischen dem Himalaya im Norden und der Nilgiris-Bergen Südindiens. In der heißen Vormonsunzeit (Mai–Juni) quillt die sich um den kleinen **Nakki**

Lake scharende ›hillstation‹ von einheimischen Touristen über, die, wie schon die Engländer, in der Kühle Entspannung und Vergnügen suchen. Im Winter, wenn die Temperaturen fast bis auf den Gefrierpunkt sinken, hat man hingegen den Ort fast für sich allein und kann von den dann günstigen Preisen für Unterkunft und Verpflegung profitieren.

Die Geschichte des Bergmassivs verliert sich in den Mythen grauer Vorzeit. Der Legende nach soll hier der Clan der Agnikula-Rajputen von dem Weisen Vishvamitra in einer Opferzeremonie aus einem Feuerloch geschaffen worden sein. Der Name geht auf die Schlange Arbuda zurück, die Kamadhenu, die Kuh des Überflusses, einst aus einer Grube rettete und damit Fruchtbarkeit und Reichtum Nordindiens sicherte. Auch für die Jains ist Mount Abu seit jeher geheiligt, spielen doch Berge in dieser Religion eine zentrale Rolle als Orte, an denen die Furtbereiter die Erlösung fanden.

Beliebtester Ausflugsort der indischen Touristen ist der etwa 3 km westlich des Ortes liegende **Sunset Point**, ein Steilabfall, an dem sich allabendlich hunderte von Besuchern einfinden, um den Sonnenuntergang zu erleben. Meist allerdings verabschiedet sich der rote Ball ganz unspektakulär lange vorher im Dunst, der wie ein Tuch über der tiefen Ebene liegt. So ist es eher die gelöste Stimmung der rings auf den Felsen lagernden Zuschauer, die den kleinen Ausflug zu einem netten Erlebnis werden lässt.

Dilwara-Tempel

Herausragendes Zeugnis der engen Verflechtung zwischen Landschaft und Glaube ist der etwa 6 km außerhalb des Ortes liegende Dilwara-Tempelkomplex, der zu den schönsten ganz Indiens zählt (tgl. 12–18 Uhr, strenges Fotoverbot). Von einer Mauer umschlossen gruppieren sich vier Heiligtümer unterschiedlichen Datums.

Das älteste, der **Vimala-Tempel,** entstand bereits 1032 unter der Herrschaft der Solankidynastie. Hinter dem bescheidenen Äußeren verbirgt sich eine atemberaubende Ausgestaltung in geradezu barockem Überschwang. In höchster handwerklicher Vollendung sind Säulen, Decken und Wände überzogen mit einem Gitterwerk verschlungener Ornamentik und plastischen Figurentableaus, auf denen sich die Geschichte der Jainreligion manifestiert. Der dem Furtbereiter Adinatha geweihte Tempel wurde von Vimala Shah gestiftet, einem reichen Kaufmann aus Gujarat und Minister unter König Bhima Dev I. Beinahe 14 Jahre lang arbeiteten 1500 Künstler und 1200 Bauarbeiter an diesem Meisterwerk aus fast transparentem Marmor, der aus den 20 km entfernten Steinbrüchen von Arasoori herbeigeschafft wurde. Im Jahre 1311 fiel der Tempel der Intoleranz des islamischen Herrschers Ala-ud-Din Khilji aus Delhi zum Opfer, wurde aber wieder liebevoll restauriert.

Rings um das zentrale Heiligtum verläuft eine Galerie mit insgesamt 57 in die Wand eingelassenen, nummerierten Zellen mit den uniform wirkenden Bildnissen der Furtbereiter. Umso prachtvoller entfaltet sich die Freude an dekorativer Gestaltung im Deckenbereich über den Zellen. Löwen, Tänzer und Musikanten begegnen uns, aber auch Episoden aus dem Leben der Furtbereiter werden dargestellt, so etwa über Zelle 10, wo Neminatha mit seinem Vetter Krishna und den Gopis spielt, Krishnas Muschelhorn bläst und dann der Hochzeit entflieht, um Asket zu werden. Auch zahlreiche andere Gottheiten des hinduistischen Pantheons haben ihren Platz gefunden. Über den Zellen 42 und 43 steht Lakshmi, die Göttin des Reichtums im Mittelpunkt, ein Deckensegment weiter begegnen uns Lakshmi, Kali und Sarasvati mit ihren Reittieren, bei der Zelle 49 tötet der Mannlöwe Narashima, eine Inkarnation Vishnus, den Dämonen Hiranyakashipu.

Besonderes Augenmerk verdient die flache Kuppel über der so genannten Tanzhalle vor dem Eingang zum Sanktum, das Andersgläubige nicht betreten dürfen. Um die einzelnen Ringe verlaufen Friese mit Gänsen, Elefanten, Reitern und Schwänen, von den Speichen blicken die 16 Göttinnen der Weisheit. Vor dem Tempel hat eine eigenartige Gruppierung von aufgereihten Elefanten ihren Platz, die zusammen mit einer Statue des Stifters von einem Abkömmling des Erbauers Mitte des 12. Jh. errichtet wurde. Auch diese Monumentalplastiken zeigen

Dilwara-Tempel in Mount Abu

Spuren der muslimischen Zerstö-
rungswut des Jahres 1311.

Nicht anders erging es dem benachbarten, etwas erhöht liegender
Luna Vasahi-Tempel, der 200 Jahre
später entstand. Auch er konfrontiert
den Besucher mit einer Vielfalt an

Ornamentik und Liebe zum Detail,
die Architektur und Plastik ver-
schmelzen lässt, zuweilen aber etwas überladen wirkt. Entlang der
Ostwand ist die Galerie durch Stein-
gitter verschlossen, hinter denen
zehn Elefanten aufgereiht sind, Tra-
getiere des 2. Furtbereiters Ajitana-
tha. Prunkstück ist ohne Zweifel die
wie ein Lüster geformte Kuppel über
der Tanzhalle mit den 16 Göttinnen

Die ›Weißgekleideten‹ und die Nackten

Wie alle großen Religionen wurde auch der Jainismus nicht von einem Schisma verschont, obwohl das Dogma in seinem Kern seit Beginn schriftlicher Aufzeichnungen unverändert geblieben ist. Die Aufspaltung in die beiden Hauptrichtungen nahm möglicherweise unter der Regentschaft des Mauryaherrschers Chandragupta I. (321–297 v. Chr.) ihren Anfang. Damals herrschte in Bihar eine 12 Jahre andauernde Hungersnot, die zur Abwanderung einer Gruppe von Mönchen nach Mysore führte.

Um sich den erschwerten Lebensbedingungen anzupassen, beriefen die in Bihar zurückgebliebenen Gemeindemitglieder ein Konzil in Paliputara ein, das die weniger strengen Glaubensregeln des 23. Furtbereiters Parshva (Parshvanatha) als verbindlich festlegte.

Die ausgewanderten Mönche folgten hingegen weiterhin den asketischen Grundsätzen des 24. Furtbereiters Mahavira, zu denen auch das Nacktgehen gehörte (nicht für Frauen!). Als sie nach Jahren wieder zu ihren Glaubensbrüdern in Bihar zurückkehrten, war die Entfremdung bereits so groß, dass es schließlich um 80 n. Chr. zu einer vollständigen Trennung in Shevetambaras (Weißgekleidete) und Digambaras (Luftbekleidete) kam. Nicht allein die Kleidungsvorschriften begründen die Aufspaltung, auch in Glaube und Ritus gibt es Unterschiede: So kann nach Ansicht der Digambaras eine Frau keine Erlösung erlangen, und ein Furtbereiter benötigt keine Nahrung. Wichtiger aber noch ist, dass für die Weißgekleideten der Kanon, die niedergeschriebenen Weisheiten der Furtbereiter, in großen Teilen noch existiert, während die Digambaras ihn für verloren halten.

Digambaras bekommt der Reisende heute nur noch sehr selten zu Gesicht, da sie abgelegene Regionen bevorzugen und nur zu großen Festen, etwa in Banshwara, in Erscheinung treten.

der Weisheit auf den Konsolenträgern und 360 winzigen, im Kreis angeordneten Figuren von Mönchen und Furtbereitern.

Der gegenüberliegende **Pittalhar-Tempel** wirkt dagegen ausgesprochen schlicht und ist wahrscheinlich unvollendet geblieben.

Achaleshvara-Tempel

Folgt man vom Dilwara-Komplex der Straße weiter in Richtung Osten, erreicht man nach etwa 5 km das zu Füßen eines steilen Bergs liegende Shivaheiligtum, das von den beiden Brüdern Vastupal und Tejapal im 13. Jh. gestiftet wurde, denen wir auch den Luna Vasahi-Tempel in Dilwara verdanken. Zum Anziehungspunkt für hinduistische Pilger ist der Tempel vor allem durch den so genannten Zeh Shivas im Kultraum geworden, von dem aus eine Öffnung bis in die Unterwelt reichen soll.

Vor dem Hauptheiligtum wacht ein mächtiger, aus Messing gefertigter Nandi (Bulle), der noch Narben muslimischer Übergriffe zeigt. Interesse verdienen auch die rings um den Tempelhof angeordneten Tempel. Im Dwarka Mandir, in der linken vorderen Ecke, ist im Innern ein besonders schönes Relief des auf der Weltschlange ruhenden Vishnu in Erwartung eines neuen Weltzeitalters zu sehen. An dem Torbogen links neben dem Haupttempel ließ sich früher der Herrscher der Sirohidynastie in Silber und Getreide aufwiegen, das dann an die Bevölkerung verteilt wurde.

Am Ufer des angrenzenden Tanks steht eine bemerkenswerte Skulpturengruppe von drei Wasserbüffeln und der aus Marmor gefertigten Statue des Königs Daravarsha als Bogenschützen. Sie illustrieren eine Legende, nach der der König die Tiere, in die sich böse Dämonen verwandelt und den heiligen, mit Ghee (geklärter Butter) gefüllten Tank leer getrunken hatten, mit einem Pfeil durchbohrte.

Ein von weiteren Tempeln gesäumter Weg führt zur Spitze des angrenzenden, ehemals von einer Festung Rana Kumbhas gekrönten Bergs empor. Der steile Aufstieg

lohnt allerdings nur wegen der Aussicht.

Touristenbüro, gegenüber der Busstation, Tel. 02974/43151, Mo–Sa 10–13 und 14–17 Uhr.

Deutlicher Preisnachlass außerhalb der Saison. **Lake View** ($$), am Nakki Lake, Tel. 38659; vor allem auf Grund der schönen Lage am Ufer des Sees sehr beliebt. **Mount Hotel** ($$$), an der zum Dilwara-Tempel führenden Straße, Tel. 43150; hervorgegangen aus dem Wohnhaus eines britischen Kolonialoffiziers, etwas abgewohnt, aber viel Atmosphäre. **Connaught House** ($$$$), Rajender Marg, Tel. 38560, Reservierung Fax 0291/635373, Internet: www.planetindia.net/maharajaresorts; ehemalige Residenz des Chief Minister von Marwar, sehr gemütlich, in englischem Landhausstil. **Palace Hotel** ($$$$), nahe Dilwara-Tempel, Tel. 312131, Fax 38674; früherer Sommerpalast des Maharajas von Bikaner, sehr begehrte, in parkähnlichem Garten liegende Unterkunft mit viel Flair.

Die Restaurants sind vor allem auf den indischen Massentourismus abgestellt, wobei Qualität nicht immer mit den Preisen in Einklang zu bringen ist. **Palace Hotel** ($$$$), im oben aufgeführten Hotel; festes Menü, bestes Restaurant in Mount Abu. **Kanak Dinig Hall** ($$), an der Busstation; bei Indern beliebtes Thali-Restaurant.

Die **Bahn**station liegt in Abu Road (27 km). Von dort gute Verbindungen mit New Delhi, Delhi, Jaipur und Ahmedabad (Rajdhani Express, Ashram Express, Aravalli Express). Fahrkartenbüro auch in Mount Abu gegenüber der Polizeistation. Gute **Bus**verbindungen, Deluxe-Busse u. a. nach Jaipur, Ajmer und Udaipur.

Städte in der Wüste

Jodhpur

Oisian

Bikaner

Deshnoke und Nagaur

Jaisalmer und Umgebung

Am Rande der Wüste Thar

Städte in der Wüste

Oasen im Lande des Todes: vom prunkvollen Palast von Jodhpur über die staubdurchwehten Straßen von Bikaner bis zur kulissenhaften Wüstenmetropole Jaisalmer. Kamelritte zwischen Sanddünen und verfallenen Zeugnissen vergangener Größe.

Westlich der Aravalli-Kette, die sich den Monsunwinden wie ein Riegel in den Weg legt, nimmt die Landschaft recht schnell steppen- und schließlich wüstenhafte Züge an. Größere und kleinere Dünen, durchsetzt mit niedrigen Hügeln, schüttere Grasvegetation, Salzpfannen und Sandflächen verleihen der als Thar bezeichneten, sich tief bis in die pakistanische Provinz hineinziehenden Landschaft ihr karges Gesicht.

Trotz der Lebensfeindlichkeit konnten sich weit verstreut einige größere Ortschaften herausbilden, die fast oasenhafte Züge tragen. Die Besiedlung ist Ergebnis der frühen muslimischen Eroberungszüge, die in Afghanistan ihren Ausgang nahmen. Allein 17mal fiel der Sultan Mahmud von Ghazni (971–1035) mit seinen Söldnerheeren in Nordindien ein und kehrte jedes Mal mit reicher Beute an Tempelschätzen und Sklaven in seine Heimat zurück. Verständlich, dass sich einige Rajputenstämme in die Abgeschiedenheit der Wüste zurückzogen, darunter der Clan der Bhattis, der 1165 Jaisalmer gründete und die Rathors,

die sich nach langen Irrfahrten 1459 in Jodhpur niederließen. Die Ödnis, auch Marwar (Land des Todes) genannt, bot zwar einen gewissen Schutz vor islamischen Raubzügen, keineswegs aber vor den Bruderkriegen, die zur Tradition der Rajputen gehörten. So splitterten sich die beiden Clans weiter auf. Über gemeinsame Aktionen gegen die islamischen, disziplinierten Heere konnten sich ihre Fürsten niemals einigen, so dass sie sich schließlich der Vorherrschaft der Moguln beugen mussten.

Jodhpur

Stadtplan s. S. 192

Zu begeistern vermag die lärmerfüllte, staubgepuderte Großstadt den Besucher zunächst kaum – eine wie so viele in Indien. Magisch angezogen wird der Blick jedoch von der hoch auf einem Bergsporn ruhenden Palastanlage, die zu den eindrucksvollsten Rajasthans zählt und überdies einen grandiosen Blick über das Häusermeer bietet.

Erst im Jahre 1459 entschlossen sich die Rathors aus der nahe gelegenen Ortschaft Mandore ihre Residenz auf den strategisch günstigeren Bergrücken zu verlegen. Später erwies sich der Herrscher von Jodhpur als getreuer Vasall der Moguln, wofür er nicht nur mit dem Titel Raja, sondern auch mit zahlreichen anderen Privilegien belohnt wurde, die den Reichtum des Herrscherhauses mehrten und zum Teil auch in die Ausgestaltung des Palastes einflossen.

Als jedoch der fanatische Mogulherrscher Aurangzeb 1679 versuchte, sich das Fürstentum Marwar einzuverleiben, da Jaswanth Singh ohne mündige Erben gestorben war, kam es zu einem lang andauernden Krieg. In einer Nacht- und Nebelaktion wurde der am Hof Aurangzebs gefangen gehaltene Säugling Ajit Singh aus dem Palast in Delhi geschmuggelt und damit die Nachfolge des Hauses Marwar gesichert. Es sollte aber noch bis 1709 dauern, ehe die Moguln, deren Glanzzeiten längst vorbei waren, zum Abzug gezwungen werden konnten. Wenige Jahre später fiel der Befreier Ajit Singh dem Mordanschlag seines

Die Wüste Thar

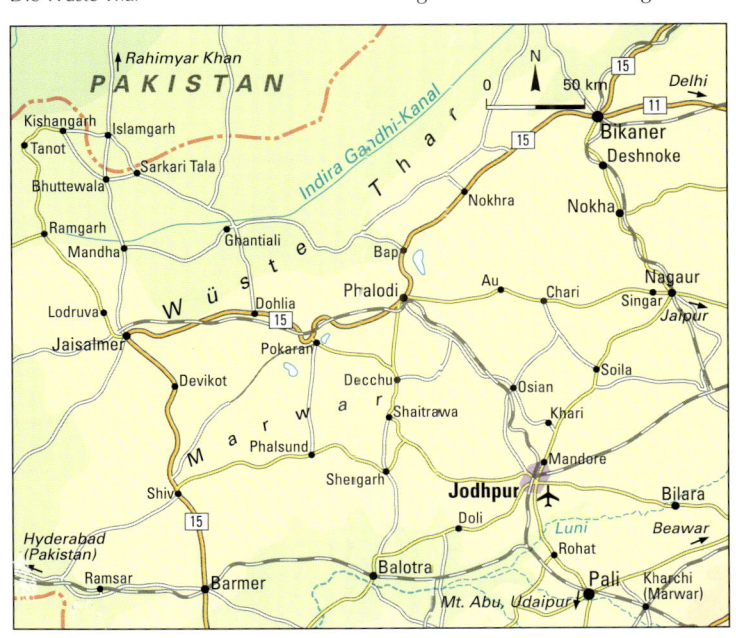

Sohns zum Opfer, dann musste die Stadt an die kämpferischen Marathen, erbitterte Widersacher der Moguln, Tribut zahlen und wurde 1808 vom stärkeren Nachbarn Jaipur angegriffen. Ruhe und Frieden kehrten erst wieder ein, als sich das Fürstentum 1818 dem Diktat der Briten unterwarf und für seine Loyalität fürstlich belohnt wurde.

Dominiert wird das Stadtbild durch das hoch auf einem Felsgrat thronende **Fort Meherangarh (1)**, mit dem Rao Jodha 1459 den Grundstein zur neuen Hauptstadt des Marwarreichs legte (tgl. 9–13 und 14–17 Uhr). Man erreicht den Hauptzugang, das Jai Pol, auf einer Fahrstraße oder einem kürzeren Fußweg, der von der Altstadt hinauf-

---

Jodhpur:
Sehenswürdigkeiten 1 Fort Meherangarh 2 Jaswant Thada-Kenotaphe
3 Umaid Bhawan (Museum)
Hotels H1 Govind Hotel H2 The Blue House H3 Haveli Guest House
H4 Ghoomar Tourist Bungalow H5 Ajit Bhawan H6 Umaid Bhawan Palace
H7 Devi Bhawan
Restaurants R1 Kalinga R2 Umaid Bhawan Palace

führt. Ein von Festungsmauern flankierter Serpentinenweg führt durch drei weitere Tore zum Palastzugang. Am zweiten Tor, dem Ded Kangra Pol, sind noch die Kanoneneinschläge der Belagerung von 1808 zu erkennen, als Jaipur und Bikaner die Festung eroberten und für kurze Zeit besetzt hielten. An der Innenseite des letzten Tors, dem Loha Pol, zieren die Handabdrücke der Fürstenwitwen die Wand. Hinduistischer Tradition folgend hatten sie zusammen mit ihren verstorbenen Männern den Scheiterhaufen bestiegen. Allein sechs von ihnen waren mit Man Singh (gest. 1843) verheiratet gewesen.

Man betritt nun eine schmale Hofanlage, die rechter Hand vom Palast gesäumt wird, linker Hand von einer erhöht liegenden Bastion, von der aus man einen grandiosen Blick über Jodhpur hat. Dabei fallen die vielen blau getünchten Wohnhäuser auf, früher ein Zeichen für hier wohnende Brahmanen, heute jedoch eine Modeerscheinung. Zudem wird der blauen Farbe eine mückenabwehrende Wirkung nachgesagt.

Auch an diesem, überwiegend aus Sandstein errichteten Palast, den man durch das Suraj Pol betritt, wurde über viele Jahrhunderte gebaut, sodass er sich heute als ein verschachtelter Komplex aus Innenhöfen, Terrassen und Gebäuden präsentiert. Zunächst gelangt man in den Hof Daulat Khana mit dem gleichnamigen Saal, in dem eine riesige Sänfte aus dem 18. Jh. die Aufmerksamkeit auf sich zieht. Das mit Blattgold überzogene, kunstvoll geschnitzte Prunkstück, das von 12 Männern getragen werden musste, fiel Abhay Singh als Kriegsbeute in die Hände. Nebenan kann man einen Blick in die Waffenkammer werfen, Stolz jeder Rajputenfestung; neben Dolchen, Spießen und Keuen gibt es auch ein Schwert Akbars zu bewundern. Im Stockwerk darüber dokumentieren Miniaturen aus dem 19. Jh. das höfische Leben, das so gar nicht im Einklang mit der Kampfeslust der Rajputen zu stehen scheint. Hier oben liegt auch der Spiegelsaal. Derartige, mit farbigen Glasscherben und Spiegeln ausgestattete Zimmer, Shish Mahal genannt, erfreuten sich in den Palästen Rajasthans größter Beliebtheit und wurden teilweise auch von den Moguln übernommen. Krishna-Darstellungen ergänzen die Dekoration. Der Gott steht auch im Mittelpunkt der Ausgestaltung des darüber liegenden Schlafgemachs des Herrschers Thakat Vilas (reg. 1843–73), ergänzt durch die in Rajasthan beliebten Motive aus der Dhola-Maru-Legende.

Der dem Hof gegenüberliegende Raum Phul Mahal (Blumenpalast), den man über eine Treppe erreicht, besticht durch seine mit Gold verzierte Decke. In vierzehnjähriger Arbeit sollen die Handwerker hier 80 kg des Edelmetalls verarbeitet haben. In den Medaillons sind die Herrscher des Hauses Marwar verewigt, darunter werden in einem umlaufenden Fries die unterschiedlichen Stimmungen der klassischen

indischen Ragas thematisiert. Der Prunksaal diente früher als private Empfangs- und Festhalle, in der sich die ganze Pracht höfischen Lebens entfaltete. Über eine Treppe gelangt man auf eine Terrasse mit Blick auf die Sandsteinfassade des Palastes und die tief unten liegende Stadt.

Nun geht es hinab zum Moti Mahal Chowk, dem größten Hof der Anlage. Begrenzt wird er von der öffentlichen Audienzhalle, in der die Marwarherrscher auf silbernem Thron die Huldigungen ihrer Untertanen entgegennahmen, Recht sprachen und über die Politik des Staates entschieden. Gut lässt sich hier die ungewöhnliche Fassadenkonstruktion mit ihren vorspringenden oberen Stockwerken und Balkons studieren, die sich statisch nur durch schmale, galerieartige Gänge zwischen den Fensterfronten und den dahinter liegenden Räumen ver-

Blick vom Fort Meherangarh auf Jodhpur

hundert Metern auf die Kenotaphe von **Jaswant Thada (2),** der Begräbnisstätte der Herrscher von Marwar.

Am Ostrand der Stadt entstand zwischen 1929 und 1943 auf einer Erhebung der massige Palastbau **Umaid Bhawan (3)** mit 347 Zimmern. Europäische Architektur wurde hier mit muslimischen, rajputischen und persischen Stilelementen zu einem vor allem wegen seiner Größe beeindruckenden Bauwerk aus Sandstein und Marmor verschmolzen, das sein Vorbild in den Kolonialgebäuden Neu-Delhis hat. In einem Teil des Palastes ist heute ein Luxushotel untergebracht, ein Seitenflügel beherbergt das geschmackvoll aufgemachte **Palastmuseum** mit einer Präsentation exquisiter Waffen, vom Maharaja gewonnener Pokale im Polospiel und einer Sammlung kurioser Uhren.

Das kleine **Museum** (Sa–Do 10–17 Uhr) im **Umaid-Park,** einer weitläufigen einigermaßen gepflegten Parkanlage lohnt mit seiner lieblosen Darbietung von ausgestopften Tieren, Waffen und einigen Plastiken hingegen den Besuch nicht.

Das pralle Leben einer indischen Großstadt mit ihren fremdartigen Gerüchen, exotischen Angeboten und farbenprächtigen Saris lässt sich am besten rings um den Clock Tower in der **Altstadt** hautnah erleben.

wirklichen ließ. Fast filigran wirken die den benachbarten Hof Singhar Chowki Chowk umschließenden, allseitig von Fenstern eingerahmten Haremsgemächer. Die durchbrochenen Jaligitter verschaffen jedem Windhauch freien Zutritt und ermöglichten den Frauen überdies, ungesehen am Geschehen in ihrer Umgebung teilzuhaben.

Verlässt man die Festung auf der Straße, stößt man nach wenigen

 Tourist Office, im Ghoomar Tourist Bungalow.

195

Schneider in der Altstadt von Jodhpur

 **Govind Hotel** ($), Station Rd., gegenüber dem Bahnhof, Tel. 02 91/62 27 58; einfache Unterkunft mit hilfsbereitem Management. **Haveli Guest House** ($), Makrana Mohalla (in der Altstadt), Tel. 61 46 15; viel Atmosphäre und schöner Blick vom Dachrestaurant. **The Blue House** ($), Moti Chowk, Tel. 62 13 96, Fax 61 82 59; nur wenige Zimmer im Zentrum, sehr freundlich. **Ghoomar Tourist Bungalow** ($$), High Court Rd., Tel. 54 80 10; verkehrsgünstig nahe dem Busbahnhof gelegene staatliche Unterkunft mit ziemlich abgewohnten Zimmern und mäßigem Service. **Devi Bhawan** ($$$), 1, Ratanada Area, Tel./Fax 43 42 15; in wundervollem Garten gelegene Privatunterkunft, liebevoll dekorierte Zimmer mit kleiner Veranda, gutes Essen. **Ajit Bhawan** ($$$$), Circuit House Rd., Tel. 61 24 10, Fax 63 77 74, e-mail: abhawan@del3.vsnl.net.in.; populäre Unterkunft in ehemaligem kleinen Palast mit modernen Bungalows und herrlichem Pool. **Umaid Bhawan Palace** ($$$$$), Tel. 43 33 16, Fax 63 53 73, Internet: www.planetindia.net/maharajaresorts; protziges Luxushotel im Palast des Maharajas.

Kalinga ($$), gegenüber dem Bahnhof im Hotel Adarsh Niwas. **Umaid Bhawan Palace** ($$$–$$$$), vier sehr gute Restaurants (Marwar Hall, Risala, Kebab Corner und The Pillars).

Ausflüge zu Dörfern der Bishnoi, bekannt durch ihre ökologische Lebensweise, zu buchen u. a. beim Tourist Office und im Hotel Ajit Bhawan.

Marwar-Festival: 31. Okt./01. Nov. 2001, 19./20. Okt. 2002, 08./09. Okt. 2003; Folkloredarbietungen.

Flugverbindungen mit Delhi, Udaipur, Jaisalmer und Mumbai. **Bahn**verbindungen 2× tgl. mit Jaisalmer (*IJPJ* morgens, *Jodhpur-Jaisalmer Express* nachts); Delhi (*Delhi-Jodhpur Express, Mandore Express*), Ahmedabad und Abu Road *(Bandra Bika-ner-Ranakpur Express, Suryanagari Express)*. **Bus**verbindungen u.a. mit Udaipur, Jaipur, Ajmer und Delhi.

Ehe die Rathors ihre Residenz 1459 nach Jodhpur verlegten, residierten sie für nicht einmal ein Jahrhundert im 9 km nördlich gelegenen **Mandore.** Schon im 8. Jh. hatten hier die Mandor-Pratihara ihr Zentrum. Als die Rajputen den Platz 1395 einnahmen, war der Stern der Pratihara schon lange verloschen und Relikte ihrer hohen künstlerischen Leistung kaum noch vorhanden.

Von der auf einem kleinen Hügel in einer ausgedehnten Parkanlage gelegenen ehemaligen Rajputenfestung sind nur noch einige unbedeutende Grundmauern erhalten. Umso schöner präsentieren sich hingegen die von einem künstlichen Wasserlauf gesäumten und entlang einer Prozessionsstraße aufgereihten Kenotaphe der Herrscher, die bis ins 19. Jh. hier eingeäschert wurden. Wendet man sich am Ende des Weges nach links, gelangt man zur kleinen Gartenanlage Zenana Bagh, die vom turmartigen Thamba Mahal bewacht wird. Im angrenzenden Komplex hat das kleine Museum seinen Platz, das einige schöne Miniaturen zeigt sowie Plastiken des 12. Jh. aus der Stadt Kiradu nordwestlich von Barmer, die 1192 den Eroberungszügen Muhammeds von Ghur zum Opfer fiel. Kurios ist die Skulpturengalerie ›Hall of Heros‹ mit ihren 16 gipsüberzogenen, aus dem Fels geschlagenen Statuen. Einträchtig nebeneinander findet man Gottheiten und Helden aus der Geschichte Marwars, darunter Kali, Krishna, Sita und Hanuman sowie den Helden Ram Deoji.

Osian

In der 60 km nördlich von Jodhpur an der Strecke nach Jaisalmer gelegenen Kleinstadt haben die Gurjara-Pratihara eindrucksvolle Zeugnisse ihres künstlerischen Schaffens hinterlassen. Der Stamm war im Gefolge des Hunneneinfalls im 6. Jh. nach Nordindien gelangt und hatte zwischen dem 8. und 9. Jh. von Kanauj aus große Teile Nordrajasthans beherrscht und kulturell geprägt, ehe er nach Gwalior weiterwanderte. Osian wurde für Brahmanen und Jains gleichermaßen eines der wichtigsten religiösen Zentren der Region. Insgesamt haben sich Reste von 18 Heiligtümern erhalten, von denen zwölf aus der Zeit um 800 stammen, die übrigen aus dem 11. und 12. Jh. Stilistisch sind sie eine Variante des Post-Guptastils, die den konvex geformten Tempelturm Nordindiens mit der Dekorationsfreude der Post-Guptaepoche verbindet. Kennzeichen sind überdies auf Plattformen liegende, von einem Wandelgang umschlossene Kultzellen mit vorgelagerter Säulenhalle *(mandapa)* und exquisit gearbeitete Götterbildnisse in den Nischen der Plattformen und Tempelwände.

Eine breite, von Toranabögen überspannte Treppe führt hinauf zum **Sachiya Mata-Tempel.** Das der Göttin Durga geweihte Heiligtum besteht aus mehreren Schreinen, von denen der südlich an das Hauptheiligtum angebaute Suraya-tempel am ältesten ist. Gut erhaltene Skulpturen von Ganesh und den Wächterfiguren Ganga und Yamuna zieren die Wände und den Eingang. An der Decke der dunklen Vorhalle illustriert ein Bilderzyklus die Krishnalegende.

Zu Füßen des Tempelberges liegt im Nordosten des Ortes der **Mahavihara-Tempel,** der in seinen Ursprüngen noch aus dem 8. Jh. stammt. Zunächst bestand der älteste noch erhaltene Jaintempel im westlichen Indien aus einer Kultzelle und einer

kleinen Vorhalle, die später erheblich erweitert wurde. Dadurch musste der Toranabogen, der früher den Zugang bildete, an die linke Seitenwand des Hofs versetzt werden. Die wahrscheinlich noch aus der Gründungszeit stammende Kultfigur in der Cella stellt Mahavira dar, den 24. Furtbereiter der Jains. Die an der Außenseite in die Pfeiler zwischen den vorspringenden Balkons eingelassenen Figuren gelten als die ältesten noch erhaltenen in Verbindung mit einem Bauwerk stehenden Plastiken. Sie zeigen u. a. die vedischen Gottheiten Nirti (Gott des Unglücks), Yama (Totengott), Varuna (Wassergott) und Agni (Feuergott).

An der Innenwand des Hofs reihen sich Schreine, die dem Heiligtum im 12. Jh. hinzugefügt worden sind. In späteren Zeiten sollte die Umfriedung des Haupttempels mit

Figuren am Mahavihara-Tempel in Osian

kleinen Schreinen zum wesentlichen Merkmal der Jainarchitektur werden (s. Dilwara und Ranakpur).

Etwas außerhalb der Ortschaft liegen zwischen der nach Jodhpur führenden Straße und der Eisenbahnlinie Jodhpur-Jaisalmer zwei so genannte Hari-Hara-Tempel, benannt nach einem Relief mit der gemeinsamen Darstellung von Shiva und Vishnu. Sie bestehen aus einem zentralen Hauptschrein und vier an den Ecken der gemeinsamen Plattform platzierten Nebenschreinen. Am besten erhalten ist der nahe der Bahnlinie liegende **Hari-Hara-Tempel Nr. II.** Zwar sind die vier Eckschreine teilweise verfallen, aber der Figurenschmuck in den Nischen der Außenwände hat die Jahrhunderte in bemerkenswert gutem Zustand überdauert und gilt als schönster in ganz Osian. An der Rückwand (Ostseite) des zentralen Heiligtums ist die Hari-Hara-Plastik eingelassen, der dieser Tempeltypus seinen Namen verdankt. Näher an der Straße liegt der weniger gut erhaltene **Hari-Hara-Tempel Nr. III,** dessen Cella später eine Halle vorgesetzt wurde. Auf der anderen Straßenseite erhebt sich auf hoher Plattform der **Vishnu-Tempel Nr. I,** der bereits aus dem Jahre 775 stammt und in den Nischen Bildnisse von Narasimha (linke Wand), Vishnu (Rückwand) und Trivikrama (rechte Wand) zeigt. Zu den weiteren Sehenswürdigkeiten zählen ein teilweise ausgegrabener Tempeltank und ein Sonnentempel aus der Mitte des 8. Jh., die beide am Ortsrand Richtung Jodhpur liegen.

Bikaner

Stadtplan s. S. 201

Die Stadt bietet sich dem Besucher als sehr weitläufig und an der Peripherie immer wieder von Parks und Grünflächen aufgelockert. Im Zentrum hingegen unterstreichen die rosa Sandsteinfassaden den wüstenhaften Charakter dieser ehemals bedeutenden Handelsmetropole am Kreuzungspunkt wichtiger Karawanenrouten.

Im Jahre 1465, als Streit um die Nachfolge des Herrschers von Jodhpur ausbrach, verließ Rao Bika, einer seiner Söhne, den Hof, um sich ein eigenes Reich zu schaffen. In zahlreichen Kämpfen besiegte er die lokalen Stämme und gründete 1488 eine Lehmfestung, die er Bikaner nannte, zusammengesetzt aus seinem Namen und dem eines verbündeten Oberhaupts der kriegerischen Jats namens Nara. Bei seinem Tode im Jahre 1504 hatte Rao Bika 3000 Dörfer unter seine Herrschaft gebracht und sein Territorium erheblich erweitert. Die fehlende Sicherheit eines Bergrückens hatte er für den Vorteil der wirtschaftlich einträglichen Lage am Kreuzungspunkt wichtiger Handelswege selbstbewusst in Kauf genommen. Und in der Tat ging seine Rechnung zunächst auch auf, und die Stadt entfaltete sich zum Drehkreuz des Karawanenhandels.

Natürlich hatten die Moguln ein begehrliches Auge auf das reiche Bikaner geworfen, das sich ohne ernsthaften Widerstand im 16. Jh. dem

Diktat der Herren aus Agra und Delhi unterwarf und so seine Privilegien wahren konnte. Selbst als Aurangzeb gegen den hinduistischen Glauben ins Feld zog, religiöse Feste verbieten ließ und eine Kopfsteuer für Hindus wieder einführte, stand Bikaner als eines der wenigen rajputischen Fürstenhäuser treu zu seinem Herren, auch wenn es Dissidenten Schutz vor muslimischer Verfolgung gewährte.

Mit dem Niedergang der Mogulherrschaft versiegten auch die Zuwendungen aus Agra und Delhi, so dass die das luxuriöse Leben gewohnten Herrscher von Bikaner die Steuerschraube für den Warentransit immer mehr anzogen. Die Maßnahme erwies sich als sehr kurzsichtig, suchten sich die Kaufleute doch neue Routen durch das südlich angrenzende Territorium von Shekhavati, wo sie mit offenen Armen aufgenommen wurden.

In den unruhigen Zeiten des 18. Jh. musste Bikaner die Belagerung durch Jodhpur hinnehmen, griff 1808 seinerseits zusammen mit Jaipur den Erzrivalen an.

Als die Engländer 1818 die Zügel fest in die Hand nahmen, beugte sich Bikaner nicht nur dem Diktat, sondern unterstützte die Briten durch seine berühmten Reitkamele, die in Afghanistan zum Einsatz kamen. Im Ersten Weltkrieg befehligte der Maharaja Ganga Singh höchst persönlich das von ihm aufgestellte Kamelkorps Ganga Risala auf Kriegsschauplätzen in China, Somalia und Ägypten.

Noch immer gehen die Uhren in Bikaner langsamer als in anderen Großstädten des Subkontinents. Gemächlich ziehen Kamele gummibereifte Karren durch die teilweise noch mittelalterlich anmutende Altstadt. Zentrum bildet das **Junagarh-Fort (1),** mit dessen Bau Raja Rai Singh im 16. Jh. begonnen hatte und das wie üblich zahlreiche Erweiterungen erfahren hat (tgl. 10–16.30 Uhr, nur mit Führung). Ältester Teil ist das Eingangstor Suraj Pol, durch das man noch heute den ausgedehnten Komplex betritt. Abweichend von den übrigen, aus lokalem Sandstein errichteten Gebäuden besteht es aus Marmor. Der Legende nach hatte der Raja seiner Frau zuliebe das Baumaterial aus ihrer Heimatstadt, dem 300 km entfernten Jaisalmer, heranschaffen lassen, wahrscheinlicher jedoch ist, dass der später verwendete rötliche Sandstein der Umgebung noch nicht entdeckt worden war. Zwei Elefanten flankieren den Durchgang zum ersten Hof, Zeichen dafür, dass sich die Festung niemals den Moguln hatte ergeben müssen, wobei verschwiegen wird, dass man ernsthaften Auseinandersetzungen durch ein frühes Bündnis aus dem Weg gegangen war.

Eines der Glanzstücke des Palastes ist der Saal der Privataudienzen, Anup Mahal, der im 17. Jh. unter Anup Singh entstand und seine fantastische aus Spiegeln, Einlegearbeiten und Malereien in Gold bestehende Dekoration unter Raja Surat Singh (reg. 1787–1828) erhielt. Für die Innenausstattung griffen die Herrscher von Bikaner bevorzugt auf fremde Künstler zurück. Für Lackarbeiten auf Holz holte man Spezialisten aus Multan (heutiges Pakistan), für Einlegearbeiten Künstler aus Amber. Wie in etlichen rajputischen Palästen trat auch in Bikaner ab dem 18. Jh. der Mogulstil deutlicher in Erscheinung, da mit dem Niedergang dieser Dynastie viele arbeitslos gewordene Kunsthandwerker an die Fürstenhöfe abwanderten.

Den Luxus auf die Spitze getrieben hat Maharaja Gaj Singh (reg. 1745 – 87) mit dem Bau der aus fünf Räumen bestehenden Privatgemä-

Bikaner:
Sehenswürdigkeiten 1 Junagarh-Fort 2 Lalgarh-Palast (Sri Sadul-Museum) 3 Ganga Golden Jubilee-Museum
Hotels H1 Shri Shanti Niwas H2 Marudar Heritage H3 Bhanwhar Niwas H4 Harasar Haveli H5 Sagar H6 Shivam H7 Lalgarh-Palace
Restaurant R1 Amber R2 Bhanwhar Niwas R3 Lalghar-Palace

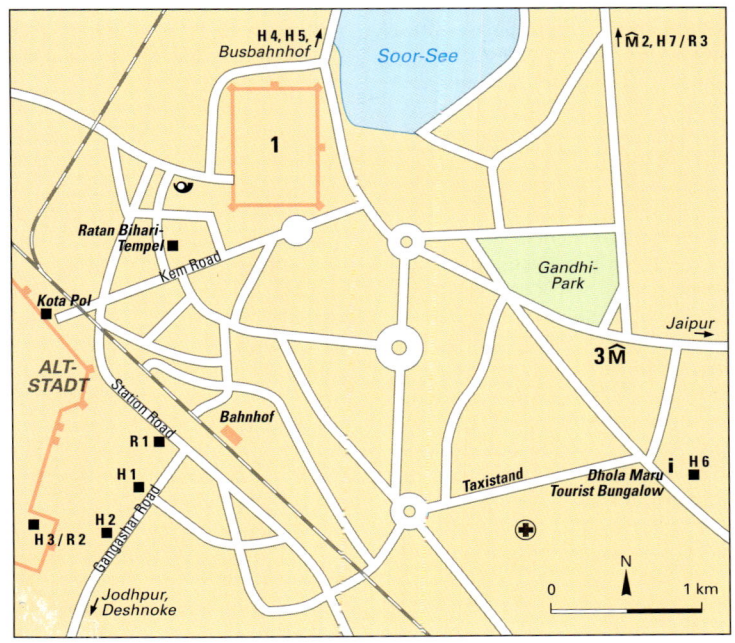

cher des Gaj Mandir über dem Kharan Mahal. Um das zentrale, etwas erhöht liegende Schlafgemach gruppieren sich vier kleinere Zimmer, die untereinander durch Türen verbunden sind, mit dem Zentralraum aber – bis auf einen, von dem aus eine Treppe hinaufführt – nur durch Fenster, die von innen mit bemalten Holztüren verschlossen werden konnten. Auch hier darf das in fürstlichen Schlafgemächern beliebte Krishna-Gopi-Motiv *(krishna lila)*, das Erotik und Religion verschmilzt, nicht fehlen.

Ein Spiegelzimmer *(sheesh mahal)* gehört ebenfalls zu den Privatgemächern des verwöhnten Herrschers. Der Blumenpalast *(phool mahal)* und der Mondpalast *(chandra mahal)* sind ähnlich verschwenderisch ausgestattet. Im Phool Mahal kann man ein kleines Bett des Rao Bika (reg. 1465–1504) bewundern. Der Herrscher ließ seine Beine immer über den Rand hinausragen, um selbst dann noch, wenn er ans Bett gefesselt werden sollte, aufspringen und sich gegen seine Widersacher verteidigen zu können. Ganz unbegründet war dieser Spleen nicht, hatte doch eine Konkubine seinen Großvater ans Bett gebunden und so den Häschern preisgegeben. Kritischen Betrachtern mag das ganze Interieur dieser Räume trotz der hervorragenden kunsthandwerklichen Arbeiten und der Lichteffekte aufgrund der Überfrachtung als kitschig erscheinen.

Auf dem Dach des Gaj Mandir thront der von Maharaja Dungar

Singh (reg. 1827–87) errichtete, zeltartige Chatra Niwas, wegen seiner Kacheldekoration auch Chinesenturm *(chiniburj)* genannt. Die Bautätigkeit in Bikaner fand erst in unserem Jahrhundert mit der Errichtung der riesigen Durbar-Halle Ganga Niwas ein Ende, in der sich europäische Bautechniken mit klassischem Stil verbanden und ein völlig neues Raumgefühl vermitteln.

Heute ist hier das Fort-Museum untergebracht, das nach alter rajputischer Tradition voller Stolz die Waffensammlung mit den üblichen Schwertern, Dolchen, Pistolen und Gewehren präsentiert, darunter auch eine Kanone, die auf ein Kamel montiert werden konnte und sogar ein restauriertes Flugzeug aus dem Ersten Weltkrieg, ein Geschenk der Engländer an den treuen Vasallen.

Die Dokumentation höfischen Lebens anhand mehr oder minder interessanter und zuweilen kurioser Exponate steht auch im Mittelpunkt des im neorajputischen **Lalgarh-Palast (2)** untergebrachten **Sri Sadul Museums** (Do–Di 10–17 Uhr) und des **Ganga Golden Jubilee Museums** (3; Sa–Do 10–16.30 Uhr), wobei letzteres aber auch noch einige bemerkenswerte Terrakotten aus der Guptazeit, schöne Plastiken aus dem 11. Jh. und eine Sammlung traditioneller Musikinstrumente vorweisen kann.

Im Gewirr der **Altstadt** verstecken sich einige sehenswerte Bauten, darunter das Handelshaus Rampuria-Haveli aus dem Jahre 1880 und der

Straße in Bikaner

Jaintempel Bandhasar, der im Innern entgegen aller Tradition mit Male-reien geschmückt ist und in der Cel-la mit Kacheln, Spiegeln und Gold-malerei.

Tourist Reception Centre, im Tou-rist Bungalow Dhola Maru, Tel. 01 51/2 74 45; Mo–Sa 9–17 Uhr, sehr hilfsbereit.

Shri Shanti Niwas ($), Tel. 52 19 25; einfache, noch akzepta-ble Bleibe gegenüber dem Bahnhof. **Ma-rudar Heritage** ($$), Gangashar Rd., Tel. 52 25 24; ordentliches, ruhiges Hotel in Bahnhofsnähe. **Shivam** ($$$), 69, Sadu -ganj, hinter Tourist Bungalow, Tel. 20 31 12, Fax 52 51 50; ausgesprochen angenehme Privatunterkunft mit großen,

geschmackvoll eingerichteten Zimmern und hervorragendem Essen. **Harasar Haveli** ($$$), Am Karni Singh-Stadion, Tel. 20 98 91, Fax 52 51 50; sehr hübsche Unterkunft mit gepflegten Zimmern und angenehmer Atmosphäre. **Sagar** ($$$–$$$$) Lalgarh Palace Campus, Tel. 52 06 77, Fax 20 18 77; in traditionellem Stil er-richtetes Hotel mit 30 Zimmern, Garten, Restaurant mit abendlichem Kulturpro-gramm. **Bhanwhar Niwas** ($$$$), Alt-stadt nahe Polizeistation, Tel. 20 10 43, Fax 20 08 80; in einem traditionellen Handelshaus (Haveli) eingerichtetes Ho-tel mit exquisit ausgestatteten Zimmern und gutem Restaurant. **Lalgarh-Palace** ($$$$$), Ganganagar Rd., 3 km außer-halb, Tel. 54 02 10, Fax 52 22 53; Teil des Maharaja-Palastes mit entsprechend lu-xuriösen Zimmern, Bar und Restaurant.

Amber ($$), schräg gegenüber dem Bahnhof, gutes Essen, schnel-ler Service, klimatisiert. Weitere Restau-rants in den Hotels **Bhanwhar Niwas** ($$$$) und **Lalgarh-Palace** ($$$$$).

Camel Festival: 8./9. Jan. 2001, 27./28. Jan. 2002, 17./18. Jan. 2003; touristisch aufgemachte Veranstaltung mit Folklore.

 Kamelsafaris: Kontakt über Hotel Shivam.

 Bahnverbindungen mit Delhi Sarai Rohilla (*Delhi Sarai Rohilla-Bikaner Express*), Jaipur und Ajmer (*Ajmer-Bikaner Express*), Ahmedabad und Abu Road (*Bandra Bikaner-Ranakpur Express*). Der **Bus**bahnhof liegt in der Nähe des Lalgarh-Palastes. Verbindungen u. a. nach Udaipur, Jaipur, Jodhpur, ins Shekhavati-Gebiet (Jhunjhunu) und Jaisalmer.

Ein besonderes Erlebnis ist der Ausflug zu der 10 km nördlich von Bikaner liegenden **Kamelzuchtstation** (15–17 Uhr, genaue Angaben beim Fremdenverkehrsamt; offiziell herrscht Fotoverbot). Aus der Tradition des von Maharaja Ganga Singh gegründeten Kamelkorps Ganga Risala hervorgegangen, beschäftigt sie sich heute in erster Linie mit der Aufzucht von Deckbullen für die Viehhirten der Umgebung und Reittieren für die noch bestehende Einheit der ›Border Security Force‹; letztere patrouilliert zwar an der nördlichen Grenze mit dem pakistanischen Sind, erfüllt aber vornehmlich repräsentative Aufgaben bei Militärparaden.

Deshnoke und Nagaur

Gleich vorab eine Warnung: Wer nur die geringste Scheu vor Ratten und Mäusen hegt, sollte sich den Ausflug zum Tempel von **Deshnoke** verkneifen, bevölkern doch Tausende von Nagern das Tempelinnere, das man nur in Socken oder barfuß betreten darf! Wer versehentlich eine Ratte verletzt oder gar tötet, muss angeblich ein Tier aus Silber oder gar Gold stiften.

Das Heiligtum wurde für die Gottheit Karni Mata errichtet, eine Inkarnation von Durga, die im 14. Jh. gelebt haben soll und zur Schutzgottheit der Rajputen aufstieg. Über die Verehrung der Ratten gibt es folgende Geschichte zu berichten: Zu der bereits zu Lebzeiten als Heilige geltenden Karni soll ein Fürst einmal den verstorbenen Sohn mit der Bitte gebracht haben, ihn wieder zum Leben zu erwecken, da die Dynastie sonst ohne Nachfolger bliebe und aussterben würde. In Trance habe Karni den Totengott Yama aufgesucht und ihn um die Seele gebeten. Der Totengott aber verweigerte die Herausgabe mit der Entschuldigung, der Junge sei bereits wiedergeboren und die Seele daher nicht mehr zurückzugewinnen.

Die enttäuschte Karni schwor daraufhin, dass kein Mitglied ihres Stammes mehr das Reich des Totengottes Yama betreten werde, sondern die Seelen der Verstorbenen stattdessen in Ratten wiedergeboren würden. Nach dem Tod der Tiere würden die Seelen dann die Körper von Barden annehmen und somit das Fortbestehen dieser in Rajasthan bis heute gleichermaßen beliebten wie verehrten fahrenden Sänger garantieren. Für die Rajputen, die auf

Im Karni Mata-Tempel in Deshnoke
werden auch die Ratten verehrt

eine Überlieferung ihrer Genealogie
und der Heldentaten ihrer Vorfahren
so großen Wert legten, war der Fort-
bestand der Barden als Vermittler
der Traditionen von höchster Bedeutung, finden sie doch in den Helden-
liedern, den *dingals,* immer wieder
die begehrte Selbstbestätigung.

Das genaue Alter des Tempels ist
unbekannt, aber bereits sehr früh
wurde Karni Mata (auch Karni Devi)
zur Schutzheiligen des Herrscher-

hauses *(kuldevi),* das beträchtliche
Mittel für die Ausgestaltung des Heiligtums zur Verfügung stellte. So ist
der aus weißem Marmor gefertigte
Zugang zum Tempelkomplex mit
fein gearbeiteten Figuren hinduistischer Gottheiten versehen, und die
silbe-beschlagenen Türen, die
Maharaja Ganga Singh (reg.
1887–1943) stiftete, zeigen vollend-
ete Handwerkskunst. Im Allerheilig-
sten steht eine aus Jaisalmer-Sand-
stein geformte Figur von Karni Devi
unter einem goldenen Baldachin.

 Bahn- und **Bus**verbindungen
Bikaner–Deshnoke.

Die 110 km südlich von Bikaner und 135 km nordöstlich von Jodhpur gelegene Kleinstadt **Nagaur** verwandelt sich im Januar/Februar jeden Jahres in einen farbenprächtigen, lebhaften Viehmarkt, zu dem tausende von Dorfbewohnern der näheren und weiteren Umgebung mit ihren Herden anreisen. Der Markt ist wesentlich ursprünglicher als der von Pushkar, obwohl das Fremdenverkehrsamt von Rajasthan und das Palasthotel Umaid Bhawan in Jodhpur während der Veranstaltung luxuriöse Zeltunterkünfte für Touristen bereitstellen (teuer). Auch außerhalb der Festtage lohnt der Besuch der von einer 7,5 km langen Mauer umschlossenen, malerischen Rajputenstadt mit ihrem Fort und zwei sehenswerten Hindutempeln durchaus. Das Shiva-Idol des Muralidhar-Tempels steht in einer Grube, die als Nagapuri bezeichnet wird und dem Ort nicht nur den Namen gegeben hat, sondern wohl auch auf eine lang zurückreichende Schlangenverehrung zurückgeht. Der Naga-Kult gehört zu den ältesten Indiens und steht häufig in Zusammenhang mit einem Becken oder einer Grube, der Heimstatt der Schlangen, die über die Schätze der Erde wachen.

RTDC-Tourist Bungalow ($–$$), zu buchen über Swagatam Touristbungalow Jaipur, Tel. 01 41/20 25 86, Fax 20 10 45. **Hotel Mahaveer International** ($–$$), Tel. 0 15 82/4 31 58.

Nagaur Cattle Fair: 31. Jan.–3. Feb. 2001, 19.–22. Feb. 2002, 8.–11. Feb. 2003.

  Bahnverbindungen von Bikaner und Merta Rd. (nur Personenzüge). **Bus**verbindungen von Bikaner und Jodhpur.

Jaisalmer

Die romantisch inmitten der Wüste unweit der pakistanischen Grenze gelegene Stadt ist heute zu einer der beliebtesten Treffpunkte der Rucksacktouristen in Rajasthan geworden. Nicht zu unrecht, denn die unmittelbar aus der kargen Landschaft steigenden Festungsmauern, die verwinkelten Gassen im Fort und die noch weitgehend verkehrsfreie Altstadt üben einen unwiderstehlichen Reiz aus und wirken zuweilen wie eine Filmkulisse.

Auch Jaisalmer ist Ergebnis der von Afghanistan ausgehenden muslimischen Eroberungszüge im 11. Jh. Zu jener Zeit war der Rajputenclan der Bhatti vor Sultan Mahmud von Ghazni in die Wüste zurückgewichen und hatte in Lodurva ein kleines Reich gegründet. Aber auch dieses wurde Mitte des 12. Jh. von den Heeren des Eroberers Muhammed von Ghur in Schutt und Asche gelegt. Im Jahre 1155 wählte der Herrscher von Jaisal deshalb aus strategischen Gründen den 17 km entfernten steil aufragenden Felsrücken zur Anlage einer neuen Festung, die damit neben Chittaurgarh zu den ältesten in Rajasthan zählt. Der ›Felsen Jaisals‹, so lautet denn auch wenig prosaisch die Übersetzung des Namens.

Die bis zu 70 m hohe Erhebung in der Wüste ist Herzstück der Befestigung. Auf ihr entstand der Palast, um den sich zu seinen Füßen allmählich die Stadt entwickelte, umgeben mit einer Doppelmauer, die ihre heutige, mit den 99 Bastionen ausgesprochen beeindruckende Gestalt allerdings erst unter Rawal Bhim Singh (1578–1623) erhielt.

Die isolierte Lage inmitten einer lebensfeindlichen Wüste bewahrte Jaisalmer freilich keineswegs vor unruhigen, kriegerischen Zeiten, die sich die Herrscher der Wüstenfestung teilweise aber selbst zuzuschreiben hatten. Da Handel und Landwirtschaft wenig abwarfen, verlegten sie sich im 13. und 14. Jh. auf den lukrativen Karawanenraub. Leichtsinnigerweise vergriffen sie sich auch an den Gütern des mächtigen Ala-ud-Din Khilji, des Sultans von Delhi, der unverzüglich eine Strafexpedition in Marsch setzte und die Stadt eroberte, wobei die Frauen traditionsgemäß den Freitod im Feuer wählten. Die Nachfolger hatten offenbar aus dem Vorfall keine Lehren gezogen, und so kam es einige Zeit später erneut zur Belagerung und zum Massenselbstmord. Ruhigere Zeiten kehrten erst zwischen dem 16. und 18. Jh. ein, dem goldenen Zeitalter Jaisalmers, in

---

Jaisalmer:
Sehenswürdigkeiten   1 Raj Mahal   2 Jaintempel   3 Patwon ki-Haveli   4 Nathmal ki-Haveli   5 Salim Singh-Haveli   6 Taziaturm   7 Teliator   8 Folkloremuseum
Hotels   H1 Fort View   H2 Paradise   H3 Suraj   H4 Swastika   H5 Renuka   H6 Narayan Niwas Palace
Restaurants   R1 Natraj   R2 Monica   R3 Trioe

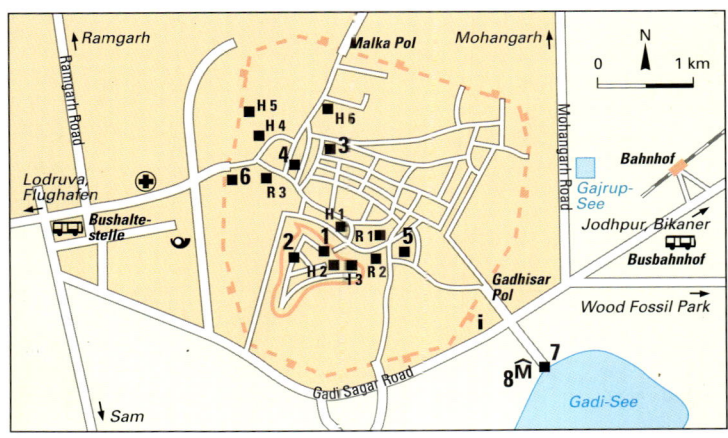

dem Handel, Kunst und Kultur sich zu entfalten begannen und der Ort von einem Räuberhauptquartier zu einer ansehnlichen Stadt heranwuchs. Man profitierte jetzt von der Mogulherrschaft, die sichere Verhältnisse bis nach Afghanistan hinein garantierte und damit dem Fernhandel einen goldenen Boden bereitete. Jaisalmer wurde Umschlagplatz für Opium, Gewürze, Getreide und Butterfett *(ghee)* und war nicht länger auf Raubzüge angewiesen.

Zu Beginn des 19. Jh., als der Stern der Moguln erlosch, hielten die Premierminister die Zügel der Macht in der Hand. Berüchtigt wurde Salim Singh, ein Tyrann, der die Bevölkerung bis aufs Blut auspresste und dadurch die Abwanderung der reichen Paliwalkaste aus Jaisalmer zu verantworten hatte. Der gezielte Dolchstoß eines unterdrückten Rajputen setzte seinem Leben ein vorzeitiges Ende.

Erst mit der vertraglichen Bindung an England im Jahre 1818 kehrten wieder geordnete Verhältnisse ein. Da mehrere Herrscher ohne männliche Nachfolger blieben, wurden die Maharawals, wie sich die Herrscher in Jaisalmer bezeichneten, aus dem Umfeld der Verwandtschaft erwählt.

Durch drei Tore gelangt man aus der Innenstadt zur **Festungsanlage,** die im Gegensatz zu anderen Forts mit Wohnhäusern dicht bebaut ist. Der Haupthof des Palastes ähnelt mit Cafés und Andenkenbuden heute eher einer belebten südländischen Plaza. Und auch der Palast **Raj Mahal (1)** fügt sich mit seinen

kaum verzierten Sandsteinfassaden bescheiden in das Ensemble. Wer meint, die ehemals höfische Pracht würde sich hinter den unscheinbaren Mauern entfalten, sieht sich beim Besuch enttäuscht. Beiderseits der engen Gassen reihen sich schmalbrüstige Häuser in unterschiedlichem Erhaltungszustand. Einige von ihnen sind zu kleinen Hotels und Pensionen umgebaut worden und bieten, soweit sie unmittelbar an die äußere Mauerkrone grenzen, eine grandiose Aussicht auf die Wüste. Versteckt im Gewirr haben drei reich verzierte, miteinander verbundene **Jaintempel (2)** ihren Platz. Neuerdings darf nur noch der am einfachsten ausgestattete von westlichen Touristen betreten werden (7–12 Uhr).

Die wichtigsten Sehenswürdigkeiten Jaisalmers, die reich geschmückten Häuser ehemals vermögender Kaufleute, liegen in der Altstadt unterhalb des Forts. Statt die Fassaden wie in Shekhavati mit Malereien zu schmücken, haben hier Steinmetze unter Einbeziehung von Licht und Schatten wahre Meisterwerke geschaffen. Fast nahtlos bedecken kleine Balkone mit bengalischen Dächern und durchbrochenen Steingittern die Hausfassaden. Anders als im Shekhavati-Gebiet

---

Kunstvolle Steinmetzarbeiten zieren die Fassade des Patwon ki-Haveli in Jaisalmer

In Jaisalmer

führen keine großen Tore in die dahinter liegenden Höfe und Wohnräume, sondern nur bescheidene Türen. Ihr Vermögen machten die Kaufleute von Jaisalmer nämlich nicht mit Kamelladungen von Wolle, sondern vornehmlich mit kleinen Päckchen Opium für den chinesischen Markt!

Zu den prachtvollsten Handelshäusern zählt der **Patwon ki-Haveli (3),** der zu einem Komplex von fünf nebeneinander stehenden Häusern im nördlichen Stadtbereich gehört. Sie wurden zwischen 1800 und 1860 von der einflussreichen Familie Bafna errichtet und befinden sich heute im Besitz der Regierung. Der

nicht weit entfernt liegende **Nathmal ki-Haveli (4)** ist eines der letzten aufwändig gebauten Handelshäuser und diente als Residenz von Metha Nathmal, der unter Maharawal Berishal Singh Mitte des 19. Jh. den Posten des Premierministers *(diwan)* bekleidete. Der Bau wurde von zwei Architekten, den Brüdern Hathi und Laloo, entworfen. Den Eingang flankieren zwei Elefanten als Zeichen dafür, dass hier der Diwan residierte.

Der unterhalb des Fort gelegene **Salim Singh-Haveli (5),** auch Moti-Mahal genannt, steht in Verbindung mit dem brutalen Salim Singh, der sein Vaterhaus mit einem Pavillon hatte krönen lassen, bestehend aus einer weit auskragenden Galerie zarter, von bengalischen Dächern abgeschlossener Säulen. Verziert wurden sie mit Rankenwerk, Pfauen- und Blumenmotiven.

Ungewöhnlich ist auch der **Taziaturm (6)** am westlichen Stadttor (Amar Sagar Gate). Der pagodenartige Bau, ein Geschenk der islamischen Steinmetzen an den Herrscher, ist eine Nachbildung muslimischer Totenschreine, wie sie während des Muharramfestes anlässlich der Taziaaufführungen (Leidensgeschichte des islamischen Märtyrers Hussein) verwendet wurden.

Erholsame, ruhige Stunden kann man am Stausee Garisar ein Stück südlich der Stadt verbringen. Den Hauptzugang überspannt das **Teliator (7),** das zu Beginn des 19. Jh. von einer stadtbekannten Kurtisane gestiftet wurde. Einigen Bürgern war der Bau deshalb ein Dorn im Auge und sie baten den Maharaja um die Erlaubnis zum Abriss. Telia ließ jedoch rasch einen Tempel auf das Dach setzen und verwandelte so das Tor in ein Heiligtum, an dem sich niemand vergreifen mochte.

An der Zufahrtsstraße liegt rechter Hand ein kleines **Folkloremuseum (8)** mit hübschen Exponaten zur lokalen Volkskunst (tgl. 8–19 Uhr).

Tourist Reception Center, Gandhi Sagar Rd., Tel. 02992/52406, Mo–Sa 8–12 und 15–18 Uhr.

Swastika ($), Chanipura Street Gandhi Chowk, Tel. 029924 52483; zentral gelegene, beliebte Billigunterkunft. **Renuka** ($), Gandhi Chowk, Tel. 52757; ebenfalls sehr populärer Treffpunkt der Rucksacktouristen. **Fort View** ($), gegenüber dem Zugang zum Fort, Tel. 52214; alteingesessene Billigunterkunft, beliebtes Dachrestaurant; empfehlenswerte Kamelsafaris. **Paradise** ($–$$$), m Fort, Tel. 52674, 52417; gegenüber dem Palast gelegene Unterkunft mit Zimmern unterschiedlicher Ausstattung und Preislage, großartiger Blick von der Dachterrasse. **Suraj** ($$–$$$), im Fort, ein Stück neben Paradise, Tel. 51623; wohnen in traditionellem Haveli, der etwas Auffrischung nötig hätte, freundliches Management. **Narayan Niwas Palace** ($$$$), im Norden der Altstadt, Tel. 51901-5, Fax 52101; im traditionellen Stil gehaltene, moderne Unterkunft mit gemütlichen Zimmern, Innenhof und atemberaubendem Ausblick von der Dachterrasse auf die Festung.

Monica ($$), nahe Zugang zum Fort; beliebter Treffpunkt der Traveller-Szene, umfangreiche Speisekarte europäisch/indisch, Terrasse. **Natraj** ($$), gegenüber Salim Singh Haveli; gutes Essen zu zivilen Preisen im Freien. **Trio** ($$–$$$), nahe Amar Sagar Gate; populäres Dachrestaurant mit sehr gutem Essen.

Kamelsafaris: Achtung: Viele Billigunterkünfte haben bereits in den Bussen und der Eisenbahn Schlepper, die die Touristen durch attraktive Übernachtungspreise in ein bestimmtes Hotel locken wollen, das dann überhöhte Preise für eine Kamelsafari fordert. Vertrauenswürdige Veranstalter sind das Hotel Fort View sowie die Agenturen Sahara Travel (Fort Gate) und Thar Safari (beim Restaurant Trio).

Jaisalmer Desert Festival 6.–8. Feb. 2001, 25.–27. Feb. 2002, 14.–16. Feb. 2003; sehr touristisch mit Kamelrennen und Volkstänzen.

 **Flüge** von und nach Delhi, Jaipur, Jodhpur

Kamelsafari

Schaukelnd durch die Dünen

Vor etwa 20 Jahren entdeckten einige Hotelbesitzer Jaisalmers die Wüste als zusätzliche Einnahmequelle. Was lag näher, als die Touristen auf die hier heimischen Kamele zu setzen und mit Führern auf eine Safari in die Wildnis zu schicken. Die für Inder undenkbare Freizeitbeschäftigung gehört heute zu den beliebtesten, heiß umkämpften Aktivitäten für ausländische Besucher.

Die Exkursionen hoch zu Kamel, genauer gesagt Dromedar, reichen von einem halbstündigen Ritt zum *sunset point* bis zu mehrtägigen Exkursionen mit Übernachtung im Freien.

Die oft gebuchte zweitägige Tour führt über Bada Bagh bis Lodurva und zurück nach Jaisalmer. Wer vier oder gar fünf Tage unterwegs sein

und Mumbai, **Bahn**verbindungen nach Jodhpur, 2× tgl. (*IJPJ* morgens, *Jodhpur-Jaisalmer Express* nachts); der Bahnhof liegt etwa 3 km außerhalb. **Bus**verbindungen mit Jodhpur, Jaipur und Bikaner. Der Busbahnhof liegt in der Nähe des Bahnhofs. Buchungen der *Deluxe-Busse* über die Reisebüros im Ort.

Die Umgebung von Jaisalmer

Wegen der Nähe zur pakistanischen Grenze ist die Bewegungsfreiheit in Richtung Norden eingeschränkt, wobei die meisten Sehenswürdigkeiten jedoch außerhalb der Sperr-

zone liegen. Sehr lohnend ist der Ausflug zu den von Touristen kaum beachteten Chattris von **Bada Bagh,** der 6 km nördlich liegenden Grabstätte der Herrscher von Jaisalmer. Einige der Kenotaphe sind noch gut erhalten und beeindrucken überdies durch die im naiven Stil rajputischer Volkskunst ausgeführten Gedenksteine.

Etwa 16 km nordwestlich liegen die bescheidenen Überreste der alten Hauptstadt **Lodurva,** die im 12. Jh. von den Muslimen zerstört wurde. Sehenswert ist der aus dem 11. Jh. stammende Jaintempel, der seither jedoch vollständig erneuert wur-

möchte, gelangt bis zu den Sanddünen von Sam, ca. 40 km von Jaisalmer entfernt, und reitet von dort auf einigermaßen abgelegenen Pfaden durch kleine Dörfer zurück.

Da eine erbitterte Konkurrenz herrscht und spätere Reklamationen zwecklos sind, muss man vor der Exkursion einige Dinge mit dem Veranstalter abklären, zumal sich unterwegs keinerlei Versorgungsmöglichkeiten ergeben: Hat man sein eigenes Kamel oder muss man es mit einem Treiber teilen (nicht ratsam), wie sieht die Verpflegung aus (bei Billigtouren gibt es nur Reis, Dal und Chapattis), wird Mineralwasser gestellt, schläft man im Zelt oder unter freiem Himmel? Man sollte überdies für eine gute Kopfbedeckung, Sonnencreme und eine weiche Unterlage sorgen, da die ungewohnten Bewegungen des Kamels sehr schnell zu wunden Schenkeln führen können. Ein Schlafsack ist für die kalten Wüstennächte mehr als nur Luxus.

Da sich etliche schwarze Schafe im Safarigeschäft tummeln, ist es ratsam, sich bei anderen Touristen nach ihren Erfahrungen zu erkundigen und sich keineswegs von einem Veranstalter unter Druck setzen zu lassen. Häufig werden die Touristen mit vermeintlich niedrigen Übernachtungspreisen in die Hotels gelockt, um dann mit einer überteuerten Tour über den Tisch gezogen zu werden. Als vertrauenswürdige Veranstalter haben sich das Hotel Fort View erwiesen sowie die Agenturen Sahara Travel (Fort Gate) und Thar Safari (beim Restaurant Trio am Amar Sagar Gate).

de. Beachtung verdient der aus Holz gefertigte baumartige Turmaufsatz, der einen der zehn Wunschbäume der Jains verkörpert, die im paradiesischen Zeitalter die Wünsche der Menschen erfüllten. Ganz in der Nähe liegen die Ruinen des so genannten **Palastes der Prinzessin Moomal** (Moomal ki Meri), der sich mit einer herzzerreißenden Liebesgeschichte verbindet. Die schöne Moomal liebte heimlich den Prinzen Mahendra und empfing ihn nachts in ihrem Palast. Einmal erhielt sie Besuch von ihrer Schwester, die sich als fahrender Sänger verkleidet hatte. Mahendra, der dazukam, hielt die Schwester für einen Konkurrenten und zog sich zurück. Jahrelang versuchte Moomal ihren Geliebten zurückzugewinnen und machte sich schließlich als Armreifenverkäuferin auf die Suche. Als sie Mahendra schließlich fand und beide sich in die Arme sanken, ereilte sie der Tod.

Am meist ausgetrockneten Stausee **Amar Sagar,** nur wenige Kilometer von Lodurva entfernt, werden derzeit einige Jaintempel restauriert.

Am Mausoleum des Humayun in Delhi ▷

TIPPS & ADRESSEN

Alle wichtigen
Informationen rund
ums Reisen – von
Anreise bis Zoll –
auf einen Blick

Wissenswertes über
Gesundheitsvor-
sorge, nützliche
Tipps zum Thema
Einkaufen

INHALT

Reisevorbereitung & Anreise
Informationsstellen   217
Indien im Internet   217
Diplomatische Vertretungen   217
Einreisebestimmungen   218
Reisezeit   218
Reisekleidung   218
Anreise/Ausreise   219

**Unterwegs in Delhi, Agra und
Rajasthan**
Über Land   220
… mit dem Flugzeug   220
… mit der Bahn   220
… mit dem Bus   220
… mit dem Mietwagen   220
In der Stadt   221

Unterkunft & Restaurants   222

Reiseinformationen von A bis Z
Apotheken   223
Ärztliche Versorgung   223

Betrügereien und Diebstähle   223
Drogen   224
Feiertage und
   überregionale Feste   224
Feilschen   225
Fotografieren   225
Frauen als Einzelreisende   226
Geld und Banken   226
Gesundheit   227
Medien   228
Öffnungszeiten   229
Post   229
Souvenirs   229
Verhaltensregeln   231
Zeitdifferenz   231
Zollbestimmungen   231

Glossar   233

Abbildungsnachweis   235

Register   235

REISEVORBEREITUNG

Informationsstellen

In Deutschland:
Indisches Fremdenverkehrsamt
Baseler Str. 48
60329 Frankfurt
Tel. 0 69/2 42 94 90
Fax 0 69/24 29 49 77
Auch für Österreich zuständig

Deutsch-Indische Gesellschaft e. V.
Charlottenplatz 17
70173 Stuttgart
Fax 07 11/2 99 14 50
E-Mail: info@dig-ev.de
Steht für sozialen und kulturellen
Austausch; keine Reiseinfos.

In der Schweiz:
Office National de Tourisme
1–3 Rue de Chantepoulet
1201 Genève
Tel. 0 22/7 32 18 13
Fax 0 22/7 31 56 60

Indien im Internet

www.indianembassy.de (viele links
zu anderen Websites)
www.india-tourism.de (allgemeine
Infos)
www.indianrailway.com (Fahrplan
der Bahn)
www.indiaworld.com (aktuelle
Nachrichten)
www.indien-aktuell.de (Informationen und Bilder)
www.indiolink.com (für im Ausland
lebende Inder, sehr interessanter Einblick in die Kultur)

www.welcometoindia.com (schön
gemacht, aber wenig Infos)
www.planetindia.net (u. a. gutes Hotelverzeichnis)
www.indiatravelog.com (interessante
Berichte)

Diplomatische Vertretungen Indiens

In Deutschland
Über www.indianembassy.de kann
man sich ein Antragsformular für das
Visum aus dem Netz herunterladen.

Indische Botschaft und Konsulat
Pohlstraße 20
10785 Berlin
Tel. 0 30/4 85 30 02
Fax 0 30/4 85 30 02

Konsularische Außenstelle
der Indischen Botschaft
(Visastelle)
Willi-Brandt-Allee 16
53113 Bonn
Tel. 02 28/5 40 51 32
Fax 02 28/23 32 92

Indisches Generalkonsulat
Friedrich Ebert Anlage 26
60326 Frankfurt
Tel. 0 69/1 53 00 54 06
Fax 0 69/55 41 25

Indisches Generalkonsulat
Raboisen 6
20095 Hamburg
Tel. 0 40/33 89 36
Fax 0 40/32 37 57

Das Visabüro in München ist derzeit geschlossen.

In Österreich
Indische Botschaft
Kärntnerring 2
A-1015 Wien
Tel. 1/5 05 86 66
Fax 1/5 05 92 19

In der Schweiz
Indische Botschaft
Effingerstr. 45
CH-3008 Bern
Tel. 0 31/3 82 31 11
Fax 0 31/3 82 26 87

Indisches Generalkonsulat
9, rue du Valais
CH-1202 Genève
Tel. 0 22/7 32 08 59
Fax 0 22/7 38 45 48

Einreisebestimmungen

Voraussetzung sind ein noch mindestens sechs Monate gültiger **Reisepass** und ein kostenpflichtiges **Visum** (etwa 35,50 €), das von den Vertretungen Indiens (Botschaften und Konsulate) ausgestellt wird. Der Antrag muss auf einem gesonderten Formular erfolgen, das man anfordern oder aus dem Internet herunterladen kann (www.indianembassy.de). Beizufügen sind dem ausgefüllten Antrag zwei Passbilder und ein Beleg der Einzahlung. Das Visum hat eine Gültigkeit von **sechs Monaten ab Ausstellungsdatum** und gestattet innerhalb dieses Zeitraums mehrmalige Einreisen.

Nach der Einreise darf man 3 Monate im Lande bleiben; die Aufent-haltsgenehmigung kann (nicht immer problemlos) bei den *Foreigner's Regional Registration Offices* um weitere drei Monate verlängert werden. Danach ist eine Einreise erst wieder nach sechs Monaten möglich.

Reisezeit

Rajasthan lässt sich am angenehmsten in den Wintermonaten zwischen Oktober und Anfang März bereisen. Nachts ist vor allem in der Wüstenregion mit Temperaturen nahe dem Gefrierpunkt zu rechnen, wobei zu berücksichtigen ist, dass die meisten Hotels keine Heizung besitzen. In der Vormonsunzeit (Mitte April–Mitte Juni) steigt das Thermometer hingegen nicht selten auf über 45 °C. Während des Monsuns kommt es häufig zu erheblichen Behinderungen im Flug-, Bahn- und Straßenverkehr.

Reisekleidung

Man sollte auf pflegeleichte, strapazierfähige Kleidung achten. Teure Designerstücke sind weniger angebracht; bei den einheimischen Waschmethoden und den aggressiven Waschmitteln werden sie arg strapaziert, wenn man den in jedem Hotel angebotenen Service nutzen will, seine Sachen waschen zu lassen. Zudem kann man sich vor Ort sehr preiswert mit zweckmäßiger Bekleidung versorgen. Nicht zu vergessen sind im Winter warme Pullover, da Heizungen in Verkehrsmitteln wie Hotels so gut wie unbekannt und die Bettdecken meist sehr dünn sind. Ein leichter Schlafsack aus Flies, erhältlich in Ausrüsterläden, ist durchaus kein Ballast. Auch ein eigenes Moskitonetz ist mehr als nur purer Luxus.

Anreise/Ausreise

Delhi wird von fast allen großen Fluggesellschaften aus Deutschland und den angrenzenden Nachbarländern direkt oder mit Zwischenlandung angeflogen. *Air India* bedient seit kurzem allerdings nur noch London und Paris. Ein Nonstopflug nach Delhi dauert etwa 8 Std. Durch die Zeitverschiebung und das Nachtflugverbot in Deutschland landen und starten die Maschinen in Delhi gegen Mitternacht. Der Zubringerdienst in die Stadt ist auf den regen nächtlichen Betrieb eingestellt (man beachte jedoch die Anmerkungen zur ›Taximafia‹ in den praktischen Hinweisen zu Delhi).

Bei einigen Fluggesellschaften muss man den Rückflug rechtzeitig, d.h. 72 Std. vorher, rückbestätigen *(reconfirmation)*. Bei der Ausreise ist eine Flughafensteuer von 750 Rs zu entrichten, die manchmal bereits im Preis des Tickets enthalten ist.

UNTERWEGS IN DELHI, AGRA UND RAJASTHAN

Über Land

... mit dem Flugzeug

Die wirtschaftliche Liberalisierung hat zwar zur Entstehung zahlreicher privater Gesellschaften geführt, Flüge innerhalb Rajasthan lohnen dennoch kaum. Eine Ausnahme ist die von vielen Touristen gern geflogene Route Delhi – Agra – Khajuraho – Varansi, die aber über die Grenzen der hier behandelten Region hinausführt.

... mit der Bahn

Indien unterhält eines der größten Eisenbahnnetze der Welt. Sehr gut erschlossen sind die Routen von Neu-Delhi nach Agra (2 Std.) und Neu-Delhi nach Ajmer über Alwar und Jaipur (4.15 Std.) mit den schnellen *Shatabdi-Express-Zügen.* Jodhpur erreicht man von Alt-Delhi aus nur mit einem Nachtzug (*Delhi-Jodhpur-Express, Mandore Express,* 12 Std.), ebenso Udaipur von Delhi Sarai Rohilla aus *(Chetak Express, Ahmedabad Express, 12 Std.).* Außer bei den Shatabdi-Expresszügen sind längere Verspätungen an der Tagesordnung.

Fahrkarten kauft man am besten am Ausländerschalter im 1. Stock des Bahnhofs Neu-Delhi. Reisebüros sind unzuverlässig und fordern eine hohe Bearbeitungsgebühr. Der von der indischen Eisenbahn angebotene Indrail-Pass lohnt sich für einen Aufenthalt in Rajasthan nicht. Bei Nachtfahrten sind **Reservierungen** unerlässlich, bei Tagesfahrten ratsam.

Ein Leckerbissen für wohlbetuchte **Eisenbahnfreunde** ist die einwöchige Rundfahrt mit dem *Palace on Wheels* entlang folgender Route: Delhi–Jaipur – Chittaurgarh – Udaipur – Sawai Madhopur – Jaisalmer – Jodhpur – Bharatpur–Agra–Delhi. Informationen im Internet: www.indianrailway.com.

Die **Verpflegung** unterwegs ist in der Regel kein Problem. Es gibt Tee und abgepacktes warmes Essen *(meals).* Nüsse, Obst, Kekse und Tee kann man von fliegenden Händlern auf jedem Bahnsteig kaufen.

... mit dem Bus

Buslinien überziehen Indien dicht wie ein Spinnennetz. Aufgrund des noch immer recht geringen Individualverkehrs gelangt man mit einem Bus bis in das kleinste Dorf. Auf Langstrecken verkehren zuweilen recht komfortable *Deluxe-Busse,* meist allerdings mit Video ausgestattet. Unmittelbar nach der Abfahrt werden die Vorhänge zugezogen und die Lautsprecher bis zum Anschlag aufgedreht! Von Nachtfahrten ist wegen der hohen Unfallgefahr abzuraten.

... mit dem Mietwagen

Die angenehmste Art des Reisens ist die Fahrt mit gemietetem Fahrzeug und Fahrer (Fahrzeugmiete ohne Farer gibt es nur in Ausnahmefällen und dann zu höheren Preisen). Aufgrund des chaotischen Fahrstils ist es ohnehin nicht ratsam, sich selbst ans Steuer zu setzen. Pro Tag muss man mit etwa 2000 Rupien bei 300 Freikilometern rechnen. Eingeschlossen sind die Kosten für die Übernachtung und Verpflegung des Fahrers. Man sollte sich von den Fahrern aber nicht bestimmte Hotels aufzwingen lassen, die von ihnen allein nach der Höhe der *commission* ausgesucht werden. Einige empfehlenswerte Autovermieter sind unter den praktischen Hinweisen zu Delhi aufgeführt.

In der Stadt

Alle Städte verfügen über ein ausgedehntes **Busnetz,** das man als Ortsfremder jedoch kaum durchblickt, zumal Nummern meist fehlen und die Fahrtziele oft nur in Hindi auf die Windschutzscheibe geschrieben sind. **Taxis** sind meist das einzig akzeptable Verkehrsmittel. Der Tarif muss immer vorher ausgehandelt werden. Man erkundige sich im Hotel, welcher Preis der Norm entspricht. Taxis, die vor dem Hotel warten, verlangen immer überhöhte Preise. Man kann sich auch über die Rezeption, etwa für die Fahrt zum Flughafen, ein Taxi rufen lassen. Für Kurzstrecken kommen **Motorrikschas** *(scooter)* zum Einsatz, die Platz für maximal zwei Personen bieten. Man ist allerdings in starkem Maße den Abgasen der Lkw und Busse ausgesetzt. Vor allem in Agra sind auch **Fahrradrikschas** im Einsatz.

UNTERKUNFT & RESTAURANTS

Unterkunft

Der Bogen spannt sich von der kostenlosen Unterkunft in einem Sikh-Tempel bis zur Luxusherberge in einem ehemaligen Palast eines Maharaja. Da auch die Inder häufig im Land unterwegs sind, gibt es eine große Zahl von Mittelklassehotels, die allerdings nicht immer europäischen Ansprüchen genügen. Zudem fehlt hier der Kontakt zu anderen Rucksacktouristen, mit denen man sich vielleicht gern austauschen möchte. Ein gutes Hotelverzeichnis findet man im Internet unter: www.planetindia.net.

Preiskategorien (jeweils für zwei Personen im Doppelzimmer):

$ = Sehr preiswert:
bis 200 Rs (4,50 US$)
$$ = Günstig:
200–500 Rs (4,50–10 US$)
$$$ = Moderat:
500–1000 Rs (10–20 US$)
$$$$ = Teuer:
1000–2500 Rs (20–55 US$)
$$$$$ = Sehr teuer:
über 2500 Rs (55 US$)

Restaurants

Inder gehen gerne essen, so dass es zumindest in größeren Städten keinen Mangel an Restaurants gibt. Sie reichen von Essensständen bzw. Garküchen über das einfache Lokal bis hin zum klimatisierten Nobelrestaurant mit Alkoholausschank. Am teuersten, aber nicht zwangsläufig immer am besten, sind die Restaurants der internationalen Hotels. Dafür bieten sie häufig einen repräsentativen Querschnitt durch Indiens Küche. Vor allem in größeren Städten gibt es zahlreiche Spezialitätenrestaurants.

Preiskategorien (jeweils für ein Hauptgericht ohne Getränke):

$ = Sehr preiswert:
unter 50 Rs (ca. 1,10 US$)
$$ = Günstig:
50–75 Rs (1,10–1,75 US$)
$$$ = Moderat:
75–100 Rs (1,75–2,20 US$)
$$$$ = Teuer:
100–200 Rs (2,20–4,40 US$)
$$$$$ = Sehr teuer:
über 200 Rs (4,40 US$)

REISEINFORMATIONEN VON A BIS Z

Apotheken

Die Apotheken in den größeren Orten sind gut sortiert und das Personal ist nicht selten außergewöhnlich gut informiert. Die Medikamente sind im Vergleich zu Deutschland sehr preiswert, allerdings gibt es auch viele Arzneien zweifelhafter Herkunft. Man sollte deshalb die benötigten Medikamente lieber aus Deutschland mitbringen.

Ärztliche Versorgung

Eine einigermaßen gute ärztliche Versorgung ist nur in den großen Städten, und dort vor allem in den ausländischen Krankenhäusern, gewährleistet. Die beste Auskunft über zuverlässige Ärzte kann man von den diplomatischen Vertretungen bekommen. **Achtung:** Vor allem in Agra arbeiten skrupellose Quacksalber mit Billighotels zusammen. Den Touristen wird vergiftetes Essen vorgesetzt und dann eine Überweisung in die ›Klinik‹ des so genannten Arztes veranlasst, der weit überzogene Behandlungskosten in Rechnung stellt. Es sind sogar schon einige Touristen zu Tode gekommen. Hin und wieder wird auch versucht, Rucksacktouristen zum Versicherungsbetrug zu überreden.

Betrügereien und Diebstähle

Vor allem in Agra und Jaipur, den Hochburgen des Tourismus, werden oft sehr fragwürdige und einfallsreiche Methoden angewandt, dem Touristen die begehrten Rupien aus der Tasche zu ziehen.

Die Armut in Indien ist nach wie vor groß und allgegenwärtig. Der Tourist sollte sich jedoch klar darüber sein, dass Bettler vor einem Luxushotel einer streng organisierten Gilde angehören und ihren ›Beruf‹ höchst professionell ausüben.

In Agra und Jaipur sind die Fremden in geradezu penetranter Art und Weise **Schleppern** ausgesetzt, die im Auftrag eines Ladens auf Kundenfang gehen. Das *commission system*, die Honorierung von Gefälligkeiten, ist tragende Stütze der indischen Wirtschaft. Viele Schlepper geben sich als Studenten aus, die besonderes Interesse am Land des Besuchers vorgeben. Spätestens, wenn man in einem Teppich- oder Schmuckladen gelandet ist, hat man den Trick durchschaut – eine Tasse Tee, ein kleiner Mondstein als Geschenk, der angeblich so günstige Preis –, ist dann aber bereits im Netz der Geschäftstüchtigkeit gefangen. Man sollte sich durch die Freundlichkeit und die vermeintlichen Rabatte der Verkäufer nicht irritieren lasen, 30–50 % des geforderten Kaufpreises gehen an den Schlepper. Besondere **Vorsicht** ist geboten, wenn sich ein Laden bereit erklärt, die Ware ohne Vorauszahlung an die Heimatadresse zu liefern und lediglich um eine Unterschrift und die Kreditkartennummer bittet. Bereits am nächsten Tag ist der Betrag abgebucht und die Ankunft der Ware durchaus nicht sicher. Auch wenn die Händler es bestreiten, bei der Einfuhr in die EU ist vor allem auf Teppiche Zoll zu entrichten. Problemlos kann man sich hingegen die in den staatlichen *Government Emporia* erstandenen Artikel in die Heimat schicken lassen. Ansonsten empfehlen sich die internationalen Paketdienste.

Kreditkarten sollte man niemals aus der Hand geben, da zuweilen Kopien gezogen werden.

Gewaltdelikte sind in Indien die Ausnahme, **Diebstähle** in den Touristenhochburgen allerdings an der Tagesordnung. Gut aufpassen muss man auf Bahnhöfen, insbesondere unmittelbar vor Abfahrt des Zuges, und bei Nachtfahrten (Inder ketten ihr Gepäck grundsätzlich an). Vor allem in Agra haben es die meist gut gekleideten Diebe auf das Handgepäck der Reisenden kurz vor Abfahrt des Shatabdi-Express abgesehen.

Auch das Hotelgewerbe basiert vor allem bei den preiswerten Kategorien auf dem Schlepperprinzip (die im Buch aufgeführten Unterkünfte zahlen überwiegend keine *commission*).

Drogen

Die Zeiten, als die indischen Behörden noch ein Auge zudrückten, sind längst vorbei. Schon auf den Besitz von wenigen Gramm Haschisch stehen zehn Jahre Gefängnis, und mancher Deutsche sitzt in Pushkar oder Jaisalmer hinter Gittern. Verstärkt werden in den Hochburgen der Traveller-Szene (Parhar Ganj in Neu-Delhi, Pushkar und Jaisalmer) Razzien durchgeführt.

Feiertage und überregionale Feste

Rajasthan ist ein Land der Feste, Tänze und Musikdarbietungen, die häufig, aber nicht immer religiöse Ursprünge haben und oft an die Vollmonddaten gebunden und daher beweglich sind.

Januar
1. Januar: Neujahr, gesetzlicher Feiertag.
26. Januar: Tag der Republik, gesetzlicher Feiertag.
Shivaratri: Fest zu Ehren Shivas, Prozessionen.

Februar
Holi: Lautes, fröhlichstes Straßenfest, bei dem man sich mit Farbe bespritzt und beschmiert. Begehrte Opfer sind Touristen; unbedingt alte Sachen anziehen und Gleichmut bewahren. Frauen sollten am besten im Hotel bleiben. Gesetzlicher Feiertag.

März/April
Mahavira Jayanti: Wichtigstes Fest der Jains.

Juli/August
Naga Panchami: Fest zu Ehren der Schlangen.

August/September
15. August: Unabhängigkeitstag, gesetzlicher Feiertag.
Janma Ashtami: Geburtstag des Gottes Krishna, gestzlicher Feiertag.

September/Oktober
Dusshera: Sieg des Guten über das Böse, zehntägiges Fest, davon 2 gesetzliche Feiertage.

2. Oktober: Geburtstag Mahatma Gandhis, gesetzlicher Feiertag.
Divali: Lichterfest zu Ehren der Göttin Lakshmi, gesetzlicher Feiertag.

November/Dezember
Govardhana Puja: Fest zu Ehren der Kuh; gesetzlicher Feiertag.
25. Dezember: Weihnachten, gesetzlicher Feiertag.

Regionale Feste werden in dem Kapitel ›Feste und Brauchtum‹ beschrieben (s. S. 56f.) und zudem mit genauen Daten unter den jeweiligen Ortschaften aufgeführt.

Feilschen

Es gibt nur wenige Ausnahmen, bei denen Handeln nicht möglich ist, etwa beim Kauf von Briefmarken oder Eisenbahnfahrkarten. Schon in den Hotels lohnt sich in der Nebensaison die Frage nach einem Rabatt oder Discount, besonders wenn man die Unterkunft ohne Schlepper erreicht hat. Auch in Geschäften mit dem unübersehbaren Schild *fixed prices* ist man durchaus flexibel, es sei denn, es handelt sich um einen staatlichen Laden *(government emporium)* oder ein Buchgeschäft (aufgedruckte Preise).

Je nach Mentalität kann man das Feilschen als Herausforderung oder Ärgernis auffassen. Für die Spanne eine allgemein gültige Norm zu finden, ist nicht möglich. In den Touristenhochburgen setzen die Händler die Ausgangspreise meist sehr hoch an, so dass sie selbst bei einem Nachlass von 50 % noch auf ihre Kosten kommen. Preisvergleiche sind immer die beste Art, sich über das Preisniveau zu informieren. Bei Spontankäufen zahlt man hingegen immer drauf.

Fotografieren

Indien ist ein Fotoparadies ohnegleichen, so dass man genügend Filmmaterial im Gepäck haben sollte. Die in Indien erhältlichen Filme sind teuer und durch Klimaeinflüsse möglicherweise verdorben. Diafilme sollte man nicht in Indien entwickeln lassen, die Herstellung farbiger Papierabzüge unterscheidet sich hingegen qualitativ und preislich kaum von Europa. Zum Schutz vor Röntgenstrahlen auf Flugplätzen sollte man die Filme im Handgepäck aufbewahren und möglichst von Hand kontrollieren lassen. Im Gegensatz zu Deutschland kommen die Sicherheitsbeamten in Indien dieser Bitte meist nach.

Bei aller Exotik vermeide man es jedoch, sich wie ein Jäger auf die Menschen zu stürzen und zu versuchen, die Schattenseiten des indischen Alltags einzufangen. Der Inder reagiert darauf sehr empfindlich. Zu respektieren sind auch die heiligen Stätten, die nicht als Kulisse für Familienfotos gedacht sind. Man sollte niemas versuchen, Menschen gegen ihren Willen abzulichten. Insbesondere gilt dies für Frauen. Besondere Rücksichtnahme ist in islamisch geprägten Regionen (Ajmer) und auf dem Lande angebracht.

Verboten ist das Fotografieren aus Flugzeugen bei Inlandflügen und auf Flughäfen. Tabu sind auch militärisch bedeutsame Anlagen wie Brücken, Staudämme und Fabriken. Bei kunsthistorischen Stätten dürfen grundsätzlich weder Stativ noch Blitz benutzt werden (Ausnahme Nationalmuseum in Delhi, wo man blitzen darf). In vielen Tempeln kann man ein Fototicket erwerben, in einigen ist das Fotografieren hingegen strikt verboten (z. B. Jaintempel in Dilwara bei Mount Abu).

Frauen als Einzelreisende

Indien ist ein ideales Land für allein oder zu zweit reisende Frauen, die hier nur selten Belästigungen ausgesetzt sind, sofern sie sich an den gültigen Moralkodex halten. In mancherlei Beziehung genießen sie den männlichen Reisenden gegenüber sogar Vorteile. Sie müssen nicht Schlange stehen, haben eigene, meist leere Warteräume auf den Bahnhöfen, zuweilen sogar eigene Zugabteile und vermögen überdies durch Gespräche mit einheimischen Frauen viel tiefer in die Psyche des Landes einzudringen als es einem Mann möglich wäre.

Allerdings wird der indische Mann schon einen kleinen Flirt als ›Einladung‹ zu weiterer Annäherung auffassen. In den Touristenhochburgen hat sich bereits ein indischer ›Papagallo-Verschnitt‹ herausgebildet, der zwar von seinen italienischen Vorbildern noch viel lernen muss, aber doch sehr lästig werden kann.

Geld und Banken

Die Banken sind meist nur Mo–Fr zwischen 10 und 14 Uhr geöffnet und das Wechseln kann zu einer Nervenprobe werden. Empfehlenswert sind Traveller Cheques in US$ (nur American Express und Thomas Cook). Nicht selten kommt es vor, dass der Bankangestellte das Einlösen des Schecks mit Hinweis auf eine falsche Unterschrift verweigert. Es ist deshalb ratsam, die Kaufquittungen zumindest in Kopie dabeizuhaben, um den legitimen Erwerb zu beweisen.

Man sollte das Geld immer nachzählen und darauf achten, keine eingerissenen Scheine angedreht zu bekommen, die – aus welchen Gründen auch immer – im Handel nicht akzeptiert werden. Löcher hingegen, die von der Gewohnheit, die Geldbündel zu heften, stammen, sind belanglos.

Problemlos und schnell kann man Geld auf dem Gandhi International Airport (genau nachzählen!) und beim American Express Büro (Connaught Circus, 1. Stock) in Delhi wechseln.

Die indische **Währung** lautet auf Rupie (Rs) unterteilt in 100 Paisa (p). Die Münzen haben einen Wert von 5, 10, 20, 25, 50 p bzw. 1, 2, 5 Rs, die Banknoten von 1, 2, 5, 10, 20, 50, 100 und 500 Rs. Die Ein- und Ausfuhr ist verboten.

Wechselkurse (Anf. 2001, gerundet):

100 Rs	2,32 €
100 Rs	2,15 US$
1 €	43,01 Rs
1 US$	46,31 Rs

Achtung: Tauschquittungen sollte man sorgfältig aufbewahren, da man sie zuweilen beim Kauf von Inlandflügen und Bahnfahrkarten vorlegen muss.

Gesundheit

Die hygienischen Verhältnisse in Indien lassen sich zwar nicht mit den unsrigen vergleichen, beherzigt man jedoch einige Grundregeln, ist die Wahrscheinlichkeit einer Erkrankung nicht größer als in Südeuropa.

Es gibt einige **Tabus,** die sich jeder Indienreisende zum Gesetz machen sollte: Nie unabgekochtes Wasser trinken und davon ausgehen, dass auch das in den Hotels servierte Trinkwasser nicht keimfrei ist. Kein Eis, keinen Salat und kein ungeschältes Obst essen. Keine bereits geschälten Früchte von Straßenständen zu sich nehmen, da diese zum Frischhalten mit verschmutztem Wasser übergossen sein könnten. Das bei den Reisenden so beliebte Lassi (Yoghurt mit Wasser) ist eine ebenfalls nicht zu unterschätzende Gefahrenquelle. Problematisch sind auch Frischmilchprodukte (TBC), Schweinefleisch (Trichinen), fettige und frittierte Speisen (schlechtes Öl), Tiefkühlprodukte (mangelhafte Aufbewahrung) und Produkte aus frischen Eiern wie Mayonnaise (Salmonellen).

Ins Gepäck gehört auch eine eigene Wasserflasche. Das dort eingefüllte Trinkwasser kann man ohne Geschmacksbeeinträchtigung mit *Micropur-Tabletten* (erhältlich in deutschen Apotheken) entkeimen.

Beim Auftreten von **Magen-Darm-Beschwerden** kann man sofort mit der Einnahme von Kohletabletten beginnen. Bevor man jedoch zu Antibiotika greift, ist es ratsam, eine von der Weltgesundheitsorganisation WHO empfohlene, aus Salz, Kaliumchlorid Soda und Traubenzucker bestehende Lösung, z. B. *Elotrans,* in Wasser gelöst zu sich zu nehmen. Derartige Mittel hält jede Apotheke in Indien bereit. Als wirkungsvoll bei leichten Beschwerden haben sich auch *Metifex* und *Loperamid* bewährt, bei schweren Infektionen *Bactrin* (Sulfonamid).

Durch geeignete Kleidung und richtiges Verhalten sollte man sich vor zu starker Sonnenbestrahlung schützen. Vor allem beim Sonnenbaden ist äußerste Vorsicht geboten, da die Wärmeregulierung durch den Klimawechsel ohnehin gestört ist. Aber auch von Klimaanlagen geht eine nicht zu unterschätzende Gefahr aus, denn kaum einer wird ohne ernsthafte Erkältung den fortwährenden Temperaturwechsel überstehen.

Vor der Abreise ist es ratsam, sich mit seinem Hausarzt in Verbindung zu setzen und eine kleine **Reiseapotheke** zusammenstellen zu lassen, die folgende Medikamente enthalten sollte: Mittel gegen Magen- und Darmbeschwerden, Schmerzmittel, Wundsalbe, Desinfektionsmittel, fiebersenkende Mittel, kreislaufregulierende Medikamente, Breitbandantibiotika, Tabletten gegen Halsentzündung, Augentropfen.

Impfungen

Man sollte sich rechtzeitig (mindestens 8 Wochen) vor Abreise bei Gesundheitsamt, Hausarzt oder Tropeninstitut über die notwendigen Impfungen erkundigen. Bei Einreise aus Drittländern sind u. U. Sonderbestimmungen zu beachten. Wertvolle Hinweise findet man unter folgender Adresse im **Internet:** www.fitfortravel.de (gegen Gebühr kann man sich dort auch einen individuellen Impfplan aufstellen lassen).

Cholera: Da der Schutz nur sehr beschränkt ist, die Nebenwirkungen hingegen recht beträchtlich sein können, wird die Impfung heute kaum noch von den Ärzten empfohlen.

Typhus: Anstelle der Schluckimpfung mit Typhoral-L wird heute eine Impfung empfohlen (3 Jahre gültig).

Hepatitis (Gelbsucht): **Typ A** (infektiöse Gelbsucht) ist sehr verbreitet und wird vor allem durch unsaubere Speisen und über Toiletten verbreitet. Ansteckungsgefährdet sind vor allem jüngere Personen, die noch keine Immunität erworben haben. Mit dem Impfstoff Havrix ist diese Gefahr gebannt (3 Impfungen über insgesamt einen Zeitraum von 1 Jahr). **Typ B** (Serumhepatitis) ist sehr selten (ca. 10 : 1 im Vergleich mit Typ A) und wird durch Blut übertragen, meist durch verunreinigte Nadeln. Ihr Verlauf ist schwerer. 10 % der infizierten Personen behalten Dauerschäden, 3 % sterben. Neuerdings ist eine 100 % wirksame Schutzimpfung gegen Typ A und B mit dem Serum Twinrix möglich.

Tetanus (Wundstarrkrampf): Dieser Impfung sollte sich eigentlich jeder auch ohne Reiseabsichten bereits unterzogen haben. Eine Auffrischung ist alle 10 Jahre notwendig.

Malaria: Die Malaria ist aufgrund resistenter Stämme weltweit wieder auf dem Vormarsch, so auch in Indien. Das Gesundheitsamt erteilt Auskunft, welche Mittel in welcher Dosis derzeit wirkungsvoll sind. Der Einnahmezyklus darf nicht unterbrochen werden und ist auch nach der Rückkehr in die Heimat 6 Wochen lang fortzusetzen. **Achtung:** Der Schutz vor Stichen ist die beste Prophylaxe. Da die Anopheles-Mücke, einziger Überträger dieser Tropenkrankheit, nur in der Dämmerung sticht, sollte man sich in dieser Zeit nicht im Freien aufhalten oder geeignete Maßnahmen treffen (lange Ärmel, lange Hosen, Einreiben mit Mückenschutz).

Meningitis (Hirnhautentzündung): Die vor allem für Kinder gefährliche, vom Meningokokkus-Erreger hervorgerufene Krankheit, die schwere Nachwirkungen mit sich bringen kann, tritt seit einigen Jahren auch in Indien vermehrt auf. Man erkundige sich beim Gesundheitsamt nach einer prophylaktischen Impfung.

Die Immunschwächekrankheit **Aids** hat in Indien bereits epidemische Ausmaße erreicht. Allein in Mumbai (Bombay) sind bereits 40–50 % der schätzungsweise 100 000 Prostituierten HIV-infiziert.

Medien

Indien hat zahlreiche überregionale englischsprachige Tages- und Wochenzeitungen mit regionalen Beilagen. Da Pressefreiheit herrscht, vermittelt ihre Lektüre einen lebendigen Eindruck vom politischen und wirtschaftlichen Alltag auf dem Subkontinent. Besonders zu empfehlen sind die *Times of India,* die *Hindustan Times,* der *Indian Express* und das Wochenmagazin *India Today.* In Touristenzentren gibt es auch deutsche Zeitschriften (teuer).

Die *Deutsche Welle* lässt sich, abgesehen von regionalen Schwankungen, nach Einbruch der Dunkelheit auf mehreren Kurzwellenbändern (besonders auf 15 275 kHz im 19 m-Band und 17 845 kHz im 25 m-Band) gut empfangen. Eine Liste der Frequenzen, Sendezeiten und Programme erhält man kostenlos von der Deutschen Welle, Postfach, 50586 Köln oder über das Internet unter www.deutsche-welle.de.

Viele größere Hotels verfügen über Satellitenantennen zum Empfang mehrerer Sender, von denen vor allem die Programme des englischsprachigen internationalen Senders *Star TV* von Interesse sind. Aber auch das indische Fernsehen sendet am frühen abend Nachrichten in englischer Sprache.

Öffnungszeiten

Banken meist Mo–Fr 10–14 Uhr; **Behörden** Mo–Fr 10–16 Uhr; **Post** Mo–Fr 10–17 Uhr und Sa 10–12 Uhr; größere **Geschäfte und Flugbüros** in der Regel Mo–Fr 10–17 Uhr und Sa 10–12 Uhr. Zuweilen wird eine Mittagspause eingelegt. **Basarläden** haben bis spät abends, manchmal auch an Sonntagen geöffnet. **Museen** sind überwiegend Di–So 10–17 Uhr geöffnet. Einige **Jaintempel** (Ranakpur und Mount Abu) darf man nur zu bestimmten Tageszeiten besuchen.

Post

Bei Beachtung einiger Grundregeln ist auf die indische Post durchaus Verlass. **Frankierte Sendungen** sollte man nicht in den Briefkasten werfen, sondern am Schalter entwerten lassen, wie es auch die Inder tun oder an der Rezeption des Hotels abgeben. Noch sicherer ist der Postweg bei **Aerogrammen** mit aufgedruckter Marke (erhältlich im Postamt). Will man sich Post nachsenden lassen, sollten ebenfalls nur Aerogramme verwendet werden, wobei Vornamen bei der Anschrift möglichst wegzulassen sind, um ein falsches Einsortieren zu vermeiden (Beispiel: Mr. Müller, poste restante, GPO Agra, Indien). Um die indischen Beamten nicht in Versuchung zu führen, sollte der Absender in der Heimat **keine Sondermarken** verwenden. Von Indien abgehende **Pakete** werden in Tuch eingenäht und versiegelt verschickt. In jeder Stadt gibt es einen Verpackungsservice, häufig unmittelbar vor der Hauptpost. Gegen geringe Gebühr werden hier die Pakete fachgerecht vorbereitet und auch die notwendigen Begleitpapiere bereitgehalten **Diafilme** sollte man per Einschreiben versenden. Das größte Risiko ist hierbei der Klimaeinfluss durch eine mögliche Lagerung der Postsäcke in der Sonne. In den größeren Städten gibt es auch Büros der internationalen Paketdienste.

Souvenirs

Als ein wahres Paradies für Souvenirjäger macht Indien und Rajasthan insbesondere die Auswahl nicht einfach. Glücklicherweise kann man sich in Neu-Delhi recht bequem einen Überblick über die Vielfalt indischen Kunstgewerbes verschaffen. Im staatlichen ›Central Cottage Industries Emporium‹, Janpath/Ecke Tolstoi Marg, werden hochwertige Produkte aus ganz Indien zu festen Preisen angeboten. Größere Gegenstände kann man sich mit See- oder Luftfracht in die Heimat senden lassen. Leider wird hier viel betrogen, so dass man die Versendung mit Post oder Paketdienst besser selbst übernimmt. Um der Dezimierung der bedrohten Tier- und Pflanzenwelt nicht Vorschub zu leisten, sollte man vom Erwerb von Elfenbeinarbeiten (meist ohnehin Fälschungen), Tierfellen, Schildkrötenpanzern und seltenen Pflanzen Abstand nehmen.

Es ist heute nicht mehr leicht, echte **Antiquitäten** zu erwerben. Zum einen ist der Markt leer gekauft, zum andern unterliegen Gegenstände, die älter als 100 Jahre sind, Ausfuhrbeschränkungen. Auskünfte und Genehmigungen erteilt der *Archaeological Survey of India* mit Niederlassungen in Delhi. Man übertreibt sicherlich nicht, wenn man die meisten Antiquitäten als mehr oder minder gelungene Nachahmungen bezeichnet. Einen ›billigen Trost‹ bilden die hervorragend ausgeführten Repliken des Nationalmuseums in Delhi.

Schwerer **Gold- und Silberschmuck** ist noch immer die wichtigste Kapitalanlage zur sozialen Absicherung der Frau. Während Goldschmuck auf Grund des hohen Metallpreises (100 % über dem Weltmarkt) als Andenken kaum in Frage kommt, erfreuen sich Silbersachen großer Beliebtheit, allen voran der schwere Nomadenschmuck Rajasthans. Ausschlaggebend für den Preis eines Stückes sind Silbergehalt (Stempel) und Gewicht. Die Handarbeit wird nur durch einen geringen Aufschlag belohnt. Beim Kauf von Edelsteinen, für die vor allem Jaipur berühmt ist, sollte man bei mangelnder Fachkenntnis größte Vorsicht walten lassen.

Kupfer- und Messingarbeiten sind über ganz Indien verbreitet und zu-weilen mit Silbereinlegearbeiten reich verziert. Es gibt sehr schöne, allerdings auch schwere Bronzefiguren der indischen Götterwelt in traditionellem Stil. In den großen Städten, insbesondere in Neu-Delhi, findet man günstig hochwertige Artikel aus Büffelleder.

Bemalte **Papiermachéartikel** sind zwar die Spezialität Kaschmirs, jedoch wegen der Unzugänglichkeit der Region mittlerweile in allen Touristenzentren erhältlich. Man sollte darauf achten, dass die Gegenstände wirklich aus Papier und nicht aus dem billigeren Karton gefertigt sind. Ausschlaggebend für den Preis ist vor allem die Qualität der Dekoration. Am teuersten sind mit lichtbeständigen Farben und echtem Gold bemalte Produkte. Es ist zu berücksichtigen, dass großflächige Artikel durch die Klimaschwankungen reißen können.

Zentrum der **Marmorverarbeitung** ist Agra, wo viele kleine und größere Werkstätten die Tradition der Mogulzeit fortführen. Vom winzigen Schachbrett bis zum repräsentativen, mit Einlegearbeiten aus Silberfäden und Halbedelsteinen verzierten Tisch reicht das Angebot. **Vorsicht,** die ziselierten Marmorschnitzereien bestehen häufig nur aus gepresstem Marmorstaub. Um nicht mindere Qualität zu bekommen, könnte man beispielsweise seine Einkäufe, sofern sie vom Verkäufer versandt werden sollen, mit einem wasserfesten Stift signieren und dies auf Auftrag bzw. Rechnung vermerken.

Durch den Tourismus hat die **Miniaturmalerei** der Mogulzeit eine Renaissance erlebt. Die größte Auswahl hat man in Jaipur und den anderen Städten Rajasthans. Qualität und

Preis variieren stark. Angeboten werden auch Malereien auf Elfenbein. Abgesehen davon, dass hierfür ein Ein- und Ausfuhrverbot besteht, dürfte es sich in den meisten Fällen um Büffelhorn oder Knochen handeln. Stoffmalereien sind ebenfalls beliebt. Auch hier reicht das Angebot von exquisiten Einzelstücken aus reiner Seide bis zu rustikaler, auf Gehsteigen ausgebreiteter Massenware für durchreisende Touristengruppen.

Indiens lange Tradition der **Textilverarbeitung** hat zu einer unendlichen Vielfalt von Mustern, Webarten und Qualitäten geführt. Angeboten werden vor allem Stoffe aus Baumwolle und Seide. Allein von der Baumwolle werden 23 Arten kultiviert. Assam ist die Heimat der wilden Seide, deren kostbarste, goldgelbe Variante *muga* heißt. Überwiegend kommt jedoch ›gezüchtete‹ Maulbeerseide in den Handel. Verbreitet ist auch ein Mischgewebe aus Baumwolle und Seide, neuerdings auch in Verbindung mit Kunstfasern. Ein **Tipp** zum Kauf reiner Seide: Über einer Flamme schmelzen Kunststofffasern, Seide verkohlt.

Die Verzierung der Stoffe erfolgt in mannigfacher Form. Neben dem Bedrucken, früher per Hand mit Holzdruckstöcken, heute maschinell, ist die Abbindetechnik weit verbreitet. Entweder werden die Garne vor dem Weben mit dieser Methode eingefärbt *(ikat)* oder später die fertigen Stoffe *(bandhani)*.

Vornehmlich in Nordindien werden hervorragende **Teppiche** geknüpft, die ihren persischen Vorbildern keineswegs nachstehen. Zentrum traditioneller Muster ist Agra, während sich in Rajasthan interessante lokale Varianten finden lassen. Material, Knotendichte, Knotenart und verwendete Farben sind die wesentlichen Kriterien zur Qualitätsbestimmung.

Verhaltensregeln

Die Inder zeichnen sich zwar durch eine außergewöhnliche Toleranz gegenüber fremden Sitten und Gebräuchen aus, dennoch sollte man einige Regeln beherzigen. Vor allem für Frauen ist dezente Kleidung angebracht. Den Austausch von Zärtlichkeiten in der Öffentlichkeit kann man zwar in den Großstädten hin und wieder beobachten, in den ländlichen Regionen gilt er jedoch nach wie vor als anstößig. Nahrung wird nur mit der rechten Hand berührt, die linke gilt als unrein. Einen wunden Punkt trifft man, wenn man sich überheblich und arrogant zeigt. Insbesondere bei Behörden wird man mit diesem als koloniale Attitüde bewerteten Auftreten kaum sein Ziel erreichen.

Zeitdifferenz

Der Zeitunterschied beträgt +4,5 Std. bezogen auf die europäische Winterzeit (MEZ) und +3,5 Std. auf die Sommerzeit. Ist es im Winter in Deutschland 12 Uhr, zeigt die Uhr in Delhi 16.30 Uhr.

Zollbestimmungen

Erlaubt sind bei **Einreise** Artikel des persönlichen Bedarfs, z. B. 200 Zigaretten und 0,95 l Alkohol. Die Beschränkung hinsichtlich der Filme (fünf Stück!) hat in der Praxis keine Bedeutung. Wer größere Mengen mit sich führt, sollte sie aus der Originalverpackung nehmen, wodurch sie ihren Marktwert verlieren. Hochwertige Kameras und Wertgegenstände (Videokameras, Radios, Kassettenrecorder) müssen deklariert werden. Insbesondere gilt dies für Goldschmuck. Die Einfuhr von Goldmünzen und -barren ist streng verboten. Da der Goldpreis etwa 100 % über dem Weltmarktniveau liegt, zieht die Nichtbeachtung empfindliche Strafen nach sich. Die **Ausfuhr** von Antiquitäten unterliegt Sonderbestimmungen (s. unter Souvenirs). Zu beachten sind auch die Einfuhrbestimmungen bei Rückkehr in die Heimat, insbesondere die Vorschriften des Artenschutzgesetzes.

GLOSSAR

Ahimsa   Gebot des Nichttötens
Bagh   Park
Bazaar   Markt, Marktviertel, Basar
Bhawan   Haus, Gartenpavillon
Brahma   Hinduistischer Gott, Weltenschöpfer, einer der Trimuti
Brahman   Weltenseele
Brahmane   Priester oder Angehöriger einer Priesterkaste
Burj   Turm, Palast
Chattri   Grabstätte oder pavillonartiges Gebäude
Chowk   Prachtstraße, Platz
Digambara   Wörtl. die ›Luftbekleideten‹, eine der beiden Hauptsekten des Jainismus
Diwan-i-Am   Öffentliche Audienzhalle am Mogulhof
Diwan-i-Khas   Privater Empfangsraum am Mogulhof
Durga   Hinduistische Muttergottheit in vielerlei Manifestationen
Ganesh(a)   Hinduistischer Schutzgott in Elefantengestalt
Ganga   Hinduistische Flussgöttin
Garh   Festung, auch Qila
Garuda   Mythischer Vogel, Reittiers Vishnus
Ghat   Treppen an einem Fluss, Teich oder See, wo rituelle Reinigungen oder Verbrennungen stattfinden; Geländestufe oder Gebirge
Ghee   Butterfett
Hanuman   Affengeneral aus dem Ramayana, Verbündeter Ramas
Haveli   Befestigtes Handelshaus bzw. Stadtpalast in Rajasthan Durchbrochenes Steinwerk, z. B. in Fenstern
Jami Masjid   Große oder Freitagsmoschee

Jauhar   Kollektiver Selbstmord der Rajputen – insbesondere der Frauen und Kinder – , um der Gefangenschaft zu entgehen
Kali   Furchterregende Erscheinungsform der Durga, Gemahlin Shivas
Karma   Wörtl. ›Tat‹, Konsequenz aller Taten in diesem und den vorherigen Leben, Gesetz von Ursache und Wirkung
Krishna   Achte Inkarnation Vishnus
Kund   Tempelteich
Lakshmi   Hinduistische Göttin des Wohlstands, Gemahlin Vishnus
Lingam   Phallisches Symbol
Maha   Groß
Mahabharata   Größtes Epos der indischen klassischen Literatur
Mahadeva   Großer Gott, Name Shivas
Mahal   Palast
Maharaja   ›Großer‹ Herrscher über ein Fürstentum
Maharani   Gemahlin des Maharaja
Mahavira   24. und letzter Furtbereiter
Mahut   Elefantenführer
Mandir   Tempel oder Schrein
Marg   Straße
Masjid   Moschee
Mela   Fest, Messe, Jahrmarkt
Meru   Mythischer Weltenberg, Zentrum des Universums im Hinduismus und Buddhismus
Mihrab   Gebetsnische im Inneren der Moschee, ausgerichtet nach Mekka
Minar   Turm
Minarett   Der einer Moschee angegliederte Turm, von dem der Muezzin oder heutzutage ein dort

angebrachter Lautsprecher die Gläubigen zum Gebet ruft

Minbar   Kanzel für die Freitagspredigt in der Moschee

Mogul   Muslimischer Herrscher Indiens zwischen dem 16. und 18. Jh.

Moschee   Islamische Gebetsstätte

Naga   Schlange, Attribut Shivas

Nandi   Bulle, Reittier Shivas

Parshva(natha)   Der 23. Tirthankara (Furtbereiter)

Parvati   Hinduistische Göttin, Gemahlin Shivas, Inkarnation als Durga oder Kali

Pol   Tor

Qibla   Auf Mekka ausgerichtete Gebetswand

Qila   Festung

Rai   Lokaler Herrscher niederen Ranges

Raj   Herrschaft, während der Kolonialzeit auch für die Briten benutzt

Raja   König

Rama   Held des Ramayana

Ramayana   Großes indisches Heldenepos

Rana   Regionale Bezeichnung für König, im Rang unter einem Raja

Rauza   Grab

Sadhu   Heiliger, Asket

Sagar   Künstlich angelegter See

Sarasvati   Hinduistische Göttin der Gelehrsamkeit und der schönen Künste, Gemahlin Brahmas

Sati   Ursprünglich der Gedenkstein für eine Witwe, die sich mit ihrem verstorbenen Mann verbrennen ließ, später Bezeichnung für den Akt selbst

Schiiten   Angehörige einer der beiden Hauptkonfessionen des Islams, die einzig Ali und dessen Nachkommen aus der Ehe mit Fatima als rechtmäßige Leiter der Gesamtgemeinde anerkennen

Sharia   Religiös begründetes Recht des Islam, beruhend auf dem Koran

Shakti   Einem hinduistischen Gott innewohnende weibliche Energie

Shevetambara   Wörtl. die ›Weißgekleideten‹, eine der beiden Hauptsekten der Jains

Shiva   Hinduistischer Gott, Weltenzerstörer, einer der Trimurti

Sikhara   Turm nordindischer Tempel

Sunna   Wörtl. ›Brauch‹, in der vorislamischen Zeit die überlieferten Gebräuche, im Islam die Zusammenfassung der Taten und Worte Mohammeds

Sunniten   Anhänger der orthodoxen Sunna

Tirthankara   Wörtl. ›Furtbereiter‹, einer der 24 Meister, die die Grundlagen der Jainreligion lebendig erhalten

Trimurti   Götterdreiheit der höchsten hinduistischen Götter: Brahma, Vishnu, Shiva

Vahana   Reittier einer hinduistischen Gottheit

Veden   Aus mehreren Schriften bestehende göttliche Offenbarung im Hinduismus

Vishnu   Hinduistsicher Gott, Weltenerhalter, einer der Trimurti

Yamuna   Hinduistische Flussgöttin

Yoni   Symbol der weiblichen Geschlechtsteile

Zenana   Den Frauen vorbehaltener Bereich eines Palastes (Harem)

ABBILDUNGSNACHWEIS

Abbildungen
Alle Abbildungen stammen von dem Autor **Hans-Joachim Aubert.,** Bonn.

Karten und Pläne
Berndtson & Berndtson, Productions GmbH, Fürstenfeldbruck
© DuMont Buchverlag

REGISTER

Personen

Abbasiden 25
Abhay Singh, Maharaja von Jodhpur 193
Abu Bekar, Kalif 42
Agnikula, Rajputenclan 183
Ahmad Khattu, Sheik 106
Ajapal Chauhan, Rajputenfürst 134
Ajit Singh, Maharaja von Jodhpur 191
Akbar, Kaiser 26, 48, 51, 82, 97, 101, 102, 105, 107, 108, 119, 131, 135, 141, 168, 170, 172
Ala-ud-Din Khilji, Sultan von Delhi 26, 67, 74, 141, 168, 184, 207
Ali, Schwiegersohn Mohammeds 42
Amanat Khan 102
Amar Singh I., Rana von Udaipur 26
Anup Singh, Raja von Bikaner 200
Asaf Khan, Premierminister 95
Ashoka, Kaiser 24, 36
Aurangzeb, Mogulherrscher 27, 40, 81, 83, 90, 95, 98, 162, 191
Azal Khan 101
Babur, Mogulherrscher 26, 45

Bafna, Familie 210
Bahadur Shah, Mogulherrscher 168
Bakhtawar Singh, Maharaja von Alwar 119
Bappa Rewal, Sisodiafürst 24, 180, 181
Berishal Singh, Maharawal von Jaisalmer 210
Bhatti Rajputenclan 190, 206
Bhawani Singh, Maharaja von Jaipur 124
Bhil, Volksgruppe 21, 29, 58
Bika, Rao von Bikaner 199, 202
Binja. Freskenmaler 156
Birbal, Raja und Vertrauter Akbars 107
Buddha (Gautama Buddha), Religionsstifter 36
Chalukyadynastie 25
Chandragupta I., Mauryaherrscher 186
Chandragupta II., Mauryaherrscher 73
Chatar Sal, Maharana von Bundi 165

Chauhan, Rajputenclan 31, 141, 166

Dara Shukoh, Sohn Shah Jahans 95
Deva, Rao von Bundi 163
Dungar Singh, Maharaja von Bikaner 202

Edward VII., König von England 121, 153

Firoz Shah, Sultan von Delhi 67

Gaduliyar Lohar, Volksgruppe 31
Gaj Singh, Maharaja von Bikaner 201
Gandhi, Indira 28, 33, 84
– Mahatma 28, 84
– Rajiv 28, 84
– Sanjay 84
– Sonja 28
Ganga Singh, Maharaja von Bikaner 200, 204, 205
Ghiyas-ud-Din Tughluq, Sultan von Delhi 75
Grasia, Volksstamm 59
Gujar, Volksstamm 137
Gulab Rai 155
Guptadynastie 24, 43
Gurjara-Pratihara-Dynastie 25, 43, 197

Hara-Chauhana, Rajputenclan 163,
Hathi und Laloo, Architekten 210
Hoysaladynastie 43
Humayun, Mogulherrscher 26, **77f.**, 79, 91, 94
Huxley, Aldous 91

Ibrahim Lodi, Sultan von Delhi 26
Iltutmish, Sultan von Delhi 26, 74

Itimad-ud-Daulah (Ghyas Begh), Premierminister 95, 100
Jagat Singh I., Maharana von Udaipur 177

Jahan Ara, Tochter Shah Jahans 99
Jahangir, Mogulherrscher 26, 48, 82, 95, 97, 98, 100, 102, 104, 131, 132, 138
Jai Singh, Maharaja von Alwar 118
Jai Singh II., Maharaja von Jaipur 70, 122, 124, 131
Jaswanth Singh, Maharaja von Jodhpur 191
Jatdynastie 115, 117, 151
Jodha, Rao von Jodhpur, Marwarfürst 192

Kachwaha, Rajputenclan 31, 141
Khiljidynastie 26
Kipling, Rudyard 163, 165
Kumbha, Maharana von Mewar 26, 169, 182, 183, 187

Lakshman Singh, Raja von Sikar 148
Lodidynastie 26, 76

Madho Singh, Rao von Bundi 160
Madho Singh I., Maharaja von Jaipur 124
Madho Singh II., Maharaja von Jaipur 124
Mahavira, Religionsstifter 36, **39f.**
Mahmud von Ghazni 24, 25, 133, 190, 206
Man Singh I., Maharaja von Jaipur 193
Man Singh II., Maharaja von Jaipur 124
Mandor-Pratihara-Dynastie 197
Marathendynastie 26, 134, 192
Marwardynastie 191, 193
Maryam Makani, Mutter Akbars 107

Meo, Volksgruppe   30
Metha Nathmal, Premierminister   210
Mewardynastie   24, 173, 180
Michaels, Alex   35
Mina, Volksgruppe   30, 55
Mirzah Husein Ali Nuri, Religionsstifter   76
Moguln   25, **26f.**, 48, 77, 79, 82, 91, 101, 102, 122, 132, 134, 136, 144, 164, 190, 192, 208
Mohammed, Religionsstifter   **41f.,** 45, 46
Mohammed Khilji von Malwa   169
Moomal, Prinzessin   213
Muhammed von Ghur   24, 25, 40, 72, 166, 197, 206
Muin-ud-Din Chishti, Mystiker   134
Mumtaz Mahal (Arjumand Bano)   28, 91, **94f.,** 98

Nadir Shah, Perserkönig   27, 82
Nawal Singh, Rajputenfürst   154
Nehru, Jawarhalal   28, 84
Nizzam-ud-Din Chisti, Shaik   78
Nur Jahan (Mehrunissa), Gemahlin Jahangirs   82, 95, 98, 100

Pallavadynastie   43
Parihar, Rajputenclan   31
Parmar, Rajputenclan   31
Phul Malik   109
Poddar, Familie   149, 150, 151, 156
Pratap Singh, Rana von Udaipur   26, 172, 176, 182
Prithvi Raj, Chauhankönig   72, 166

Qutb-ud-Din Aibak, Sultan von Delhi   24, 25, 67, 73

Rai Singh, Raja von Bikaner   200
Rajputen   24, 25, **30f.**, 34, 47, 48, 51, 56, 57, 112, 131, 134, 168, 170, 173, 190, 197, 208

Ram Singh, Maharaja von Jaipur   125
Rao Shekha, Rajputenfürst   144
Ratan Singh, Rao von Bundi   160
Rathordynastie   26, 31, 197
Rawal Bhim Singh, Maharawal von Jaisalmer   207
Rawal Sahib   156
Roe, Sir Thomas   82
Roi, Arundhati   18
Ruqaya Begum, Gemahlin Akbars   107, 108

Salim, Sohn Akbars   105, 119
Salim Chisti, Mystiker   104, **105f.,** 107
Salim Singh, Maharawal von Jaisalmer   208, 210
Salima Sultan Begum, Gemahlin Akbars   107
Sangha, Rana von Mewar   26
Sardul Singh, Rajputenfürst   144, 152, 153, 154, 156
Schiiten   42
Shah Jahan, Mogulherrscher   28, 67, 79, 82, 83, 90, 91, **94f.,** 97, 98, 104, 135, 136, 178
Shayam Singh, Rajputenfürst   152
Sheo Singh, Thakur   151
Sher Shah Sur   78
Sher Shan, Sultan von Delhi   67
Shiv Singh, Rajputenfürst   144
Shivaji, Marathenfürst   26
Sikander Lodi, Sultan von Delhi   90, 102
Sisoda, Rajputenclan   180
Sisodia-Guhilto, Rajputenclan   31
Solarki, Rajputenclan   31, 184
Sunniten   42
Suraj Mal, Raja von Bharatpur   117
Surat, Raja von Bikaner   200
Swinton Jacob, Samuel   124, 125

Telia, Kurtisane   211
Thakat Vilas, Rajputenfürst   193

Thomas, George   149
Tughluqdynastie   26
Twain, Mark   9

Udai Singh II., Rana von Udaipur
   26, 172
Umar, Kalif   42
Ustad Ahmad   91

Victoria, Königin von England
   118
Vimala Shah   184

Orte

Agra   54, 79, **90ff.**, 200
– Chini-ka-Rauza-Mausoleum   101
– Itimad-ud-Daulah-Mausoleum
   91, **100f.**
– Rotes Fort   97ff.
– Taj Mahal   27, 46, 47, 78, 89,
   90ff., 105
Ajanta   42
Ajmer   13, 59, **133ff.**, 138
– Akbars Palast (Museum)   135f.
– Anar Sagar   136
– Arhai-Dinka-Jhonpra-Moschee
   134
– Dargarh-Bezirk   134f.
– Fort Taragarh   134
– Nasiyan-Tempel   136
Alwar   23, 30, **118ff.**
Amber   48, 51, 128, **130ff.**
Arasoori   184
Aravalli-Kette   12f., 15, 66, 112,
   160, 190

Baroli   162f.
Bharatpur   17, 30, 58, 113, **115f.**
Bihar   186
Bijolia   166f.
Bikaner   31, 58, 144, 151, 193,
   199ff.

– Ganga Golden Jubilee Museum
   202
– Junagarh-Fort   200ff.
– Kamelzuchtstation   204
– Lalgarh-Palast (Sri Sadul Museum)
   202
Bissau   59, 146, **152f.**
Bundi   48, **163ff.**

Chandagaon   59
Cherrapunji   14
Chittaurgarh   24, 26, 31, 167ff.
Churu   150, 151f.

Deeg   116ff.
Delhi   18, 25, 26, 28, 47, 115,
   66ff.
– Alt-Delhi   67, **79ff.**
– Baha'i-Tempel   76
– Central Cottage Industries Empori-
   um   **70**, 86
– Chandni Chowk   83
– Connaught Circus   **67ff.**, 70
– Crafts Museum   75
– Firozabad   67
– Freitagsmoschee   s. Jami Masjid
– Gandhi Memorial Museum   75
– Humayun-Grab   77f.
– India Gate (All India War Memo-
   rial)   71
– Indira Gandhi Memorial   75
– Indraprashta   78
– Jahanpath   67f.
– Jami Masjid (Freitagsmoschee)
   41, 67, **83**
– Janpath   69f.
– Jantar Mantar   **70**, 72
– Lal Kot   67, 72
– Lal Qila (Rotes Fort)   78, **79ff.**
– Lodi-Gärten   47, **76f.**
– National Rail Museum   75
– Nationalmuseum   **71f.**, 75
– Purana Qila   67, **78f.**
– Qila Raj Pithora   67, 73
– Qutb Minar-Komplex   72ff.

– Raj Ghat   84
– Rajpath   71
– Rashtrapati Bhawan   71
– Rotes Fort   s. Lal Qila
– Safdar Jang-Mausoleum   65, 77
– Shajahanabad   90
– Siri   67, 74
– State Emporiums   **71**, 86
– Tibet House   75
– Tughluqabad   67, **75**
Desert-Nationalpark   19
Deshnoke   204f.
Dungapur   55, 58

Eklingji   180f.
Ellora   42

Fatehpur   146, **149f.**
Fatehpur Sikri   26, 97, 100, **104ff.**, 131, 135

Gandhara   44
Ganganagar, Distrikt   20
Ghazni   25
Girnar   40
Gwalior   197

Indira Gandhi-Kanal   20

Jai Mahal Talev   130f.
Jaipur   13, 54, 58, **121ff.**, 144, 193
– Jantar Mantar   124f.
-- Palast der Winde (Hawa Mahal)   111, **125**
– Prince Albert Hall (Central Museum)   125
– Ram Bagh-Park   125f.
– Stadtpalast   122ff.
Jaisalmer   19, 24, 58, **206ff.**
– Bada Bagh   212
– Folkloremuseum   211
– Jaintempel   209
– Nathmal ki-Haveli   210
– Palast der Prinzessin Moomal (Moomal ki Meri)   213
– Patwon ki-Haveli   210
– Raj Mahal   208f.
– Salim Singh-Haveli   210
– Taziaturm   211
– Teliator   211
Jal Mahal   128, **130**
Jhunjhunu   146, 153f.
Jodhpur   13, 15, 17, 31, 55, 59, **190ff.**, 199, 200, 206
– Fort Meherangarh   192ff.
– Jaswant Thada   195
– Museum   195
– Umaid Bhawan   195

Kalibangan   24
Kanauj   197
Keoladeo-Vogelpark   17, 19, **113ff.**
Kiradu   197
Kota   160ff.
Kumbhalgarh   181f.

Lahore   26, 51, 91
Lakshmangarh   148f.
Lodurva   206, **212f.**

Mandawa   146, **154f.**
Mandore   26, 191, **197**
Marwar   197
Mathura   44
Medina   46
Menal   166
Mewar   31, 48, 58
Mount Abu   12, 40, 58, 109, **183ff.**
Mysore   186

Nagaur   58, **206**
Nagda   43, **181**
Narmada-Staudamm   18
Nawalgarh   156f.
Neu-Delhi   s. Delhi

Osian   197ff.

Pali   26
Paliputara   186

Pushkar   37, 59, **136ff.,**
206

Ramgarh   150f.
Ranakpur   182f.
Ranthambore-Nationalpark   16, 19,
140f.

Sam, Sanddünen   213
Samarkand   92
Samet Shikhara   40
Sanchi   42
Sariska-Nationalpark   16, 19, **120**
Shatrunjaya   40
Shekhavati   51, **144ff.**
Sikandra   **101ff.,** 105
Sind, Provinz   24

Taj Mahal   s. Agra
Thar, Wüste   12, 26, 66, 151
Theri-Staudamm   18

Udaipur   13, 26, 27, 48, 55, 58,
171ff.
– Ahar-Museum   178f.
– Begräbnisstätten   178
– Bhartiya Lok Kala-Museum   178
– Jag Mandir   177f.
– Jag Niwas   177
– Jagdish-Tempel   37, 175, **177**
– Monsunpalast   179
– Moti Magri   178
– Shilpgram, Museumsdorf   178
– Stadtpalast (City Palace
Museum)   173ff.

Bitte schreiben Sie uns, wenn sich etwas geändert hat!
Alle in diesem Buch enthaltenen Angaben wurden vom Autor nach bestem
Wissen erstellt und von ihm und dem Verlag mit größtmöglicher Sorgfalt
überprüft. Gleichwohl sind – wie wir im Sinne des Produkthaftungsrechts
betonen müssen – inhaltliche Fehler nicht vollständig auszuschließen. Da-
her erfolgen die Angaben ohne jegliche Verpflichtung oder Garantie des
Verlages oder des Autors. Beide übernehmen keinerlei Verantwortung und
Haftung für etwaige inhaltliche Unstimmigkeiten. Wir bitten dafür um Ver-
ständnis und werden Korrekturhinweise gerne aufgreifen:
DuMont Buchverlag, Postfach 10 10 45, 50450 Köln
E-Mail: reise@dumontverlag.de